台湾刑事法学精品文丛

检察官伦理规范释论

JIANCHAGUAN LUNLI GUIFAN SHILUN

蔡碧玉　周怀廉　施庆堂　朱朝亮　陈盈锦
林丽莹　林邦樑　洪光煊　柯宜汾　◎著

中国检察出版社

图书在版编目（CIP）数据

检察官伦理规范释论／蔡碧玉等著. —北京：中国检察出版社，2016. 9
ISBN 978－7－5102－1629－9

Ⅰ. ①检…　Ⅱ. ①台…　Ⅲ. ①检察官－法伦理学－研究　Ⅳ. ①D916. 3
②D90－035

中国版本图书馆 CIP 数据核字(2016)第 099500 号

简体中文版由元照出版有限公司（Taiwan）授权中国检察出版社出版发行
检察官伦理规范释论，中华民国检察官协会主编，
2013 年 7 月，ISBN：978－986－255－323－7

检察官伦理规范释论

蔡碧玉　等著

出版发行：中国检察出版社
社　　址：北京市石景山区香山南路 111 号（100144）
网　　址：中国检察出版社（www. zgjccbs. com）
编辑电话：(010)88960622
发行电话：(010)88954291　88953175　68686531
　　　　　(010)68650015　68650016
经　　销：新华书店
印　　刷：保定市中画美凯印刷有限公司
开　　本：710 mm×960 mm　16 开
印　　张：16. 75
字　　数：275 千字
版　　次：2016 年 9 月第一版　　2016 年 9 月第一次印刷
书　　号：ISBN 978－7－5102－1629－9
定　　价：78. 00 元

《检察官伦理规范释论》
编 委 会

合著者：（依撰写顺序排列）

蔡碧玉（第一编 第二编第五章）

周怀廉（第一编 第二编第九章、第十章）

施庆堂（第二编前言、第十一章）

朱朝亮（第二编第一章）

陈盈锦（第二编第二章、第四章）

林丽莹（第二编第三章、第六章）

林邦樑（第二编第七章）

洪光煊（第二编第八章、第十二章）

柯宜汾（第三编第一章、第二章）

作者群简介

（依撰写顺序排列）

蔡碧玉

现　职　台湾“法务部”司法官学院院长

经　历　新北地方法院检察署检察长

台湾“法务部”常务次长

台北地方法院检察署检察长

学　历　台湾政治大学法律研究所硕士

台湾大学政治研究所硕士

周怀廉

现　职　新北地方法院检察署主任检察官

经　历　基隆地方法院检察署主任检察官

台湾“法务部国际及两岸法律司”副司长

学　历　台湾大学法律学系学士

英国 Warwick 大学国际经济法法学硕士

施庆堂

现　职　台湾高等法院检察署主任检察官

经　历　桃园地方法院检察署检察长

高雄高分院检察署主任检察官

学　历　中兴大学（现台北大学）法律系学士

朱朝亮

现　职　台湾“最高法院检察署”检察官

经　历　台南地方法院检察署检察长

台中高分院检察署主任检察官

学　历　台湾政治大学法律系学士

中兴大学（现台北大学）法律研究所硕士

陈盈锦

现　职　台北地方法院检察署主任检察官

经　历　板桥地方法院检察署（现新北地检署）检察官、主任检察官

台湾“法务部”行政执行署新北分署分署长

学　历　台湾大学新闻研究所硕士

台湾政治大学法律研究所硕士

台湾中国文化大学中山与中国大陆研究所博士班

林丽莹

现　职　台湾“法务部”综合规划司司长

经　历　台北地方法院检察署主任检察官

台湾高等法院检察署检察官

学　历　台湾大学法律系学士

台湾大学法律研究所硕士

林邦樑

现　职　台湾“法务部”检察司司长

经　历　高等法院检察署检察官兼书记官长

南投地方法院检察署检察长

学　历　台湾大学法律系学士

中兴大学（现台北大学）法律研究所硕士

洪光煊

经　历　嘉义地方法院检察署检察长

台湾“法务部”检察司副司长

学　历　台湾大学法律系法学组法学士

台湾中国文化大学法律学研究所法学硕士

柯宜汾

现　职　台湾“最高法院检察署”特别侦查组检察官

经　历　桃园地方法院检察署主任检察官

台北地方法院检察署检察官

台湾“法务部”检察司调办事检察官

学　历　台湾东吴大学法律系学士

序 一

现代检察官制度源自法国大革命时期，是废除纠问制度的进步象征。检察官自始即有多重角色，随着时代的进步，仍在继续演化中。一是，检察官在诉讼分权上，保障刑事司法权行使的客观性与正确性；二是，检察官以受过严格法律训练及法律拘束的官署，确保警察活动的合法性；三是，检察官是法律的守护人，实践追诉犯罪、保障民权的客观法意旨。准此，检察官所负的任务也是多重的，作为法律的守护人，检察官必须全方位地做到追诉犯罪、在警察与法官两种权力间扮演中介的角色，并且彻头彻尾地实现法律要求的职权。

台湾地区“刑事诉讼法”第2条所揭诸“有利不利均应注意”的客观性义务，使检察官并非仅是“刑事诉讼法”上的“一造当事人”而已，在毋纵、除暴之外，还必须要求做到毋枉及安良，而肩负公益代表人的任务。检察官也与一般行政官员不同，必须负严格之法定性义务，并且以自己之名义为处分，而非一般的合法性义务。台湾地区自“大法官”释字第13号解释确立检察官的身份保障与法官相同，继而在“法官法”公布生效后，依“法官法”第89条规定，结合评鉴与惩戒机制，“检察官之伦理规范”成为具有强制力的规范。2012年1月4日发布的“检察官伦理规范”第2条、第3条，具体体现了检察官的法定性义务及客观性义务，整部“检察官伦理规范”的解释，都应由此两条文出发。

检察官角色任务多重多样，从实施侦查、提起公诉、实行公诉、提起救济乃至指挥执行，均由检察官担当或主导。除法律之外，“检察官伦理规范”提供了具体的思想及行为准则，使检察官在不同的阶段、不同的角色，仍然能确保实现最基本的“法治国之守护人”及“公益代表人”之角色责任。

然而“检察官伦理规范”发布至今不过一年余，除了少数个案可资参照外，全部30条之条文，具体实践与解释仍亟待同仁们、特别是资深检察官们贡献经验，进一步地加以阐释充实。今日得见本书出版，除感念检察体系诸位资深同仁于公余热情参与奉献，也盼望此书所带来的传承与价值，使台湾地区检察官制度更趋于健全，庶几不负我们殷殷期盼。

检察官协会理事长

吴慎志

2013年6月

序 二

2011年起，法律伦理学正式成为司法官特考及律师高考第一试的考试科目之一，法律伦理课题一跃成为大学法学院的重点课程。然而市面上关于法律伦理的专书有限，多数着墨于律师伦理及法律伦理一般理论的论述，至于检察官、法官伦理的深入论述则极为贫乏，相信连教授法律伦理课程的大学教授可能都不尽然了解这些司法实务者的职业伦理规范有哪些，更遑论那些年年投入司法考试的众多法律学子，几无学习法官、检察官伦理的管道，即便读遍补习班的讲义，也很难了解法官、检察官伦理的真正内涵。对于自己一心一意追求的行业，却对其职业伦理一无所悉，一旦入门，还要从头摸索，不免会有年轻的法官、检察官在摸索过程中就误踩红线。

2011年7月6日台湾地区“法官法”正式公布生效后，因同法第13条、第30条、第89条第4项规定：法官（检察官）应遵守法官（检察官）伦理规范，如有违反伦理规范情节重大者，应付个案评鉴。因此，检察官伦理规范已与评鉴及惩戒机制连结，而有一定之法律效果，对于现职检察官而言，伦理规范不再只是训示性的规定，而是必须严肃看待的强制性规范。问题是，“检察官伦理规范”系于2012年1月4日依据“法官法”第89条第6项订定发布，施行至今不过一年多，违反该伦理规范而受评鉴、惩戒之案例屈指可数，不论是检察体系自身，或是想监督检察体系的民间团体或未来进行惩戒的职务法庭成员，对于“检察官伦理规范”内涵的理解均很有限，除了必须靠不断累积案例来建立伦理规范的判断标准外，借助域外或其他国际检察官组织的规范及诠释，甚或相关案例，来对照引申，均能使台湾地区“检察官伦理规范”的实质内涵更具国际观而具有普遍的可遵循性。

因此，身为检察体系的一员，深觉有必要对“检察官伦理规范”做一有系统的研究与论述，尤其有些无法具体描述的规范内容及还有讨论空间的争议性伦理课题，都有许多可再进一步抛砖引玉、多方对话的空间，借由这些讨论来形成对检察伦理的最大共识，更进而建立检察体系的核心价值。基于此一想法，于是邀集了一群对检察体系富有使命感及热情的资深检察官来共同撰写本书，依据个人的研究专长分配题目，由我担任召集人，负责召集大家开会，整合撰写架构及统一论述原则、沟通基本观念，其中有几位成员（施庆堂、林邦樑、周怀廉）也参与担任台湾“法务部”研订“检察官伦理规范”研究小组的成员，有他们的参与写作，更能正确阐释“检察官伦理规范”的内涵，而有助于读者正确理解订定规范的意旨。

本书引用了许多域外检察伦理规范作为论述的依据，也引用了不少过去台湾“公务员惩戒委员会”对检察官惩戒的案例作为辅助说明，虽然过去的惩戒规范与现今“法官法”的规定已有不同，但仍可用以往的案例来对照现今的规范，许多案例仍可找到“检察官伦理规范”的依据，也可以达到实例对照的目的。本书的每一章节均有个别作者的独立观点，虽然大家有开会讨论全书的架构及重要原则，但仍保留给每一位作者自由论述的空间，所以同一案例出现在不同章节作者的论述中，或许不见得作相同的评价，但这种情形，也多半反映出此一议题还有讨论的空间，读者可借由不同作者的观点来思考此一问题，这也是本书想要提供的多元思考空间。

感谢参与写作的每一位检察官，他们在繁忙的公务中抽空参与本书的撰写，完全是基于对检察体系的热爱与关心，每一位作者都希望借由本书让外界明白检察体系对伦理规范的自我要求及期许，也希望书中所提到的许多观念与价值，都能获得检察体系同仁及社会各界的认同与支持，进而成为推动改革与进步的力量。

蔡碧玉

2013 年 6 月

目录 Contents

第三编　检察官之职务监督、评鉴与惩戒

附　录

第一编

导　论

第一章

一、职业伦理之形成

社会上各行各业都担负一定的社会功能，为督促行业成员适切履行职责，自古即有所谓的行规，或今所称之职业伦理，作为各行业成员在执行职务时应遵循的准则。在过去，职业伦理比较偏向于道德层面的诉求，且大多没有明文化，也没有很强约束力，社会上固然流传着这样的职业伦理，希望行业成员能遵照要求履行职务，但当行业成员未确实履行职业伦理时，除了受到言辞谴责外，通常并没有太大的不利后果。

但现今社会由于高度分工，职业分类甚细，一方面每个职业所履行的职责日趋专业化，另一方面社会上每一成员每天都须大量仰赖其他成员的工作，始能获得一日生活之所需。在社会成员彼此间互相仰赖、倚靠日深的情况下，任何一个行业成员所从事的工作是否适当，是否符合该行业之标准，攸关社会群体中他人的福祉甚巨。于是职业伦理在现代社会中扮演更为重要的角色，不再只是道德性的呼吁，不再只是“做得到最好，做不到也就算了”这样消极的期许。职业伦理已是行业成员必须确实遵守的行为规范，规范的内容已非透过口耳相传的方式传递，很多都已化为明文准则，且对于违反职业伦理的行业成员，也常祭出具体的惩戒。因此，具体、可执行、具约束力的行为准则已成为现代社会常见的职业伦理规范方式，除各国公、私部门均纷纷制定不同行业之伦理规范外，国际组织更常鼓励各国政府或民间团体制定职业伦理规范，甚至提出不同类别之职业伦理规范范本供各国参采。①

二、公职人员伦理规范之发展

如以规范的对象为区分，职业伦理规范可大别为两大类型，一方面，为公部门（Public Sector）伦理规范，适用对象为公职人员；另一方面，

---

① 以亚太经济合作会议（Asia Pacific Economic Cooperation，APEC）为例，APEC 即陆续于 2007 年通过《公职人员行为准则》（The Conduct Principles for Public Officials）、《商业行为准则》（The Code of Conduct for Business）；又于 2011 年通过《吉隆坡原则——医疗器材行业企业伦理自愿性规范》（The Kuala Lumpur Principle for Voluntary Codes of Business Ethics in the Medical Devices Sector）、《墨西哥原则——生物制药行业企业伦理自愿性规范》（The Mexico Principle for Voluntary Codes of Business Ethics in the Biopharmaceutical Sector）、《河内原则——工程建筑行业企业伦理自愿性规范》（The Hanoi Principles for Voluntary Codes of Business Ethics in the Construction and Engineering Sector）等企业伦理规范。APEC 通过前开各公、私部门伦理规范之目的，在于希望各经济体能参酌该等伦理规范之内容，订定各自之相关伦理规范。

为私部门（Private Sector）伦理规范，适用于公部门以外各行各业之伦理规范。比较而言，公职人员因受全民之托处理公共事务，社会大众对公职人员之行为规范要求比对私部门之要求为高，也获得更多的重视。基于公职人员伦理规范的重要性，国际组织也对公部门之伦理规范投注很大的关注，例如联合国（United Nations）鉴于公职人员的不良言行，甚至是贪腐行为，会影响社会的稳定，侵蚀民主道德价值，危害社会及经济的发展，乃于1996年12月12日举行之大会中通过《公职人员国际行为守则》[①]（International Code of Conduct for Public Officials），《公职人员国际行为守则》提出担任公职人员所应具备之基本行为准则，并要求各会员国采纳；[②]此外，联合国另于2004年通过之《联合国反贪腐公约》（United Nations Convention Against Corruption）也要求各缔约国为打击贪腐，应特别对公职人员提倡廉正、诚实和尽责，并努力在本国的体制和法律制度下，正确、诚实和妥善履行公职人员行为守则；[③] 另亚太经济合作会议（Asia Pacific Economic Cooperation，APEC）则于2007年通过《公职人员行为准则》（The Conduct Principles for Public Officials），要求各经济体应订定符合《公职人员行为准则》要求之公职人员伦理规范。[④]

台湾地区对公职人员之伦理规范亦相当重视，除“公务员服务法”中有颇多关于公务员之行为规范外，[⑤] 亦有部分法令对公职人员之行为有所

① International Code of Conduct for Public Officials is annexed to AA/RES/51/59, 82nd Plenary Meeting of the United Nations, 12 December, 1996.

② 《公职人员国际行为守则》分6部分，共11条。第1部分为通则；第2部分为利益冲突与丧失资格；第3部分为财产揭露；第4部分为礼物及其他利益之收受；第5部分为机密信息；第6部分为政治活动。

③ 参照《联合国反贪腐公约》第8条。

④ See 2007/SOM3012attB3rev1, APEC Third Senior Officials' Meeting, Cairns, Australia, 3 July, 2007.

⑤ 台湾地区“公务员服务法”共25条，其条文对公务员之行为多所要求，其中最常被引用，也最常成为公务员被惩处依据者为第5条，该条规定：“公务员应诚实清廉，谨慎勤勉，不得有骄恣贪惰，奢侈放荡，及冶游赌博，吸食烟毒等，足以损失名誉之行为。”

要求、提示。例如，“公职人员利益冲突回避法”[1]、“立法委员行为法”[2]、“宣誓条例”[3]、“‘行政院’禁止所属公务人员赠受财物及接受招待办法”[4] 等。另外，“行政院”为使所属公务员执行职务廉洁自持、公正无私及依法行政，并提升政府之清廉形象，更于 2008 年订定较全面性之“公务员廉政伦理规范”[5]。

台湾地区前开法令虽已有诸多规定涉及公职人员伦理规范，但公职人员彼此间的职掌或须履行之职责差异颇大，不同类别之公务员当有不同之行为准则要求，上开涉及伦理规范之各项法令虽可为公职人员之共通行为准则，但无法就各种不同类别之公职人员规定适切其职责之伦理规范（仅有“立法委员行为法”系属针对“立法委员”而制定之伦理规范）。因此，当某种特别类型之公职人员因其职务之特殊性，而有制定更细致、更高标准伦理规范之需求时，自得另行订定特别之伦理规范。例如，为促使政府采购制度健全，使采购程序得公平、公开，并提升采购效率与功能，即特别针对采购人员订有“采购人员伦理准则”[6]。

---

① 如台湾地区“公职人员利益冲突回避法”第 6 条规定：“公职人员知有利益冲突者，应即自行回避。”第 7 条规定：“公职人员不得假藉职务上之权力、机会或方法，图其本人或关系人之利益。”第 8 条规定：“公职人员之关系人不得向机关有关人员关说、请托或以其它不当方法，图其本人或公职人员之利益。”

② 如台湾地区“立法委员行为法”第 5 条（从事政治活动应公正议事）、第 7 条（“立法委员”问政不得有之行为）、第 11 条（不得兼任公营事业职务）、第 16 条（受托游说不得涉及利益授受）、第 17 条（司法案件受托游说之禁止）、第 18 条（政治捐献）、第 20 条（利益回避原则）、第 21 条（私人承诺或差别对待之禁止）等，均系有关“立法委员”之职务伦理规范。

③ 依台湾地区“宣誓条例”之规定，须于就职时宣誓之公职人员，其所宣誓之誓词亦涉及伦理规范，其等誓词依公职人员性质之不同，或为：“余誓以至诚，恪遵宪法，效忠……代表人民依法行使职权，不徇私舞弊，不营求私利，不受授贿赂，不干涉司法。如违誓言，愿受最严厉之制裁，谨誓。”或为：“余誓以至诚，恪遵……法令，尽忠职守，报效……不妄费公帑，不滥用人员，不营私舞弊，不受授贿赂。如违誓言，愿受最严厉之处罚，谨誓。”以上请参“宣誓条例”第 2 条、第 6 条。

④ 如台湾地区“行政院禁止所属公务人员赠受财物及接受招待办法”第 2 条规定：“行政院所属公务人员，不得直接或间接接受特定团体或个人之馈赠，优惠交易、借贷或享受其它不正当利益。”第 5 条规定：“公务人员有隶属关系者，除婚丧喜庆及上级人员对属员奖励救助者外，不得赠受财物。”第 6 条规定：“公务人员不得利用视察调查等机会接受招待，其应机关团体或个人之邀约，参加正当场合之餐叙者，不在此限。”

⑤ 台湾地区“公务员廉政伦理规范”于 2008 年 8 月 1 日公布生效，所规范之公务员行为态样有 3 种，包括：受赠财物、饮宴应酬、请托关说等。为使该规范更臻周延，台湾“法务部”乃提出该规范修正案，增订公务员不得涉足不当场所及公务员不得与其职务有利害关系之相关人员为不当接触之规定，该修正案已于 2010 年 7 月 30 日公布生效。

⑥ 台湾地区“采购人员伦理准则”系依“政府采购法”第 112 条之规定所订定。

三、订定台湾地区“检察官伦理规范”之背景

在所有公职人员中，从事司法职务之检察官、法官，因所处理之事务不仅影响人民权益极巨，且会导致民众对司法权之行使信赖与否，故社会除要求检察官、法官须依法执行职务外，亦要求其等一言一行均须遵守高标准之伦理规范。

就检察官所应遵守之伦理规范而言，检察官性质上为公职人员，一般公职人员应遵守的公务伦理规范，原则上虽亦适用于检察官，但检察官除具有公职人员身份外，亦为司法权执行者。各国检察制度虽有不同，其职务行使之外观亦不尽相同，但均以督促、确保公正客观之司法裁判为依归。故在职务伦理上，检察官与法官同负客观义务、同须忠于真实，此与对一般公职人员所强调之上命下从性质并不完全相同。[①] 由于检察权兼具行政与司法的双重性格，一方面要确保检察权独立、公正的行使，但另一方面又要考虑检察权可能因积极主动性格而具有侵略性，[②] 必须适当加以节制，因此检察权与一般行政权在性质上有所不同，适用于一般公职人员之伦理规范未必能够完全适用于检察官。

适用于一般公职人员之伦理规范与检察伦理规范除性质上有所不同外，由于检察官无论在职权行使的自主性、独立性及对人民权益之影响上，均远超过一般公职人员，各界对检察官在伦理规范上的要求即远高于一般公职人员，许多国家乃因此特别制定适用于检察官之伦理规范。而部分国际组织，如联合国、欧盟（European Union）及国际检察官协会（International Association of Prosecutors）等，更通过有关检察伦理规范之指导原则，作为各会员国制定或修正检察伦理规范时之参考（详后述），另外，《联合国反贪腐公约》亦要求各缔约国应加强检察机关人员的廉洁，制定适用于检察官之行为准则。[③] 在台湾地区“法务部”针对检察官应遵行之伦理规范先后订有“检察官守则”（已于2012年1月6日停止适用，改由“检察官伦理规范”替代）、“检察官伦理规范”（“法务部”于2012年1月4日订定发布，同年1月6日施行）等法规，以为台湾地区检察官之专业伦理规范。

---

① 如台湾地区“公务员服务法”第2条规定：“长官就其监督范围以内所发命令，属官有服从之义务。但属官对于长官所发命令，如有意见，得随时陈述。”

② 蔡碧玉：《检察手记——你所不知道的检察官》，台湾元照出版有限公司2010年版，第91页。

③ 参照《联合国反贪腐公约》第11条。

检察伦理规范是检察官自身及社会各界对检察官在司法制度里应扮演何种角色的共识。故对检察官而言，检察伦理并非只是其个人修身养性的参考或道德上的自我期许而已，更是身为检察官所应具有之专业道德。[①]但这种专业道德规范，如果没有强制力的约束，立意再宏大，规范再完善，亦为空中阁楼，难以具体实践。就另一方面而言，检察伦理规范又如同任何伦理规范一般，其本质既源自于道德层面之要求，且又常以抽象之方法规范，不仅检察官遵行之际常觉不易判断其行为是否符合规范之要求，即使拥有惩处权限者，亦可能因无法厘清检察官之特定行为是否已违反检察伦理规范，以致衍生诸多争议。

因此，如要建立一套符合社会期待的检察伦理，必须尽可能让抽象的检察伦理内涵具体化，并对于未能形诸规范明文的检察伦理内涵，充实其论述，使之得以成为检察体系及社会各界共同认知的价值，才能有效的被遵行。因此，才会有前开“检察官守则”及“检察官伦理规范”之订定。而于2011年7月6日公布生效之台湾地区“法官法”，更在第13条（依“法官法”第89条第1项规定，于检察官准用之）、第89条第4项进一步明定法官（检察官）应遵守法官（检察官）伦理规范及违反检察官伦理规范情节重大者，为移付个案评鉴的法定事由，赋与检察官伦理规范强制之法律效果；对于检察官而言，依据“法官法”订定的“检察官伦理规范”已具有法规命令的效力，而违反此一伦理规范的法律效果又与检察官评鉴及惩戒机制相连结，势将产生强大的法的拘束力。

四、检察官伦理规范之特殊性

在探讨检察官伦理规范之前，必须先了解检察官的角色及检察制度的特殊性。检察官制度滥觞于欧陆之初，原本系以国王代表人之身分莅庭监督法官，以确保审判公正。嗣随历史嬗递而演变成不同之法制：或着重以诉权行使方式遂行前开监督任务；或着重以侦查主体地位实施犯罪侦查或指挥司法警察实施侦查；但无论所采取之制度为何，其最终之目的都在于确保司法正义之实践。

在现代刑事诉讼制度中，除少数罪名允许当事人提出自诉，由被害人

---

① 诚如著名的法律伦理学学者 Donald Weckstein 所言：“法律伦理反映了法律专业对法律制度如何运作，与律师（含检察官）该在制度里扮演何种角色的共识。法律伦理不是‘个人事务’，而是‘专业的道德’。”转引自 Brian Kennedy：《美国法律伦理》（American Legal Ethics），郭乃嘉译，台湾商周出版社2005年版，第5页。

或其一定之亲属自行决定是否向法院起诉外，绝大部分的刑事案件均由检察官进行追诉。[①] 虽然各国检察制度不一，检察官任用之方式亦不尽相同，或经由特殊之考选、训练程序后任用，或由具律师资格者于通过选举或指派之程序后担任。[②] 但检察官无论经由何种程序任用，其均有作为政府律师进行犯罪诉追之性质，故其同时具有公职人员及法律执业者双重身份，而须分别遵守有关公职人员及法律执业者之伦理规范。

就检察官具有公职人员属性之部分，因检察官追诉犯罪或实行公诉，其所担负之责任及享有之权力都远高于一般公职人员，如检察官有滥用权力或忽略伦理道德之情形，不仅将侵蚀公众的信任，其对正义所造成的损害更难以估计，故社会各界对检察官之要求，无论是职务上或非职务上之行为，均要求须符合高标准之伦理规范，也常高于一般公职人员所须遵守之伦理规范。

另外，就检察官具有法律执业者身份之部分，检察官虽以政府律师之身份追诉犯罪，但其性质仍与一般律师不同。一般律师所追求者为其委托人之最佳利益，其仅对所代表之委托人负责；但当检察官执行职务时，其并非仅代表个别之被害人或团体，而是应保证公众利益，按照客观标准行事，适当考虑嫌疑人和被害人的立场，无论是否对嫌疑人有利或不利，都应一并注意；[③] 而检察官不但拥有广泛的裁量权，其追诉权的行使更是控制审判之门开启的钥匙，检察权的公正行使是确保审判独立的基础，因此，检察官所担负之社会责任既大于一般律师，其被课予的伦理责任自然也超过律师。[④]

因社会各界对检察官之伦理规范要求不但高于一般公职人员，也高于律师，因此适用于公职人员之伦理规范或适用于律师之伦理规范，均不足

---

① 依台湾地区“刑事诉讼法”第319条第1项前段之规定，犯罪之被害人得提起自诉。另在美国，因采用绝对的公诉权制度，所有刑事案件的起诉权均属于国家和人民，并无自诉制度。而从形式上看，美国的公诉有两种：一种是大陪审团起诉，具有公众追诉的性质；另一种是检察官起诉，具有国家追诉的性质，现以检察官起诉之情况较多，由大陪审团起诉者较少。参杨诚等主编：《中外刑事公诉制度》，法律出版社2000年版，第90～91页。

② 美国的检察官或助理检察官都必须是其所在州的律师协会会员，因此取得律师资格是从事检察工作的前提要件，杨诚等主编：《中外刑事公诉制度》，法律出版社2000年版，第101～102页。

③ 联合国《检察官准则》（Guidelines on the Role of Prosecutors）第13点（b）款。另依据台湾地区“刑事诉讼法”第2条第1项之规定，检察官就该管案件，应于被告有利及不利之情形，一律注意。

④ 美国法院多次于判决中指出检察官应较律师负更高之道德责任，如 Montoya v. State, 971 P. 2d 134, 137 (Wyo. 1998); In re Peasley, 90 P. 3d 754 (Ariz. 2004) 等。

以完全涵盖检察伦理规范之内涵。此所以检察官虽同时为公职人员及法律执业者，但基于检察官职务之特殊性，仍不能仅以适用于一般公职人员或律师之伦理规范，作为检察官之言行举止准则，仍须另行订定专门适用于检察官之职业伦理规范，以供检察官作为公、私领域之行为准据。

五、检察官伦理规范之参考法制

（一）联合国

联合国曾于 1979 年 12 月 17 日联合国大会第 34/169 号决议通过《执法人员行为准则》（Code of Conduct for Law Enforcement Officials）[①]。《执法人员行为准则》共有 8 条，列举执法人员执行职务时应遵守的基本原则[②]，惟该准则所称之“执法人员”，主要为执行警察权限之人员，检察官似非该准则所适用之对象。[③] 另联合国于 1985 年在意大利米兰举办之“第 7 届联合国预防犯罪及罪犯待遇大会”中通过《关于司法机关独立的基本原则》（Basics Principles on the Independence of the Judiciary）[④]，但《关于司法机关独立的基本原则》已揭明其适用对象为法官。因此，联合国前开《执法人员行为准则》或《关于司法机关独立的基本原则》所揭橥之精神，虽可为订定、解释检察官伦理规范时之参考，但毕竟仍非专为检察官而订定或通过之伦理规范。

联合国直至 1990 年 8 月 27 日至 9 月 7 日，始在古巴哈瓦那举办之“第 8 届联合国预防犯罪和罪犯待遇大会”中，通过与检察官有关之伦理规范。在该次会议中，与会代表鉴于《世界人权宣言》已宣示法律之前人人平等、无罪推定等原则，人民有权在独立和不偏不倚的法庭接受公正、公开审讯，而因检察官在司法运作中具有重要地位，为促使检察官尊重上述原则行使职权，故在该次大会中，联合国各会员国乃综合各国已有之检察官职业伦理规范，就各会员国已达成共识之部分颁布《检察官准则》

---

① Code of Conduct for Law Enforcement Officials is adopted by General Assembly Resolution 34/169 of 17 December 1979.

② 包括尊重人权、仅在必要时才能使用武力、禁止刑求及不当讯问、不得有贪腐行为等。

③ 依《执法人员行为准则》第 1 条评释就“执法人员”所下之定义，“执法人员”系指行使警察职权（尤其是逮捕拘禁）之人员。

④ Basics Principles on the Independence of the Judiciary was adopted by the Seventh United Nations Congress on the Prevention of Crime and the Treatment of Offenders held at Milan from 26 August to 6 September 1985 and endorsed by General Assembly Resolutions 40/32 of 29 November 1985 and 40/146 of 13 December 1985.

(Guidelines on the Role of Prosecutors)[①]。《检察官准则》共有24条，分别就有关检察官之资格、甄选、培训、地位与服务条件、言论与结社之自由、在刑事诉讼中之作用、与其他政府机构或组织之关系、纪律处分程序等事项予以规范，用以协助各会员国确保和促使检察官在刑事诉讼程序中发挥有效、不偏不倚和公正无私的作用。

为延续“第8届联合国预防犯罪和罪犯待遇大会”之成果，联合国复于1995年4月29日至5月8日，在埃及开罗举办之“第9届联合国预防犯罪和罪犯待遇大会”中，再次要求会员国应实践《检察官准则》，确保检察部门之适当运作。[②]

除了检察官伦理规范常涉及的一般性议题外，鉴于贪污、腐化对于检察职权行使产生的负面效应，联合国毒品及犯罪办公室（United Nations Office on Drugs and Crime）于2008年在维也纳召开“第17届犯罪及司法正义委员会”中，特别通过《透过提升检察业务之廉洁及能力以强化法律规范》(Strengthening the Rule of Law Through Improved Integrity and Capacity of Prosecution Services)[③]。本规范除认知检察官的廉洁、独立及公正对人权保障及经济发展不可或缺外，也强调检察官如涉及贪腐，必会影响公众对司法系统的信赖，因此本规范特别关切检察官之廉洁，并将国际检察官协会所通过之《检察官的专业责任与权利义务准则》（Standards of Professional Responsibility and Statement of the Essential Duties and Rights of Prosecutors）列为本规范之附件，要求会员国遵守《检察官的专业责任与权利义务准则》之各项要求。

（二）欧　盟

欧盟于2000年10月6日所召开之部长理事会中，确认检察官系代表社会及公众之官署，为确保检察官追诉犯罪时能兼顾人权及刑事司法体系之效率，乃通过《刑事司法体系检察官角色之〔2000〕第19号建议》(Recommendation Rec〔2000〕19 of the Committee of Ministers to Member States of the Role of Public Prosecution in the Criminal Justice System，以下简

① 参照联合国《检察官准则》前言。

② See A/CONF. 169/16/Rev. 1, Chap. I, Resolution 1, Sect Ⅲ.

③ See CCPCJ Resolution 17/2 on Strengthening the Rule of Law Through Improved Integrity and Capacity of Prosecution Services, as contained in Report of the Commission on Crime Prevention and Criminal Justice at its 17th Session.

称《〔2000〕19号建议》)[1]。《〔2000〕19号建议》共有39条，分别就检察官的功能、检察官履行职责之保障、检察官与立法权及行政权之关系、检察官与法官之关系、检察官与警察之关系、检察官对案件关系人应履行之职责、国际合作等议题，提出检察官在履行各该职责时应遵守之行为准则。

赓续《〔2000〕19号建议》所建立之原则，欧盟复于2005年5月31日举办之欧洲检察官会议中通过《欧盟检察官伦理及行为准则——布达佩斯准则》(European Guidelines on Ethics and Conduct for Public Prosecutors—The Budapest Guideline，以下简称《布达佩斯准则》)[2]。《布达佩斯准则》列举出已在欧盟内获得广泛接受之检察伦理规范，该准则强调检察官身为法律的捍卫者，其于刑事司法系统中扮演关键性之角色，[3] 并将检察官应遵守之伦理及行为准则分为4部分：第1部分为检察官之基本职责；第2部分为检察官之专业行为通则；第3部分为检察官于刑事程序中之专业行为；第4部分为检察官之私人行为。

（三）国际检察官协会

国际检察官协会系全球性之检察官国际组织，[4] 其基于联合国已于1990年通过前开《检察官准则》，并体认检察官职权的行使是极为重大而严肃的责任，乃于1999年4月23日订颁《检察官的专业责任与权利义务准则》。本准则揭橥数个检察官最重要的职业伦理指标，包括专业、独立、公正、履行刑事程序中的角色、合作及身份职务保障等，本准则除可作为各国订颁检察官行为准则时之参考外，更冀求各国能基此准则而继续发展、强化其自身之检察伦理规范。[5] 而如前所述，《检察官的专业责任与权利义务准则》更已被纳入联合国毒品及犯罪办公室2008年通过之《透过

---

① Recommendation Rec (2000) 19 of the Committee of ministers to member states of the role of public prosecution in the criminal justice system was adopted by the Committee of Ministers on 6 October 2000 at the 724th Meeting of the Ministers' Deputies.

② The Budapest Guideline was adopted by the Conference of Prosecutors General of Europe 6th Session on 31 May 2005.

③ 参照欧盟《布达佩斯准则》前言。

④ 为因应快速增加的跨国犯罪案件，国际检察官协会于1995年在维也纳成立，现其成员有来自96个法域的145个与检察官有关之组织，其设立宗旨为促进国际间司法互助、有效打击犯罪、建立经常性的信息交流管道。国际检察官协会网站，http://www.iap-association.org/，访问日期：2012年12月19日。

⑤ 参照国际检察官协会《检察官的专业责任与权利义务准则》前言。

提升检察业务之廉洁及能力以强化法律规范》中，成为联合国各会员国均应遵守之文件。

（四）其他国家及地区法制

除已有国际组织通过、订颁检察伦理规范，以为其他国家及地区订定各自检察伦理规范时之指导原则外，许多国家及地区亦已依据各自的现状及检察制度订定检察伦理规范。不同国家及地区所订定之检察伦理规范详尽不一，有的详细罗列检察官应有的行为准则，亦有以提纲挈领的方式规范检察伦理者。以下谨以美国、英国、澳洲（新南韦尔斯省）及中国大陆之检察官伦理规范为例，简介不同国家及地区就检察官伦理所采取之规范方式。

1. 美国

美国法曹协会（American Bar Association）早于1908年即制定了32条的《职业伦理原则》（Canons of Professional Ethics）；1969年又制定《专业责任规范》（Model Code of Professional Responsibility）；1983年再制定《专业行为规则》（Model Rules of Professional Conduct），[①] 是目前美国除加州以外之各州在制定法律伦理规范时的参考范本。[②]《专业行为规则》所涵括的对象包括律师、检察官、法官等，其内容繁复细密，不但包括各不同角色的工作规范，还包括在法庭外的言论及活动规范。而美国检察官虽亦为律师，与律师受到相同的伦理规范拘束，但因检察官又享有律师所没有的特殊权力和裁量权，所以检察官还必须要受到特别的伦理规范约束，[③] 故前开《专业行为规则》第3.8点即有关检察官的特别责任规定。[④]

2. 英国

英国皇家检察署（Crown Prosecution Service）于2010年2月订颁《皇

---

① 王惠光等著：《法律伦理核心价值探讨》，台湾新学林出版股份有限公司2007年版，第79页。

② 美国法曹协会网站，http：//www. americanbar. org/groups/professional_ responsibility/publications/model_ rules_ of_ professional_ conduct. html，访问日期：2012年12月19日。

③ 诚如著名的法律伦理学学者 Donald Weckstein 所言："法律伦理反映了法律专业对法律制度如何运作，与律师（含检察官）该在制度里扮演何种角色的共识。法律伦理不是'个人事务'，而是'专业的道德'。"转引自 Brian Kennedy：《美国法律伦理》（American Legal Ethics），郭乃嘉译，台湾商周出版社2005年版，第17页。

④ 美国《专业行为规则》第3.8点共有8款，其中第（g）款及第（h）款系于2008年2月增订，均为有关检察官发现受追诉者系属无辜时应如何处理之规定。美国法曹协会网站，http：//www. americanbar. org/groups/profess - sional_ responsibility/publications/model_ rules_ of_ professional_ conduct/rule_ 3_ 8_ special_ responsibilities_ of_ a_ prosecutor. html，访问日期：2012年12月19日。

家检察官准则》(Code for Crown Prosecutors)，就检察官的职责及如何行使职权设有颇为详尽的规定。《皇家检察官准则》除就检察官行使职权的各个阶段（如起诉、审判、庭外处理等）提供具体之工作指引外，并于通则章中强调检察官行使职权并非仅为了让被告[①]定罪，而是必须植基于司法利益；[②] 检察官必须公平、独立和客观行使职权；[③] 检察官对案件作出公正、公平和完整的决定有助维护受害人、证人、被告及公众之利益。[④]

3. 澳洲新南韦尔斯省

澳洲新南韦尔斯省检察长办公室（Office of the Director of Public Prosecutions）于2004年首次制定《行为准则》(Code of Conduct)，之后历经6次修正，最近一次系于2008年5月完成修正，全文共24条。[⑤]《行为准则》适用于检察长、副检察长、皇家检察官（Crown Prosecutor)、负责检察业务之事务律师（Solicitor For Public Prosecution）及其他检察署成员。[⑥] 为获得公众对检察权行使之信任，《行为准则》提出三大目标，分别为专业、独立及公正，并逐一列举受规范者应遵守之行为准则及违反之效果，内容颇为详尽，甚至还包括不得酒后驾车在内。[⑦]

4. 中国大陆

中国大陆最高人民检察院于2002年3月6日颁布《检察官职业道德规范》，作为检察官应有之行为准则。《检察官职业道德规范》系以提纲挈领的方式规范检察伦理，虽列举“忠诚、公正、清廉、严明”4个目标，每个目标下并有若干行为准则提示，[⑧] 但规范方式较抽象，何种行为符合或不符合该规范之要求，均不明确。2009年最高人民检察院再依据《检察官法》订颁《检察官职业道德基本准则》（2009年9月3日最高人民检察院

---

① 台湾地区有关规定中的“被告”与国家立法的“被告人”系同一法律概念，下文不再赘述。——编者注

② 参照《皇家检察官准则》第2.4条后段。

③ 参照《皇家检察官准则》第2.4条前段。

④ 参照《皇家检察官准则》第2.1条。

⑤ 参照澳洲新南韦尔斯省《行为准则》附件B。

⑥ 参照澳洲新南韦尔斯省《行为准则》第9条。

⑦ 参照澳洲新南韦尔斯省《行为准则》第17条。

⑧ 《检察官职业道德规范》全文如下：“忠诚——忠于党、忠于国家、忠于人民，忠于事实和法律，忠于人民检察事业，恪尽职守，乐于奉献。公正——崇尚法治，客观求实，依法独立行使检察权，坚持法律面前人人平等，自觉维护程序公正和实体公正。清廉——模范遵守法纪，保持清正廉洁，淡泊名利，不徇私情，自尊自重，接受监督。严明——严格执法，文明办案，刚正不阿，敢于监督，勇于纠错，捍卫宪法和法律尊严。”

第11届检察委员会第18次会议通过），标举“忠诚、公正、清廉、文明”四大原则，与前开《检察官职业道德规范》之原则雷同，只将“严明”改为“文明”，但全文共分6章、48条，对于上开四大原则的具体内涵已有甚为具体之规定，例如第23条规定：“严格遵守检察纪律，不违反规定过问、干预其他检察官、其他人民检察院或者其他司法机关正在办理的案件，不私自探询其他检察官、其他人民检察院或者其他司法机关正在办理的案件情况和有关信息，不泄露案件的办理情况及案件承办人的有关信息，不违反规定会见案件当事人、诉讼代理人、辩护人及其他与案件有利害关系的人员。”第31条规定：“在职务外活动中，不披露或使用未公开的检察工作信息，以及在履职过程中获得的商业秘密、个人隐私等非公开的信息。”均相当于台湾地区“检察官伦理规范”中的不当关说及侦查不公开相关规定之内涵，甚至比台湾地区的现行规定更为详细具体。又如第28条规定：“不利用职务便利或检察官的身份、声誉及影响，为自己、家人或者他人谋取不正当利益；不从事、参与经商办企业、违法违规营利活动，以及其他可能有损检察官形象的商业、经营活动；不参加营利性或者可能借检察官影响力营利的社团组织。”则系有关对检察官“清廉”原则的具体要求，均已十分具体指出检察官应遵守之伦理规范，[①] 相较于2002年的“检察官职业道德规范”，已有大幅进步。

有关联合国、欧盟、国际检察官协会或各国及地区所通过、订颁之检察伦理规范，其具体之内容及含义，将于本书第二编以下讨论检察官伦理之各核心议题时，适时引用或探讨。

六、台湾地区检察官伦理规范之发展

国民政府司法部，曾于1913年以“将所属各员密加查察令”训令所属各级厅，该查察令中指摘法官、检察官，甚至书记官处理事务之诸多缺失。例如，就检察官部分，即特别指责检察官“有畏避豪强，坐视罪犯匿不举发者；有循庇故纵者；有架诬敲诈者”，故要求各该厅长官，将所属各员密查，“有犯前举诸弊者力立予检劾，毋得稍事瞻循，其有瞻循或失察者，他日部中发觉，各该长官应受相当之处分”，此系透过列举检察官之具体缺失，而要求检察官不得有该等不符伦理规范之行为。[②]

---

① 转引自 http：//www. law - lib. com/law/law_ view. asp? id =299379，访问日期：2013年5月25日。

② 转引自台湾“法务部”司法官训练所编印：《司法伦理资料汇编》，1989年版，第2~3页。

截至1928年的国民政府时期，当时的“最高法院检察署”曾颁发“检察官应奋发从公令”，训令各省高等法院首席检察官应要求检察官：“……意存宽大而不可流于枉纵，案无积压而不可流于粗疏，庶无渐明慎之古训，而得保平亭之令誉。尤有进者，国民革命首以建设廉洁政府宣示宇内，顾欲求廉洁政府之实现，必以纠弹贪官污吏为前提，职责所关弥形重大……各法院首席检察官督率僚属整饬风纪砥励廉隅，尤以本身作则，树以先声。上开各节，于刑事政策司法威信均有莫大关系，应切实奉行，不可放弃职权，亦不得滥用职权……”[①] 依该“检察官应奋发从公令”之内容，可见当时检察官伦理规范的内涵已包括毋枉毋纵、明察速断、肃贪为首、风纪为要等工作理念。[②]

上开单行命令可谓是台湾地区检察伦理规范的滥觞，至于正式以具体条列的方式规范检察伦理，则首见于台湾“法务部”在1996年6月24日订颁之“检察官守则”。该守则全文共8点，内容涵盖检察官之使命、执法态度、行为举止等内容，其核心理念与1928年颁发之“检察官应奋发从公令”并无二致。1996年之“检察官守则”订颁后，因内容流于抽象化，且较笼统模糊，适用上颇生疑义，欲使其成为检察官于执行职务或于其他领域之行为指南仍有困难。

为使“检察官守则”之内容成为检察官实际可资遵循之行为方针，且能统合其他规范公务员行为之法律或行政规章，台湾“法务部”乃于2003年8月15日再次修正“检察官守则”。为满足人民对检察官公义形象之期待，修正后之2003年“检察官守则”变更原有之抽象式规范，改以较为具体之方式罗列检察官应有之行为准则，其规范之体例则参考美国公共行政学会（American Society for Public Administration）于1994年修订之伦理守则（Code of Ethics）精神，[③] 而将“检察官守则”区分为4部分，分别为：检察官应实践之公共利益；检察官执行职务之规范；检察官应保持廉洁之规范；检察官应追求专业卓越等。[④] 2003年“检察官守则”并广泛参

---

① 转引自台湾“法务部”司法官训练所编印：《司法伦理资料汇编》，1989年版，第5页。

② 蔡碧玉：《检察官职务伦理的重建与实践》，发表于2006年11月25日台湾法曹协会在台大法学院国际会议厅举办之《司法伦理之探讨与重建》学术研讨会。

③ 美国公共行政学会（American Society for Public Administration）于1994年修订《伦理守则》（Code of Ethics），将伦理守则区分为5大领域，分别为实践公共利益；尊重宪法及法律；展现个人廉洁；倡导伦理组织；追求专业卓越。美国公共行政学会网站：http：//www. aspanet. org/scriptcontent/index_ codeofethics. cfm，访问日期：2012年12月19日。

④ 参照2003年台湾地区“检察官守则”修正总说明。

考有关公务员或司法人员之行为规范，将其等规定中合于成为台湾地区检察官行为准则者纳入“检察官守则”中。①

修正后之2003年台湾地区“检察官守则”共21点，涵括检察官的使命、操守、办案态度、社交、执法原则、检察一体、专业知识及对外言行等事项，其规范之内容涵盖检察权行使的核心价值及理念。嗣台湾地区“法官法”于2011年7月6日制定公布，新制定之“法官法”第13条第2项规定法官应遵守法官伦理规范，依该法第89条第1项规定，检察官准用“法官法”第13条第2项之规定，故检察官亦应遵守检察官伦理规范，而检察官违反检察官伦理规范，情节重大者，依据“法官法”第89条第4项之规定，应付个案评鉴。

为配合“法官法”建立之检察官评鉴制度，台湾“法务部”决定重新订定检察伦理规范，以取代原有之“检察官守则”。为此，“法务部”乃邀集相关检察机关代表、律师、社会公正人士等，组成“检察官伦理规范”研订委员会，自2011年7月至10月，先后多次召开会议讨论该伦理规范草案内容，并征询各检察机关对该草案之意见后，于2012年1月4日订定发布“检察官伦理规范”，并于同年1月6日施行，2003年“检察官守则”则于同日停止适用。

台湾地区“检察官伦理规范”共分4章，第1章为通则，第2章为执行职务行为之规范，第3章为执行职务以外行为之规范，第4章为附则，共计30条。新订定公布之“检察官伦理规范”，除将原有之“检察官守则”做更有体系之规范外，亦参酌联合国《检察官准则》、国际检察官协会《检察官的专业责任与权利义务准则》、欧盟《〔2000〕19号建议》、欧盟《布达佩斯准则》等国际间或其他国家有关检察官之重要伦理规范，②并将近年来社会大众或媒体对检察官之期许等，纳入该伦理规范中，希冀

---

① 依2003年台湾地区“检察官守则”修正总说明所载，该次修正之检察官守则所参考之相关规定，于台湾地区有关规定之部分，包括“公务员服务法”、“公职人员利益冲突回避法”、“公职人员财产申报法”、“刑事诉讼法”、“法院组织法”、“立法委员行为法”、“宣誓条例”、“公务员惩戒法”、“法官守则”、“检察官评鉴办法”、“法官法草案”、“检察官参与饮宴应酬及从事商业投资应行注意事项”、“法务部所属检察机关人员奖惩标准表”、“行政院禁止所属公务人员赠受财物及接受招待办法”、“法务部暨所属各机关端正政风防制贪渎工作方案要点”等；于域外法部分，包括《美国法官行为法》、《美国联邦检察官伦理法》、《美国1994年伦理守则》、《香港防止贿赂法》、《香港布政司署铨叙科接受利益及款待通告〔1981〕》、《OECD行政核心价值》、《OECD文官公务伦理之管理原则》、《伦敦大都会警察职业规范策略》、《英国内阁大臣行为规范》、《英国下议院议员行为规范》等。

② 参照台湾地区“检察官伦理规范”立法理由。

该伦理规范不仅能作为检察官之行为准则，亦使该规范能符合国际潮流及社会公众对检察官之期待。

在台湾“法务部”发布“检察官伦理规范”后，尔后若有检察官违反该规范，且情节重大者，依台湾地区“法官法”之规定，检察官将被移付个案评鉴，此评鉴制度对落实该规范之内容固极有帮助，但该规范之内容在适用上是否已足够具体，让检察官能判断其职务上或职务外之行为是否符合规范之要求，或者有可能因规范之界限不明确，使检察官日后动辄得咎而被移付评鉴，仍值得后续观察。

七、台湾地区“检察官伦理规范”之实践

比较上述国际组织、部分国家所通过、订定之检察官伦理规范及台湾地区所订颁之“检察官伦理规范”，其繁简程度虽有不一，但对检察职权所设定的核心价值并无二致。国际组织及许多国家体认检察伦理之重要性，而分别订颁明文化之检察伦理规范，固有助于促进检察伦理之发展与实践，但检察伦理规范订定后能否落实，并非仅凭规范之颁行即足，检察伦理规范颁行后仍可能受到诸多因素之影响，以致无法实践原先预期之目标。

第一，对检察官而言，检察官伦理规范如果只是道德般之训示规定，则该规范于订定后因不具强制力，规范之立意再好，内容再翔实，也难以成为检察官之行为准则。许多国家及地区订颁检察官伦理规范时，多已体认此一问题，故现时各国所订颁之检察伦理规范，常有一套遵行机制，用以促使检察官遵守规范之内容。例如，美国检察官因具律师身份，如有违反专业行为准则，将有可能被剥夺律师资格；澳洲新南韦尔斯省前揭《行为准则》也规定，违反该准则者将受到行政上或法律上的惩处；[①] 中国大陆近年也祭出严厉的《检察人员纪律处分条例（试行）》，以严格的惩处机制确保检察官职业道德的实现。[②] 而台湾地区也对检察官违反伦理规范设有行政惩处机制，过去实务上即不乏检察官因违反“检察官守则”或“公务员服务法”等规定，而遭台湾“法务部”行政惩处、“监察院”弹

① 参照澳洲新南韦尔斯省《行为准则》第11条。

② 中国大陆最高人民检察院于2004年颁布《检察人员纪律处分条例（试行）》，共有118条，明列10类81种违法违纪行为的惩处。

劾及“公务员惩戒委员会”议决惩处之事件,[①] 在“法官法”施行后，未来检察官违反“检察官伦理规范”，且情节重大者，更将被移付个案评鉴，已赋予该伦理规范之强制效力，至于是否能发挥具体实效，端视后续执行是否落实而定。

但如进一步考察“检察官伦理规范”之内涵，也可发现并非其全部之内容都适宜以强制力实践，有部分之规范因具有高度道德性或理想性之色彩，欲以强制力实施，事实上颇有困难之处。例如，台湾地区“检察官伦理规范”第 7 条规定：“检察官应精研法令，随时保持其专业知能，积极进修充实职务上所需知识技能，并体察社会、经济、文化发展与国际潮流，以充分发挥其职能。”第 22 条规定：“检察官为维护公共利益及保障合法权益，得进行法令宣导、法治教育。”第 23 条规定：“检察官执行职务时，应与法院及律师协同致力于人权保障及司法正义迅速实践”等，虽对检察官充满期待，但仍较偏向道德性之期许，欲使其有效实施，仍有待检察官本身强力的自觉与自律才有以致之。

第二，由于司法机关（在部分国家也包括检察机关）讲求独立性，各界在专业工作伦理的要求上常给法官、检察官较多自主的空间，而以“自律”替代“他律”，使得在对检察官之具体行为检讨其是否符合伦理规范要求，或被移付评鉴时，有可能引发是否借以干涉检察权行使独立性之疑虑，造成检视检察官伦理规范是否被实践时多所顾忌，也可能会使检察官伦理在“独立”的阴影底下，难以理性的予以讨论。

第三，由于检察官伦理规范本质上具有很高的道德成分，其内涵常具有高度的抽象性与不明确性，此为国际组织或各国订颁检察伦理规范之共通点，台湾地区的“检察官伦理规范”亦复如此。因检察官伦理规范之内涵常属不明确，诠释上即会有模糊地带，以台湾地区“检察官伦理规范”为例，无论是有关超然（第 2 条），妥速（第 4 条、第 15 条），差别待遇（第 6 条），恳切（第 13 条），合理之必要措施（第 15 条），必要之适当措施（第 25 条），廉洁形象（第 25 条），公正、客观之形象（第 26 条）等，

---

① 台湾“司法院”编印：《公务员惩戒委员会议决书——法官、检察官受议决案例选辑》，2010 年 8 月。

其要件均有欠具体，很有可能造成在具体个案讨论、评鉴时，人言言殊，[1]无法获得共识，有碍全体检察官对检察官伦理之内容建立共识。

八、检察官伦理核心议题及本书体例安排

由于检察官伦理规范常具有高度的抽象性与不明确性，且台湾地区之“检察官伦理规范”于2012年1月6日始施行，该规范之内涵及违反规范之效果，仍有诸多尚待探讨之处。为此，本书第二编以下将以当前检察官伦理面临之重要议题为核心，并配合“检察官伦理规范”之规定，就各项核心议题进行深入探讨，其所讨论之范围包括检察官的使命与任务，保持品位之义务，维护检察职权之独立与中立，检察官的专业素养与敬业态度，检察一体的原则与运用，正当法律程序的遵守，侦查不公开，利益冲突与回避，检察官的社交与兼职，司法监督，与机关、团体合作暨其他公益活动等。另就检察官之职务监督及违反“检察官伦理规范”而涉及之检察官评鉴与惩戒，则于本书第三编中讨论。

本书就检察官伦理每项核心议题，先为观念之总合性论述，并于章（编）首揭明相关之规范条文，包括台湾地区有关规定及国际组织或域外立法例，继之提出作者对该等议题之诠释，并举实务上曾发生之案例以为说明，如有进一步可供延伸思考的议题，最后再提供“进阶思考”问题，以供读者在已有之讨论基础下，进一步思考该等议题背后所蕴含的深层问题。

---

① 例如，过去曾有台湾地区被付惩戒人主张“公务员服务法”、“检察官守则”所规定之“廉洁自持”、“诚实清廉”等语，系属抽象用语，法律若另有明确规定时，自应以较明确之规定做为行为之准则。台湾“司法院”编印：《公务员惩戒委员会议决书——法官、检察官受议决案例选辑》，2010年8月，第343页。

第二编

检察官伦理规范

前 言

台湾地区“法官法”第89条第4项第7款规定，检察官违反检察官伦理规范，情节重大者，应付个案评鉴。同条第6项规定，检察官伦理规范，由台湾“法务部”定之。为因应“法官法”公布施行，“法务部”于2011年7月，邀集检察官、法官、律师、学者代表，成立“检察官伦理规范研订委员会”，期在“法官法”公布施行之前，完成“检察官伦理规范”之订定。

有关检察官之伦理规范，台湾“法务部”早于1996年6月24日即订颁“检察官守则”，在“检察官伦理规范”订定发布前之“检察官守则”共有21条条文，分别就检察官之使命、执法态度、执法准则、专业素养及个人生活准则等加以规定，为检察官伦理最基本的规范。因此，在研订“检察官伦理规范”之初，该伦理规范是否为旧有“检察官守则”的延伸版？法规的名称应否变更？应否引据“法官法”第89条第6项为法规的依据？以及规范内容范围等，都成为研订委员会会议一开始重要讨论议题。

首先是法规名称的问题。主办单位“法务部”提案请委员思考此项规范是否为法规命令，应依台湾地区“中央法规标准法”第3条所列示定其名称；[①] 另有委员认为，关于检察官伦理规范早有“检察官守则”颁行多年，检察官已熟悉并接受“检察官守则”是检察官基本作用规范及生活准据，而且“检察官守则”在文义上比较宽广，不像“检察官伦理规范”感觉仅着重在生活伦理及负面表列规定，因而法规名称应延续采用“检察官守则”；但另有委员主张，“法官法”第89条第4项第7款既然规定“检察官违反‘检察官伦理规范’，情节重大者，应付个案评鉴”，已将“检察官伦理规范”此一名称明确宣示，并授权“法务部”定之，“法务部”不应超越法律之授权，擅自变更法规名称。因为台湾“司法院”早已

① 台湾地区“中央法规标准法”第3条规定：“各机关发布之命令，得依其性质，称规程、规则、细则、办法、纲要、标准或准则。”

将“法官守则”改为“法官伦理规范”，最安全的方法是遵循法律的授权，因此决议采用“法官法”明示之“检察官伦理规范”名称。另委员会决议认为，本规范仅对检察官内部具有约束效力，并未对不特定多数人民直接对外发生法律效果，性质上不是法规命令。[①]

在讨论法规名称时，事实上已一并碰触是否将“法官法”第89条第6项引为“检察官伦理规范”之法源依据问题。有委员认为这是“法官法”的明文规定，当然应在“检察官伦理规范”第1条明白宣示授权立法依据；但也有委员延续上揭不赞同使用“检察官伦理规范”名称的说法，认为此规范涵盖内容应该更加宽广，尤其应充实正面宣示，不应仅是单纯为提送检察官个案评鉴而设。何况现行规范检察官职务准则的法规不止一种。例如“检察机关办理刑事诉讼案件应行注意事项”、“台湾高等法院检察署所属各地方法院及其分院检察署办理‘他’案应行注意项”、“检察机关实施通讯监察应行注意要点”、“检察机关实施搜索扣押应行注意事项”等，将来违反这些规定但又不属于“检察官伦理规范”范围时，是否就不能据以提送个案评鉴，将滋生争议。因此认为，“检察官伦理规范”本就存在，属众多规范检察官职务准则之一，易言之，是先有各种检察官职务及生活规范，“法官法”嗣后立法，并规定违反这规范情节严重者，得提送个案评鉴，从其法规立法先后顺序来看，“检察官伦理规范”不必引据“法官法”第89条第6项为授权依据。唯反对说为少数说，未被研订小组采纳。[②]

在讨论“检察官伦理规范”规范内容及范围时，争论重点实质上仍然是上述法规名称及法源依据的延续。有委员主张“检察官伦理规范”由“法官法”授权立法，目的是为了订定规范，借为提送检察官个案评鉴的准据，因此只要简略说明检察官身份、理念、功能之后，尽量以明确文字表列检察官在职务及生活上之禁忌，不要再牵扯检察官的使命、检察官的理想、检察官的担当等向上提升激励士气的宣誓语言，避免因规范文字不明确或未完成检察官神圣任务，滋生是否应提送个案评鉴之困扰；但多数委员认为综观国际重要检察官团体在其检察官伦理守则中，均以宣誓检察官的理想价值、职权目的、独立性格、守护法治为主要内容，生活及职务

---

① 参阅2011年7月28日台湾地区“检察官伦理规范”研订委员会第一次会议记录。

② 参阅2011年7月28日台湾地区“检察官伦理规范”研订委员会第一次会议记录及2011年8月11日“检察官伦理规范”研订委员会第二次会议记录。

上禁止行为反而为次要，“检察官伦理规范”应着重于宣示并引导检察官应如何成为一个堂堂正正、有守有为法治国守护人之正面思维，台湾地区的“检察官伦理规范”自应朝此目标与世界接轨。会议最后裁示本规范既系检察官生活及职务基本准据，不应以消极、负面规范为限。[①]

遵循上揭会议决议，本法规名称乃定为“检察官伦理规范”，分为四章，第一章：通则，第二章：执行职务行为之规范，第三章：执行职务以外行为之规范，第四章：附则。第一章第 1 条即标明：“本规范依法官法第八十九条第六项规定订定之。”通则另有 6 个条文，分别就检察官之角色定位（第 2 条）；检察官之职务功能（第 3 条）；检察官应上下协力维护检察独立及检察一体之运行（第 4 条）；检察官之修养及荣誉（第 5 条）；检察官保障人人平等之义务（第 6 条）；检察官之专业素养（第 7 条）为最基本之宣示。

细则部分分为二章，第二章就检察官职务行为规范之，共有 17 个条文，依序就检察官办理刑事案件应兼顾两造利益以发现真实、实现正义为使命（第 8 条）；检察官应严守无罪推定原则（第 9 条）；检察官应妥适运用强制处分权（第 10 条）；检察官应保持公正、廉洁（第 11 条）；检察官应有高标准回避敏感度（第 12 条）；检察官执行职务及问案应出以恳切态度（第 13 条）；检察一体之具体实现（第 14 条、第 15 条）；协同办案（第 16 条）；严守侦查不公开及职务知悉之秘密（第 17 条、第 18 条）；监督检察事务官及司法警察维护程序正义并协助其他机关团体守法（第 19 条、第 20 条）；检察官与法官、律师之合作及监督关系（第 23 条、第 24 条）；检察官其他公益任务（第 22 条）等事项，为进一步之规定。

第三章则为检察官职务以外行为之准据，共有 4 个条文，分别就检察官社交活动（第 25 条）；检察官任职期间不得从事政党活动之范围（第 26 条）；检察官不得有不当商业及牟利行为（第 27 条）；检察官接受礼仪馈赠之标准（第 28 条）等事项，为进一步之规范。

本书依循“检察官伦理规范”之结构及条文顺序，就性质相同者合并讨论，于第二编“前言”之后，分十二章以专题方式，分别请现职检察官详为论述。再于第三编详论检察官之评鉴与惩戒（“法官法”、“检察官评鉴办法”），期引领各界更热烈讨论，精进“检察官伦理规范”之内涵。

---

① 参阅 2011 年 8 月 11 日台湾地区“检察官伦理规范”研订委员会第二次会议记录及 2011 年 8 月 25 日“检察官伦理规范”研订委员会第三次会议记录。

第一章　检察官之定位与使命*

一、引　言

检察官是被“宪法”遗忘的官制，幸依“司法院”大法官释字第13号、第52号、第392号解释，认为检察官是广义的司法机关，对外独立，对内受检察一体节制，实任检察官之保障，除转调外，与实任法官相同。“司法院”大法官释字第325号解释更认检察官依法独立行使职权不受外部干涉，故“立法院”各种委员会邀请到会备询时，无应邀说明之义务；检察官属独立行使职权受宪法保障之机关，案件裁判确定前就侦查、审判所为之处置及其卷证等，“监察院”、“立法院”行使调查权时，应受限制，皆检察官基本职能定位之解释。故2011年公布之“法官法”第86条即明定：“检察官代表……依法追诉处罚犯罪，为维护社会秩序之公益代表人。检察官须超出党派以外，维护宪法及法律保护之公共利益，公正超然、勤慎执行检察职务。”嗣台湾“法务部”于2012年1月4日公布之“检察官伦理规范”进一步阐明：“检察官为……之守护人及公益代表人，应恪遵宪法、依据法律，本于良知，公正、客观、超然、独立、勤慎执行职务。”（第2条）“检察官应以保障人权、维护社会秩序、实现公平正义、增进公共利益、健全司法制度发展为使命。”（第3条）“检察官执行职务时，应与法院及律师协同致力于人权保障及司法正义迅速实现。”（第23条）其中伦理规范第2条为检察官基本职能定位之诠释，第3条为检察官使命之诠释，第23条为检察官在诉讼上定位之诠释。

以下本书即按“公益代表人”之定位，进一步阐述检察官在基本及诉讼职能之定位，最后再从当代检察权面临之全新挑战，分析现代检察官之使命。

二、检察官在职能上之定位

检察官在刑事诉讼程序之不同阶段有不同之职能：在侦查中有“司法

---

* 本章内容对应台湾地区“检察官伦理规范”第2~3条、第23条。

警察官”职能，起诉时有“审判官”之职能，莅庭公诉时有“公益辩护人”之职能，执行刑罚时有“罪犯矫治师”之职能。[①] 相对于法官消极被动性格，可知检察官才是刑事程序全程之主导者。故有人称：“能支配检察官者，即能支配刑事司法正义，使检察权运作符合自己政党或社会势力之利益。”则实质主导刑事程序之检察官，在职能上与其他司法机关究处于何种相对定位？兹析论如下：

（一）检察官定位之类型

按从封建专制体制过渡至民主法治体制，检察官制在职能上之定位，可分下列四种类型：[②]

1. 法国之行政代理人型

本质乃行政优位体制之行政代理人，性格为“行政监督司法裁判”，使符合行政利益之官署。为控制侦查成果，故有监督裁判之义务，具侦查官兼公诉官二职责。虽亦称检察官为“公益代表人”，但行政利益重于民众利益。[③]

2. 德国之法宪看守人型

本质乃行政优位体制之司法官，性格为“法院裁判之协力者”，检察官与法官为各在侦查与审判阶段负责发现真实之同质官署，唯因检察官为侦查主体，故首重侦查，公诉居次。[④]

3. 美国之行政辩护人型

本质乃司法优位体制之辩护人（Attorney），性格为“行政机关（权）委任之法庭辩护人”。检察官乃代表行政机关实现行政权益之法庭律师，

---

① ［日］平野龙一：《刑事诉讼法概说》，有斐阁，昭和 43 年，第 30 页。

② 此处检察官与审判官之分类，系仿日本学者横山晃一郎所分：当事者型（美国），协助裁判者型（德国），行政院监督裁判者型（法国）。

③ 法国为除去民众对起诉陪审的不信任，其 1808 年刑事诉讼法之改革方式，不是从制度上改革起诉陪审制，而是设立一个推定其具有高度客观性、公正性、以看护公益为天职的检察官制。检察官即以“公益代表人”地位，担任政府对司法机关的监督者，故其不但对于被告而言，在诉讼程序上居于优越地位，甚至对司法机关亦居于优越地位，即检察官有控制预审，监督诉讼及促使公判程序进行的责任，预审法官亦在上级法院检察长的监督下具有协助检察官达成追诉目的之机能。

④ 德国于 1975 年在刑事程序的促进及简洁化口号下，废除了被认为是纠问主义残渣的预审制。更以今日司法的迟缓皆因自 1879 年以来，对检察官客观性的不够信任，为达成诉讼促进目的及程序简洁化，在以检察官为司法机关之同时，依其本身客观法律保护者的天职，重整侦查构造，在令状主义下，将原预审法官之强制处分执行权交予检察官执行，其侦查构造即成为由负有客观义务的法律保护者即检察官所主宰的“侦查司法化”的构造。

故首重公诉职能，侦查则旨在整备公诉事证，故居次。①

4. 日本之公益代表人型

本质乃司法优位体制之“公益代表人”，惟其公益本质为“国民全体利益”，故与法国“公益”代表人，系指“行政利益”者不同。故其代表之公益，除行政利益外，尚须综合考虑当代国民普遍的刑事司法正义需求、人民客观的道义感情、国际人权及刑事政策取向，甚至司法成本、诉讼经济等因素。其职能则从侦查、起诉、审判到执行全程并重。

上述定位区别，如以昔日高尔夫球场窃占土地案于侦查中，台湾“行政院”突允就地合法为例：② 检察官若为行政代理人型，或行政辩护人型，即应配合行政政策，主动放弃追诉，依职权为不起诉。如为法宪看守人型，则事后之就地合法，不阻却窃占罪责，仍应提起公诉。如为公益辩护人型，原则上应提起公诉，仅例外已交还土地且回复原状时，基于“公益对立”消失理由，得依职权为不起诉处分或缓起诉处分。

（二）台湾地区检察官在基本职能应有之定位

虽有谓：“检察官既代表……统治权，自非中性立场之法官，人民岂有给予强大统治权者宪法身分地位保障之理。尤其羁押权回归法官及未来当事人进行主义之实施，更是确立了检察官为行政官员角色，非宪法所保障之法官”③ 云云，惟按：

1. 从权力制衡原理，司法权理应包括审判权及检察权两者，始能有效制衡行政、立法二权

按检察权就其积极主动执法之性格而言，确与司法权之不告不理被动消极性格有别。惟依民主权力制衡原理，“司法权”应自成独立统一之权力体系，而此权力绝非单靠不告不理、消极被动之审判机关，就能独立制

① 在美国法制上，除早期某些特别法（如卖春法、酒类法）外，并未课予检察官侦查犯罪义务，基本上仍维持由私人或警察侦查的英国刑事程序传统。检察官大抵上限于公判活动时，基于证据的需求，才会为补充性（证据不足）或补正性（证据违法）的侦查。故在起诉前，大抵仍以公诉官之审查地位，以退案方式令警察重为侦查，至于重大案件，则或基于社会瞩目及选举连任帮助之考虑，检察官也会从事主动侦查。盖其政治性格使然。黄东熊：《美、德、法检察制度之比较研究》，载《刑事诉讼法研究》1999 年版。

② 在马英九担任台湾“法务部”部长任内，受环保团体的要求，曾对台湾地区近百家高尔夫球场全面展开是否有窃占土地之追查行动，惟“行政院”后来在当时连战院长政策指示下，允许所有窃占土地之高尔夫球场得向“国有财产局”办理承租土地，致后来“法务部”所属检察机关即停止继续侦查，连已起诉之案件，法院也多以被告等无窃占犯意而判决无罪，不了了之。

③ 时任桃园地院庭长魏大喨在联合报民意论坛之文章，见《联合报》，1998 年 5 月 24 日第 15 版。

衡其他二权。盖如任凭检察官受制立法或行政二权，造成依法应追诉故意不予追诉，或不应追诉而滥行追诉时，则司法旨在发现真实保障民权之天职，根本无从达成。总之，为实现公正司法，应将审判权委诸独立行使职权之法官，惟此不等同只有“法官”才是权力制衡下之“司法权机关”。在以实现正义、保障民权为天职之司法权职，实际上是托付给“追诉职”与“审判职”两者。此即德国学者 Schmidt 所称：“检察官与法官同属立法权与行政权以外之‘第三权力 Pritte Gewalt’，在……政治下，为使司法机关强化能与其他立法、行政两权相对等，应由检察官与法官协力一致，结合构成独立统一之权力体系。始足以对抗强大之行政权及立法权。”换言之，检察官职与法官职，为司法双胞胎官职。故为使审判权与检察权能在刑事程序中有效实施司法权，唯有检察官与法官地位平等，受同等身份保障，才能有效制衡行政、立法二权。纵检察机关在组织上现隶属“法务部”，唯此不等同检察权即行政权，即代表统治权，反而更应保障检察官之司法官属性。否则任由政治势力影响操弄检察官，单凭法官能独立实现司法正义吗？

2. 为免法官专擅独揽司法权，应设检察官以监督法官审判使符全体民众公益

昔因纠问制审判，任由法官独断独行，无何制衡，民权难有保障，嗣于民主法治体制，始依分权制衡法理将司法权划分为审判权与检察权两者。[①] 前者消极被动，以超然态度维护法宪秩序，故称法官为“法宪看守人”。后者积极主动执行法律，务使法官审判能符合法律正义并满足民众全体公益，故称检察官为“公益代表人”。两者一动一静，相辅相成又相互制衡，不但可防免审判独断，更能促使审判符合公益。从而检察官与法官之分职，乃有防止法官独擅专断司法权之必要性。否则任令审判权独大，无人制衡，绝不符法治原理。盖有权必滥之历史教训告诉我们，司法权之适正行使与否，绝非仅靠法官之独立公正，就能完全实现，否则回复

---

① 检审分立，不等于行政权与司法权之分立，应是司法权的再细分。盖司法权的定位，不是“依法”就可以认定，应从两机关之作用目的观之。按行政权从法律出发，以政治意志实现为目的，司法权从法律出发，以修补或回复被践踏的法律秩序为目的，故司法官眼中只有法律，不问其他，故以未来人（立法者），现代人（行政者），过去人（司法者）来看，检察官应较接近司法而与行政相去甚远。故检审分立，只是司法权“内部”的分权制衡，不是把职司侦查的检察权从司法权分出去。检察官所代表者，系法律意志，不是政治意志。见苏永钦，于 1998 年 5 月 18 日书面提出台湾“立法院”公听会的文献；陈志龙：《两岸检察官的地位与走向》，载《律师杂志》第 226 期。

法官纠问制，不就是最理想之司法制度，何必还需另设检察官职？故检察官与法官之分权，不等同检察官即应归属法官所要制衡之“统治权”，反应将之定位为：促使司法权适正行使所必要之“审判权制衡者”。换言之，检察权对审判权之制衡、监督，消极面旨在防止法官独擅专断或违法审判，积极面则在促使法官审判符合民众全体公益。此即检察官在司法权中与法官之应然分工。

3. 为免警察假借维护社会治安之名，任意侵害人权，乃有设置检察官监督警察秩序权“合法性”之必要

按维护社会治安乃行政权主要职责，而警察维护社会治安之理念，重在迅速重建社会秩序及救护人民被害法益以安定政局。唯警察维护治安之行动，常受制于政治利益、舆论压力、社会势力而妥协，致使司法正义常被现实政治利益考虑而扭曲。此外打击犯罪有其急迫性及时效性，在救护被害法益之急迫性中，亦难期完全遵循正当法律程序执法。故面对强大警察秩序权力，苟无其他机关能以超然于政治、舆论、社会势力，及时回复遭司法警察扭曲之司法正义，则正当法律程序之精意，必成泡影。故检察官纵为侦查主体，拥有指挥司法警察侦查权力，唯此绝非意味检察权即是统治权。盖维护治安，控制并预防犯罪之警察行政秩序职权，此才属统治权。[①] 司法警察之真正统御者，是“内政部”、“警政署”及“国安”单位，检察官只在发现真实之刑事侦查目的内才有指挥命令司法警察之权限。司法警察只是检察官发现真实、实现正义之辅助机关，不是检察官统治人民之御林军。检察官不是行政代理人，反而是在刑事侦查阶段中，为防止警察秩序权侵害基本人权，而代表司法权节制警察权力之司法机关。此可从现行犯逮捕 24 小时内，应即送检察官讯问；紧急逮捕或拘提后，应即声请检察官核发拘票，检察官不核发拘票时，应即将被告释放等规定，可知检察官是代表司法权监督行政权（警察权）之司法机关。[②]

总之，检察官职与法官职，应视为一体机构，一动一静，性格虽有别，但相辅相成，始能真正达成司法权所要达成保障民权、抗拒立法及行政专擅或独大之目的。尤其当体制是行政优位体制时，检察官“法律看守人”定位，正代表检察官更要在优势行政权之独大势力下，勇敢捍卫法宪

---

① 黄东熊：《起诉裁量权之研究》，载《刑事诉讼法研究》1999 年版。

② 出射义夫：《检察官机能二元论》，载《法曹时报》，第 14 卷 7 号。

秩序尊严，做好“法律看守人”之天职。反之，当体制是司法优位体制时，检察官“公益代表人”定位，正代表检察官要在司法优位之消极被动文化下，扮演积极主动捍卫“民众全体利益”之角色。故检察官系兼有“法律看守人”及“公益代表人”双重性格之官署。以当前台湾地区刑事诉讼采改良式当事人主义后，法院审判原则上不再依职权调查证据，性格更趋消极被动，台湾地区检察官之性格，自应从昔日“法律看守人”之消极性格，偏向“公益代表人”之积极性格，始能满足人民以司法实现正义之需求。尤其“检察总长”任命已改由“总统”提名经“国会”同意，既获有民众主权之授权，则检察官是代表“民众全体公益”之定位，更属明确。[①]

三、检察官在诉讼职能之定位

（一）检察官在诉讼职能定位之类型

按真实之发现及人权之保障，乃刑事诉讼两大目的，[②] 则实质主宰刑事程序全程之检察官，于发现真实义务及保障被告权益客观义务上，应与法院及其他诉讼关系人处于何种相对定位？

按检察官在诉讼职能上之定位，因侦查构造之不同而可为不同分类，依学者之看法，可分为：“司法官型”、“行政官型”、“积极性准司法官型”、“消极性准司法官型”及“公益辩护人型”五种。[③]

1. 司法官型

此制在职权主义诉讼构造下，认检察官与法官皆为“法律看守人”，诉讼职能上皆为应依职权调查证据以发现真实之司法官，各在侦查及审判职务担任事实发现者与真实判断者双重职务。故侦查与审判之真实发现职务，乃前后接力分工，非追诉者与审判者之相互制衡分工，并将侦查定位为：追诉机关主动搜集证据及保全犯人之活动，检察官是侦查主体，被告只是侦查客体。即使在审判中，检察官莅庭公诉之目的，亦系协助或监督法院发现真实之司法官，不是与被告对等之当事人。因检察官如同法官为

---

① 蔡志方：《公益代表人制度之比较研究》，载《成功大学学报》，1997年第32卷。

② 黄朝义：《刑事诉讼法》，台湾一品文化出版社2006年版，第3页。

③ 此系依黄东熊教授仿日本学者横山晃一郎所为：当事者型（美国）、协助裁判者型（德国）、行政监督判者型（法国）之分类，在其东京大学博士论文之分类。参见黄东熊，东大博士论文复印件，第1799页以下，未出版。横山晃一郎，此处检察官与审判官之分类，系仿日本学者横山晃一郎所分：当事者型（美国），协助裁判者型（德国），行政院监督裁判者型（法国）。

"法律看守人"[①]，受有最客观、公正、忠勤执法者之信赖，故检察官在诉讼上除有搜集不利被告犯罪事证之发现真实义务外，并有搜集有利被告事证之客观义务。

2. 行政官型

此制在当事人主义诉讼构造下，基于检察官为"行政代理人"定位，认其诉讼地位与民事诉讼之原告当事人地位相同，检察官只是主张被告有犯罪嫌疑之原告当事人。基于当事人地位对等原则，侦查乃双方当事人准备审判而各自搜集有利事证之活动，检察官为维护社会秩序，打击犯罪而搜集被告不利证据之行为，与被告为保护自己权利而搜集证据之行为，系处于"竞赛"之对抗地位。基于竞赛公平原则，当事人除以任意方式搜证外，凡有强制处分之必要，只能请求法院为之。[②] 由于检察官追诉犯罪之职务，本质与被告处于对立，故不能期待其能扮演最客观、公正、忠勤执法者之角色，亦不能信赖其能对被告有利、不利事证并会注意斟酌，故被告只能请求法院保全其有利事证，检察官则无为被告搜集有利事证之"客观义务"。

3. 积极性准司法官型

认在当事人主义诉讼构造下，应彻底分离公判与侦查程序。以检察官拥有庞大侦查资源及能量，应有"保护市民义务"。本此保护义务，反映在刑事诉讼程序上，则为求达成实质当事人地位及能力对等，检察官不应只在追查被告不利证据，同时亦应有为被告追查有利证据之义务。认侦查应定位为检察官审酌是否提起公诉之"准审判"活动，并以检察官为决定应否起诉之审判者，被告与司法警察、告诉人或告发人则为对立之两造当事人。检察官为决定是否起诉，应同时听取被告与司法警察、告诉人或告发人等各别搜集证据结果之报告，必要时并得自为补充侦查或命令司法警察续行侦查，直至确认被告罪嫌充分时，始为"起诉"之裁判，于确认被告罪嫌不足或诉讼条件不备时，则应为

---

① 此为前西德联邦最高法院之见解，BGHST，24，171，ntw，1971，S，2082，转引自林山田：《刑事诉讼法》，1981 年版，第 72 页。

② 黄东熊，在美国法制上，除早期某些特别法（如卖春法、酒类法）外，并未课予检察官侦查犯罪义务，基本上仍维持由私人或警察侦查的英国刑事程序传统。检察官大抵上限于公判活动时，基于证据的需求，才会为补充性（证据不足）或补正性（证据违法）的侦查。故在起诉前，大抵仍以公诉官之审查地位，以退案方式令警察重为侦查，至于重大案件，则或基于社会瞩目及选举连任帮助之考虑，检察官也会从事主动侦查。盖其政治性格使然。黄东熊：《美、德、法检察制度之比较研究》，载《刑事诉讼法研究》1999 年版。

“不起诉”之裁判。故检察官是积极发现真实之司法官。在此种侦查构造下，被告也是侦查主体，得选任辩护人在侦查中为其搜证、辩护，而检察官对于被告之调查，基本上是基于告知被告罪名，听取被告辩解之机会，非在借侦讯取得被告之供述证据，因此侦讯乃被告之权利，不是义务。

4. 消极性准司法官型

认当事人主义诉讼构造下，以检察一体及其拥有强大资源，若再强调技术性当事人主义构造，则检察官反有可能成为侵害正当法律程序之机构。认刑事程序检察官被期待之任务应为“司法官”，不是“纯粹的诉讼当事人”。惟其所谓检察官之“司法官”任务，不是指职权主义积极发现真实任务，而是指消极地维持侦查程序使符合正当法律程序理念之任务。即检察官应是司法警察侦查活动的监督或纠正者，俾使侦查程序符合正当法律程序理念。因此，在被告已具备抗拒不法侦讯能力时，如辩护人在场、告知罪名及所犯法条、缄默权及所为不利供述将作为有罪事证等事项后，检察官始得对被告为侦讯。故侦查中检察官对被告之侦讯，旨在听取并给予被告辩解，非在取得被告之供述证据。故此说与前述积极性准司法官说认侦查目的在于决定起诉与否者不同，本说认侦查目的仍是双方当事人各自准备公判之单纯搜证活动。检察官只是消极维护正当法律程序之司法官。

5. 公益辩护人型

认在当事人主义诉讼构造下：检察官应定位为“公益辩护人”。其与选任辩护人不同者，选任辩护人之责任范围，为个案委任者之利益，其所应遵守之伦理，不外是对选任者忠实、对法院正直、对他造当事人为公正辩护。检察官之责任范围为民众全体公益，其除应遵守上述三种基本职业伦理外，更被要求应有追求公益实现，而积极追诉犯罪之职业伦理。[①] 除上开责任范围及职业论理与一般辩护人不同者外，检察官以公职身份从事追诉活动时，并不该拥有较选任辩护人更优越的地位。故检察官对于刑事被告，不是司法官对当事人之地位，而是与被告

---

① 黄东熊，此系依黄东熊教授仿日本学者横山晃一郎所为：当事者型（美国）、协助裁判者型（德国）、行政监督判者型（法国）之分类，在其东京大学博士论文之分类。参见黄东熊，东大博士论文复印件，第 1799 页以下，未出版。横山晃一郎，此处检察官与审判官之分类，系仿日本学者横山晃一郎所分：当事者型（美国），协助裁判者型（德国），行政院监督裁判者型（法国），第 1799 页以下。

选任辩护人地位对等之“公益辩护人”。再者，此说反对过分强调检察官客观义务，认与其赋予检察官客观义务，以达成诉讼程序当事人地位之实质对等，反而使被告之诉讼权益保障全赖检察官能否忠诚履行其客观义务。此核与检察官应尽心为公益实现而积极追诉之性格不符，不如赋予被告实质的诉讼防御权能，使被告有充分之防御能力及公平之机会，俾有能力与检察官进行公平的辩论。至其所谓“实质诉讼防御权能”包括无罪推定权、辩护人依赖权、缄默权、受告知与听取权、拒绝不当逮捕、搜索及扣押权（令状保护权）、面见证人及对之为反对询问权，受迅速审判权，及拒绝双重危险权等诉讼防御权能。[①] 唯基于“公益”辩护人定位，当被告与公益对立关系消失时，检察官有义务为被告利益主动撤回公诉或提起上诉。故若谓检察官有客观义务，亦仅止于此而已。

（二）台湾地区检察官在刑诉职能上之定位

1. 检察官与法官在诉讼上之相对定位：从“正义法院”到“公平法院”

按法治理念不同，法院有“正义法院”及“公平法院”之别，“正义法院”之诉讼构造，认法院职责在发现实体真实，以实现正义，为能有效发现真实，基于对专业司法官之信赖，仅区别程序主体与程序客体。[②]“正义法院”以检察官为侦查主体、法院为审判主体，为各该诉讼程序发现真实之主宰者，至于被告则沦为侦查及审判客体，司法正义委由检察官及法官之专业决断。反之“公平法院”之诉讼构造，采严格区别审判者、追诉

---

① 黄东熊：《论当事人主义》，载《刑事诉讼法研究》1999 年。

② 陈志龙：《法治国刑事诉讼与法官》，载《刑事诉讼之运作——黄东熊六秩晋五华诞祝寿论文集》，第 351 ~ 367 页。

者及被告三者之分权制衡设计。[①] 以检察官为原告攻击者，以被告及其辩护人为防御者，法官则居中立仲裁者，只听取双方当事人诉讼攻防抗辩后，仅就双方争点事实为仲裁，不再有应依职权调查证据发现真实之义务。以台湾地区诉讼构造已从"职权主义"改行"改良式当事人主义"，法院即不应再是有罪必罚、实现正义的"统治权力机关"，而是防止官权侵害民权之"公平仲裁机关"。故法院在诉讼上定位，应从"正义法院"过渡到"公平法院"，始符合民主体制。[②]

2. 法院在审判职能之新定位：从"独断式审判"、"对抗式审判"到"沟通式审判"

昔日"正义法院"，在有罪必罚诉讼观下，认诉讼应由专业法官依法"独立判断"并应依职权发现真实，审判模式乃成"法官独断式审判"。"公平法院"在自由主义诉讼观下，认诉讼应任由两造当事人竞赛般各凭己力，在诉讼尽力攻防中说服法官采信其主张之真实，法院只居中立仲裁者定位，审判模式乃成"当事人对抗式审判"。前者失之法官独断，后者失之任凭当事人掩饰真相或扰乱程序，或因未能发现真实或审理延宕，致司法正义难以实现。一旦审判结果未符人民期待，法官常以检察官未尽举

---

① 所谓在公平法院受审判之权利，其理念非但在法院之组织结构上必须是公正的，不得偏颇的，且进行之诉讼程序也必是公平公正的。究其实质内容，应包括五要素：（1）法院是独立的：即法院地位应能维持审判之独立，不受立法、行政及舆论不当干涉及支配，并应提升司法权地位足与立法权及行政权鼎足，俾堪任"法宪看守人"角色，且裁判结果不受任何不当追究；（2）法院是超然的，即法院之审判功能仅应定位在消极被动的"民权与官权纠纷的公平仲裁者"，不是积极主动的"发现真实有罪必罚的最终正义实践者"。换言之，法院不是牧民的统治者，仅是超然的"法宪看守人"。至于"法宪正义实践者"，此乃"公益代表人"即检察官之职责。从而诉讼参与者，应能充分表彰检察官、辩护人及裁判官三者职能各有不同，不得混淆审判者、追诉者、辩护者之角色与职能；（3）法院是无偏颇的，即法院于审判前，对被告无"有罪偏见"，能本无罪推定原则，以白纸般心证对被告超然进行审判，不致形成法院与被告对立，否则，被告面对有偏见的审判，为排除法院有罪预断，反而必须自证无罪；（4）法院是公正的，即法院在诉讼程序进行中，为保障审判程序之公正，应维持双方当事人之地位、机会、能力对等，以保障双方之应有诉讼权益。换言之，当被告明显辩护能力不足以对抗检察官之不当追诉时，法院应本诸于诉讼指挥权，及诉讼阐明义务予以辅助，又如双方当事人有故意扰乱、迟滞诉讼时，法院应予制止，以维持诉讼程序之适正；（5）法院是公开的，即本诸主权原理之司法民主化理念，应公开司法审判程序，俾人民得以检视监督，甚至开放审判程序让人民得以直接参与审判程序，以抑制裁判权之滥用。本此，就公平法院应是独立的、公开的，职权主义与当事人主义两者并无差异，但就法院应是超然、无偏颇、公正的，职权主义之法院，为发现真实正义，审判中审判者兼追诉者，较之当事人主义之法院，严格区别审判者、追诉者及辩护者之现象，当事人主义之诉讼构造，应较符合公平法院理念。

② 林勤刚：《刑事审判强化排除预断原则之研究，以起诉状一本主义为中心》，载《"起诉状一本主义及其配套制度"法条化研究报告（上）》，载《最高法院学术研究会丛书》，第23～121页。

证责任，检察官则以法官突袭，未善尽阐明义务，相互指责对方。[①]

鉴于上述“独断式审判”、“对抗式审判”之失，乃有社会主义诉讼观之反省，认刑事诉讼应为：法院与当事人、辩护人三方经由沟通后，依正当法律程序相互协力发现“诉讼真实（与实体真实有别）”之活动，故认诉讼应从昔日“独断式”、“对抗式”审判，改为“沟通式（或称协同式）”审判，主张法院、检察官及被告及其辩护人三方皆各有其诉讼促进义务，[②] 以改进“独断式审判”、“对抗式审判”之失。为使法院、当事人及辩护人共同协力，以发现诉讼真实，应规定：法院为履行诉讼促进义务，应按诉讼状态，适时整理双方争点、阐明法律见解后，公正晓谕当事人或辩护人妥适为诉讼行为，而为下列各款事项之指令：命补正起诉要件及诉讼条件之欠缺事项。命当事人或辩护人应适时提出准备书类状及答辩状，说明诉讼之主张或抗辩。适时整理并厘清起诉事实、所犯法条及证据能力之争点。阐明法院就系争法律见解之心证后，晓谕变更法条或起诉事实。阐明当事人举证责任分配后，晓谕其举证或释明之。就重要待证事实，晓谕当事人应声请或提出证据调查。命向他造提示或说明重要证据之内容及意义。于征询他方当事人意见后，令逾时提出攻击防御方法之一造，应说明调查该项证据之必要性及不可归责事由。其他促进诉讼必要指令事项。

当事人及辩护人为履行诉讼促进义务，[③] 应按诉讼状态，适时提出诉讼攻击防御方法或为诉讼之主张及抗辩。当事人或辩护人如因重大过失或经法院晓谕后，逾时始行提出诉讼攻击防御方法或为诉讼之主张及抗辩，有碍诉讼之终结者，除有不可归责于己之合理事由者外，法院得驳回之。攻击或防御方法之意旨不明了，经命其叙明而不为必要之叙明者，亦同。并应明定当事人之举证责任分配为：检察官应对提起公诉之犯罪事项，负实质举证责任。被告及其辩护人对检察官起诉事实或主张，有抗辩或主张时，得释明之。前项释明，经法院认其已合理说明抗辩或主张之理由者，应晓谕检察官有反证举证责任。法院并应向被告或其辩护人晓谕，不为释

---

① 颜银秋：《诉讼促进义务与逾时提出攻击防御方法之失权》，台湾政大硕士论文，2009 年，第 10 ~ 11 页。

② 邱联恭：《司法之现代化与程序法》，1992 年，第 326 页；颜银秋：《诉讼促进义务与逾时提出攻击防御方法之失权》，台湾政大硕士论文，2009 年，第 45 ~ 54 页。

③ 颜银秋：《诉讼促进义务与逾时提出攻击防御方法之失权》，台湾政大硕士论文，2009 年，第 33 ~ 44 页。

明之诉讼效果。检察官履行上述实质举证义务或反证举证义务之结果，及法院得依职权或应依职权调查证据之结果，仍不能使法院对公诉事实产生无合理怀疑之有罪确信心证时，法院应为无罪判决。

3. 检察官在刑诉职能之新定位：从“侦查主体”到“刑诉全程主导者”

依“公平法院”理念，检察官与法院在发现真实职能之分工，即不再是侦查与审判之接力赛式分工，而是审判者与追诉者之分权制衡式分工。故在刑事程序全程，法院始终为中立审判者，检察官则为主动追诉者，一旦知有犯罪情事即应扮演“司法警察官”角色，主动侦查犯罪事证。追侦查终结后即应扮演“审判者”角色，裁量公益上应否提起公诉。公判中即应扮演“公益辩护人”角色，为实现公益积极辩护，直至判决结果符合公益为止。判决确定后，应积极扮演“罪犯矫治师”角色，为保障受刑人之社会归复权益而决定刑罚处遇方式。[①] 可知，台湾地区检察官在刑事诉讼全程之职能，是按侦查、起诉、审判至执行阶段，分别扮演司法警察官、审判官、公益辩护人、罪犯矫治师等角色，应非上述五种检察官之单一定位足以全部涵盖。

（三）检察官与被告在诉讼上之相对定位

1. 检察官对被告之客观义务

按赋予检察官保护被告之客观义务本身，并无不妥，惟检察官有效打击犯罪，以维护社会秩序之同时，复要求其应保障被告人权，通常会流于伪善的钓鱼式查证，当然检察官也就无法如无辜被告所期待的，成为一位热切忠实的人权辩护者。另外，在诉讼程序中主张或强调检察官有保护被告之客观义务，其结果，被告反须付出比受检察官保护所得利益更高的代价，盖检察官为早日发现真实，必须对被告有利、不利证据一并彻底侦查，俾使无辜被告早日从刑事程序中解放，如此便会造成侦查长期化、侵害被告隐私权、有罪预断、加重审判举证责任等诸多不利情事。故为保障被告人权，及维护正当法律程序原则，即不宜强调检察官保护被告之客观义务，应改赋予被告实质诉讼防御权之方式，让侦查成为双方当事人各自准备公判资料之搜证活动程序，借由双方各自热切全力搜集自己证据及“证据开示”程序，检察官与被告及其辩护人皆能充分了解他造所持有之

---

① ［日］平野龙一：《刑事诉讼法概说》，有斐阁，昭和 43 年，第 30 页。

有利、不利证据，[①] 如此对检察官而言，即依证据开示结果，据以裁量案件是否应为缓起诉处分或提起公诉或撤回起诉或上诉等。对被告及其辩护人言，亦得据以决定是否于认罪协商程序中，为认罪或为不认罪之决定。如此因不强调检察官有保护被告之客观义务，反借由赋予刑事被告实质诉讼防御权能，使其有能力与检察官在刑事程序中充分从事协商或抗辩，反能强化被告辩护能力，避免诉讼长期化等问题。

2. 检察官对被告刑事政策之运用

按刑事政策之目的，不外求特别预防及一般预防两者，前者重在人犯个别处遇之具体妥当性，以防止其再犯，并助其回归社会。后者重在对一般公众之犯罪预防性，以吓阻民众犯罪，维护社会治安。两者皆为刑事正义最终追求目标。惟实务上常顾此失彼，难两全其美。则检察官基于公益代表人之定位，对被告进行犯罪追诉时，其刑事政策究应着重在一般预防或特别预防？

按刑事程序在"开始侦查时"，因犯罪甫发生，基于回复被害人安全及维护社会治安急迫性、搜集证据时效性，司法警察人员在侦查阶段所着重的，都属被害人安全之救护及社会治安之回复及被告不利证据之搜集，俾尽速备齐犯罪事证，以利尽速移送检察官进行追诉，早日回复社会治安。故检察官此时应重在被害人保护及被告不利事证之搜集。另外案至"侦查终结时"，此时距犯罪发生已有一段时日，不再具有法益侵害之急迫性，且经侦讯听取被告辩解后，被告有利、不利事证大抵了然，不再具有保全证据之时效性。此时基于"公益代表人"地位，于决定是否提起公诉所应审酌者，应是提起公诉是否有利民众全体公益，而非被害人利益之回复或被告特别预防之发挥。故只要对公益有利，即使小罪亦应提起公诉；如于公益维护无重大利益，反而有害被告或被害人权益时，即使重罪，亦非不得缓起诉。继至"公开审判时"，基于审判公开之一般预防效用及法官中立之定位，审判本应不偏公益或被害人利益，亦不偏被告利益，仅凭依"宪法"、法律等规定及良知进行公正审判，故在刑事政策之运用上，法官之审判及检察官之追诉行动，应兼顾"公益"及"被告人权"等双重利益，而非仅着重被告人权保障及被告归复社会之具体正义。迨判决确定"执行刑罚时"，由于被告罪刑迭经侦查、审判已确定其罪刑，公开审

---

① 陈运财：《"最高法院""起诉状一本主义及其配套制度"法条化研究报告（上）》，载《"最高法院"学术研究会丛书》，第 11 ~ 12 页。

判过程之公示作用，也已达一般预防之作用，通常此时被害人损害亦得借附带民事获得补偿，故在刑罚执行之阶段，基于“被告归复社会权”理念，应重在被告刑罚执行之矫治成效，俾早日让被告回归社会。

故依上述各刑事程序进行之阶段性机能，检察官对被告之刑事政策运用，“侦查阶段”应重在一般预防作用；“起诉阶段”应以一般预防为主，特别预防为辅；“审判阶段”应以一般预防为辅，特别预防为主；“执行阶段”则应着重特别预防作用，俾使刑事程序各能按其阶段性机能，发挥其应有之刑事政策功能。[①]

3. 小结

基于公平法院之理念，就真实发现义务言，法院与检察官不再是侦查程序与审判程序之司法接力式分工，应是公平审判者与主动追诉者之分权制衡式分工。再基于“沟通式审判”之概念，法官、检察官及被告与其辩护人三方，皆有诉讼促进义务。审判应从昔日法官为发现真实应依职权调查证据之独断式审判，或消极坐视当事人主导诉讼之对抗式审判，改为“法院应按诉讼状态，适时整理双方争点、阐明法律见解后，公正晓谕当事人或辩护人妥适为诉讼行为”之沟通式审判模式。而当事人及辩护人亦有“应按诉讼状态，适时提出诉讼攻击防御方法或为诉讼之主张及抗辩”之诉讼促进义务。次就保障被告人权之客观义务言，与其强调检察官之客观义务，不如赋予被告实质诉讼防御权能，使其在诉讼具有与检察官对等的实质性当事人地位，依正当法律程序，接受公开公平的审判。

另为使刑事程序各阶段，皆能发挥其应有之刑事政策功能，检察官对被告刑事政策之运作，在“侦查阶段”应重在一般预防作用；“起诉阶段”应以一般预防为主，特别预防为辅；“审判阶段”应以一般预防为辅，特别预防为主；“执行阶段”之着重特别预防作用。

四、从当前检察挑战看检察新使命

（一）追诉现代犯罪之挑战

1. 犯罪模式企业化之挑战

现代智能型犯罪已进入企业化经营模式，为以合法掩护非法，不但事先敦聘法律及财经专家，以专业规划精致犯罪手法，加上组织分工严密，主谋者深居幕后操盘，往往难以深入突破。案发后复善于透过律师团进行

---

① ［日］小田中聪树：《检察官》，载川岛武宜：《法社会学座 8》，昭和 48 年，第 437 页以下。

集体串供灭证，以诡辩扰乱真实发现。此外大型组织犯罪，尤其大型财团企业之搜索，常需面对数十家子（分）公司，上百名员工，数千坪办公空间之过滤，则如何在短时间内，及时取得关键事证，一举完成庞杂传唤、侦讯及强制处分作为，及时防止其串供湮证，皆是侦查行动之重大挑战。

2. 犯罪资料数字化之挑战

因计算机普及资料处理数字化后，应扣押对象已从往昔书面文书，变成计算机内建硬盘或卸除式随身碟等随取式电磁记忆载体。以电磁记录有快速复制下载、随时删除（Delete）或重整（Formate），加密防止破解、网络远距存取、人物虚拟等特性，则如何破解加密技术？如何证明扣押电磁纪录与原有电磁纪录内容之同一性？如何证明救回被删除或重整后之电磁纪录资料之同一性？如何从域外网络公司搜索扣押（下载）储放域外之数字电磁纪录？如何进行网络影音通话监听及电子邮件扣押？如何证明人犯同一性？再者，面对集团机构使用之超大电磁资料库，一旦扣押计算机势必影响企业机构之日常营运，甚至造成人民生活重大不便，或企业营业重大损失，而无法或不宜当场扣押计算机设备，只能扣押内建之部分应扣押电磁纪录时，如何在不影响原企业机构日常运作范围，兼顾电磁记录搜证扣押需求，在短时间内下载与案件相关电磁资料？都是当前必须面对之重大挑战。则扣押特定人之计算机、随取碟、可携式电磁记录、域外网络空间电磁纪录之法定化流程为何？皆影响未来取得电磁纪录之证据关联性及证据能力。

3. 犯罪洗钱专业化之挑战

为隐匿犯罪所得，台湾地区常以人头，域外则以域外纸上公司模式洗钱，致难以查明幕后金主及收贿者。加上全球化专业理财之潮流及新兴金融工具之不断出现，随着域外理财公司（Offshore Company）之兴盛，在私银行人（Private Banker）及私募基金运作下，一方面公司或个人得以信托方式，在域外免税国家或地区设立数家纸上公司，再用控股公司（Holding Company）以移转订价、三角贸易等操作模式，从事行贿、贩卖枪毒，洗钱、逃税、假外资真享受域内投资抵减或退税。另一方面全球化之个人私募基金与财团资金，大举进出各国金融市场，进行全球性炒股、炒汇、炒期货、恶意并购、内线交易、非常规交易等，在国际金融信息不对等下，以弱肉强食丛林法则，扰乱各国和地区内部金融秩序，掏空民众或绩优公司财富后，一走了之。由于其等使用之衍生性金融商品工具，不但复杂多样，且涉及多国法令，经不断重复包装后，即使本国金管专业人员，亦不易知悉其贩卖或经手衍生性金融商品之真正价值及违法性。加上全球化资金操作模式，各国金融不得不融入全球金流之今日，国际金流越开放，相对监理机构越不建全之开发中国家，越易受国际投机客之青睐及突袭而受害。其等常挟富可敌国的资金，拥有对特定金融市场呼风唤雨的实力，在国际理财专员及涉外法律专家精心设计下，凡交易纷争之准据法，皆故意排除本国法令之适用，致使本国相关金融监督法令及监理机关不易规范及查觉，加上资金进出皆经由外商银行之分公司或集团之域外子公司，纵系理财专家，亦难以判断其商业模式是否违反本国法令。此外，除非征得国际司法互助，否则更无从跟踪其资金之来源及最后去向。侦查实务常见明明是两个台湾商人间之交易，却信托域外纸上公司出名签约，并明定准据法依外国法令及特殊商业习惯，价金则由域外银行付款。而此等理财方式，偏偏正是政要贪渎、大企业主掏空及组织犯罪集团所常用之洗钱手法。

4. 犯罪行为国际化之挑战

21 世纪的世界，随着产业供应链走向全球化、网络搜寻、高科技通信之便捷，加上免费信息大量开放后，一个多元的、全球性的、竞争又合作的新世界已然出现，所有人必须学习和全世界各地的人既竞争又合作的生活模式，犯罪亦然。而上述犯罪模式企业化，犯罪资料数字化，犯罪洗钱专业化之背后，实即犯罪行为国际化。尤其跨国犯罪，为逃避法律追诉风险，并常将其关键犯罪行为一部安排在域外履行，而益增域外搜证之难度，约定准据法排除域内法适用，更难判断其行为之违法性。此外，由于计算机、手机、网络等高科技通信之便利性，域外遥控域内犯罪过程及域外取款已成可行，造成跨国或跨地区遥控之犯罪新类型出现，如电话诈欺、恐吓、网络赌博、情色交易、地下汇兑、人口贩卖、枪毒走私等犯罪，迄今仍常让检警束手无策。则如何研发高科技侦查设备，提升域外侦查手法，参与国际组织协同打击国际犯罪，更是刻不容缓。

5. 犯罪追诉精致化之挑战

自刑事诉讼程序改行改良式当事人主义后，依传闻证据法则，必须落实交互诘问。复依无罪推定原则，检察官负绝对举证责任，依正当法律程序，检察官所提证据稍有不慎，即可能被违法排除。可见在精致侦查要求下，当前检察官举证负担较之往昔加重岂止数倍。尤其重大案件，动辄同时搜索二三十个处所，传拘近百人，扣案证物、账册常堆积如山，如何秘密调动大批人力，快速分析卷证，精准完成侦讯，预防串供灭证，实系今日检察官面对重大案件追诉精致化要求时极大挑战。可见，今日检察官不但要有精湛的法律素养，更要有调度指挥司法资源，规划重案侦查之管理能力。

从上述之犯罪模式企业化挑战，我们看到大型侦查团队建立之必要；从犯罪资料数字化挑战，我们了然运用高科技，研发新侦查手法之需求；从犯罪洗钱专业化挑战，我们感受整合域内外金融机构，提升金流清查时效之迫切；从犯罪行为国际化挑战，我们洞悉布局国际侦搜能力与参与国际交流互助之必要；从追诉犯罪精致化之挑战，看到检警调专业分工、终身学习之必要。换言之，面对新犯罪情势之挑战，我们检察体系需要的是一个能迅速处理重大复杂案件、拥有高科技侦搜能力、善于追查犯罪金流、涉外事务、领先犯罪专业智能之大型侦查团队。故今日一位称职之检察官，不仅要有能力打击台湾地区犯罪，更要有能力处理域外案件。故除需熟知台湾地区法令，还需熟悉域外法令、国际公约及惯例，具有前往域外办案，寻求联系与协作之智能。

（二）民众对检察期待之挑战

1. 政经势力空前集结反扑之挑战

由于近几年台湾地区检察官连续独立侦办数起重大政治高层贪渎及财团掏空案件，政经人物皆知，检察官已能抗拒外力干涉，独立侦办重大刑案，致使政经势力空前集结反扑，一面以政治迫害、秋后算账、司法黑手等合理化其犯罪，另一面以检察官治国，检察权滥诉等口号，结合媒体及无知群众，以民粹抗争舆论审判方式，恶意污蔑司法人员，面对这样空前政经势力反扑力道之挑战，我们应如何重新赢得人民对司法之信赖，是当前重要的课题。

2. 民众对检察官职能期待越来越大之挑战

检察官原只被期待尽心维护社会秩序、有效打击犯罪。惟长期以来检察官不畏强权侦办重案形象，受到民众高度肯定，进而要求检察官应再积极介入包括人民日常生活领域之家暴案件、民生犯罪、消费者保护、环保案件、经济秩序领域之公平交易、资本市场维护、灾难事故责任调查，甚至科技专业领域之智财保护等，随着民众对检察职能期待越来越广泛，我们应如何应付此等检察新增业务的挑战，也需要积极面对。

3. 实现公义与保障人权双重要求越来越高之挑战

随着国际人权公约已成普世价值，台湾地区人权保障要求越来越高，惟当重大刑案发生时，社会之不安，民众期待破案速审的耐心却越来越小，同时满足实现公义与保障人权双重要求的可能，越来越难。加上社会多元化、犯罪人别匿名化、犯罪手法复杂化、犯罪组织企业化、犯罪行为跨国化，情报传递隐密化及案件快速增加等，都使检察官面临刑案侦办日益困难之挑战。

（三）现代检察官之新使命

按司法改革最终目标即司法为民。台湾地区司法改革，历经第一阶段之“审检分隶”，诉求司法正式脱离政治干预；第二阶段之“司法独立”，诉求防止司法行政首长滥权干涉，保障侦审独立空间；第三阶段之“司法专业化”，诉求司法专业质量之提升。上述目标大致已逐步达成。惟当前司法在强调专业之余，面对政治敏感案件及专业领域犯罪之侦审妥适性，外界似又有所谓“专业傲慢，自大专擅”之质疑及非难，司改再度面临如何赢得人民信赖的新挑战。故应启动第四阶段“司法民主化”之改革，着手建立民众参与司法之程序，让民众从实际参与司法程序中，了解司法程序的公开、公平、公正及判断的专业可信，如此司法才会被人民真正的信服。

其次，每个阶段之检察官改革，皆有其时代背景需求及目标，早年在戒严时期，检察官改革目标只求争取检察官之身份保障、案件侦查空间及人事升迁之公平。但在检察官已能办出“总统”贪渎案件后，各界对检察官之期待，日益深切。尤其面对黑金体制尚未扫除殆尽，政治高层贪渎时有所闻，企业犯罪层出不穷，黑帮组织公然挑战公权力，洗钱犯罪之国际化，加上网络犯罪之追查难度，通信监察之盲点及联系与协作之障碍等，检察官面临之挑战，已和10年前检察官改革之目标有别。应如何以全新理念及作法，创新侦查技能，重塑检察官新文化，建立检察新愿景，俾满足人民期待，爰提出四个司法仍待努力之面向如下：①

1. 刚性司法面向

侦办重大犯罪，尤其是组织犯罪、企业犯罪及公务员贪渎，检察官不能再单打独斗，应培训强大自主侦查团队，建立广泛犯罪侦查资料库，储训各类专业智库及外语人才，研发有效侦查科技，学习企业管理技能，俾建立机动快速、精致专业、管理坚实的现代化办案新团队。

2. 柔性司法面向

法律功能不只是在摘奸发伏惩处罪犯，更要能照顾好人、保障弱势族

---

① 朱朝亮：《检察权之变更与愿景》，载颜大和、倪英达主编：《海峡两岸检察实务研究——强化检察职能对犯罪之追诉处罚》，中国检察出版社2011年版，第66～129页。

群。故检察官在办案之余，应培养人文关怀及社区保护意识。为了让社会更温馨，更生人不再犯罪，犯罪被害人受到照顾，民众得享法律服务及司法保护，检察官应就地整合既有行政机关及民间公益团体（NGO）资源，建立完整法律服务网络，满足民众法律服务需求，并应积极关怀弱势族群，探求民间疾苦，以闻声救苦之胸怀，展现柔性司法之规划力及行动力；以积极柔性服务，获取民众支持并认同检察官之公益职能。

3. 预防性司法面向

检察官除应侦办已发生之犯罪外，对于隐而未发影响重大之未然犯罪，如环保、民生、黑帮、经济犯罪、毒瘾戒治等，如能事先采取有效宣导及行政上有效防制措施，防止事态扩大，相信对于节约司法资源及社会成本，必有事半功倍之功效。故检察官应学习从一般案件侦办中，敏锐察觉某类型犯罪之原因及社会问题，一旦发现犯罪缘起于某法律之漏洞或某政策之失误，应立即提出预防措施及补救建议，俾有侦办一案同时解决一个社会问题之洞察力及预防力。诸如病死猪、塑化剂、健保、职棒弊案等，皆系有此认识之检察官，有计划查缉下，达成保障民众全体公益的使命。

4. 国际性司法面向

全球化已使犯罪无国界，恐布主义之扩散更无人能幸免，域外洗钱更让各国司法机关难以追查，在目前联系与协作仍困境重重下，如何与世界刑事司法接轨，如何习得跨域案件之侦办技能，凡此皆是我们重大之挑战。故检察官应勇于学习各国检察业务，参与国际犯罪情资交流，观摩其他国家和地区侦查技能，研究全球最新科技，让法制水平与世界接轨，并有能力与其他国家和地区合作侦办跨国犯罪，为世界和平及公义尽一份心力。

五、结　论

进入21世纪，检察权之变革，应从昔日追求检察独立、质量及纪律之内部改革，更张为向外关怀民间疾苦、接轨普世人权价值，彰显世界和平及公义。我们应善用检察官公益代表人之职能，透过刚性司法、柔性司法、预防性司法、国际性司法等面向之成果，恒让司法不仅能教化罪人，更能保护好人。让检察官不只如包青天般刚正不阿，更如菩萨能悲悯众生，凡事爱念人民，为人民建造一个安全善良、公义彰显之家园。此等人民的需求，是我们的责任，更是现代检察官的新使命。

第二章　保持品位之义务*

一、概　述

检察官隶属于检察机关，为执法人员，亦为广义司法机关之成员，[①]不仅为公务人员，应受公务人员相关法令之规范，[②]因检察官从事刑事司法的“侦查”、“诉追”、“执行”工作，职司司法权之公正运作。在传统文化中，司法、审判官吏是法律的执行者，应当带头守法，为社会起表率作用，孔子在论语子路篇中即强调“其身正，不令而行；其身不正，虽令不从。”[③]执法者自己必须行为端正，才能得到人民对执法工作的信赖，对执法者有更高的道德标准要求，自然符合我们的情况与文化价值。对检察官道德操守的要求，亦是对从事检察官工作者的基本要求，国际检察官协会在1999年订颁之《检察官的专业责任与权利义务准则》第1点检察官的专业行为规范中，即明文揭示检察官应永远保持专业水平，依法办事并符合专业规则及道德操守。从而，将对检察官道德操守的基本要求列入检察官伦理规范之中，自属当然。

检察官应有保持品位之义务，简单地说，就是检察官的行为举措，要有合乎社会常理一定的道德品行水平，中规中矩足以正己，以维护官箴；又要有高尚的情操，足以为民众之表率，建固民众对执法者的信赖。台湾地区“公务员服务法”第5条规定：“公务员应诚实清廉，谨慎勤勉，不得有骄恣贪惰，奢侈放荡及冶游赌博吸食烟毒等，足以损失名誉之行为。”旨在使公务员皆能品行端正，以维观瞻，[④]检察官的行为举止，在伦理规范上，更应有一定的举止水平，不仅要有符合一般公务员在职务外生活的

---

* 本章内容对应台湾地区“检察官伦理规范”第5条、第25～28条。

① 台湾地区“大法官”释字第392号解释。

② 例如，规范公务员基本之态度、利益回避、行政中立、惩戒、保障等之“公务员服务法”、“公职人员利益冲突回避法”、“公务人员行政中立法”、“公务员惩戒法”、“公务人员保障法”等，与司法人员属性不相冲突者，原则上检察官亦均受规范。

③ 罗昶：《伦理司法——中国古代司法的观念与制度》，法律出版社2009年版，第181页。

④ 吴庚：《行政法之理论与实用》，台湾三民书局2004年版，第263页。

中规中矩、合乎社会如常道德标准的基本要求，检察官要维护官箴，在执行职务或非关职务外之私人生活，均应时刻慎行。因此，“检察官伦理规范”亦明定要求检察官应有保持品位之伦理，“检察官伦理规范”第5条即规定：“检察官应廉洁自持，谨言慎行，致力于维护其职位荣誉及尊严，不得利用其职务或名衔，为自己或第三人谋取不当财物、利益。”

另外，“检察官伦理规范”对于检察官关于执行职务以外之行为规范，在第三章第25条至第28条，亦有与检察官品位义务相关之细部规定。其中第25条规定：“（第1项）检察官应避免从事与检察公正、廉洁形象不兼容或足以影响司法尊严之社交活动。（第2项）检察官若怀疑其所受邀之应酬活动有影响其职务公正性或涉及利益输送等不当情形时，不得参与；如于活动中发现有前开情形者，应立即离去或采取必要之适当措施。”第26条规定：“（第1项）检察官于任职期间不得从事下列政治活动：一　为政党、政治团体、组织、其内部候选人或公职候选人公开发言或发表演说。二　公开支持、反对或评论任一政党、政治团体、组织、其内部候选人或公职候选人。三　为政党、政治团体、组织、其内部候选人或公职候选人募款或利用行政资源为其它协助。（第2项）检察官不得发起、召集或加入歧视性别、种族、地域、宗教、国籍、年龄、性倾向、婚姻状态、社会经济地位、政治关系、文化背景及其它与检察公正、客观之形象不兼容之团体或组织。”第27条规定：“（第1项）检察官不得经营商业或其它营利事业。但法令另有规定者，不在此限。（第2项）检察官不得与执行职务所接触之律师、当事人或其它利害关系人有财务往来或商业交易。”第28条亦规定：“（第1项）检察官不得收受与其职务上有利害关系者之任何馈赠或其它利益。但正常公务礼仪不在此限。（第2项）检察官收受与其职务上无利害关系者合乎正常社交礼俗标准之馈赠或其它利益，不得有损检察公正、廉洁形象。（第3项）检察官应要求其家庭成员遵守前二项规定。（第4项）前项所称之家庭成员，指配偶、直系亲属或家长、家属。”

综上所述，也就是检察官在品德上，不管系执行职务的行为，抑或系职务外之举止，简要归纳，不外乎均要求要有“诚实”、“廉洁”、“勤勉”、“谨言慎行”、“维护职位荣誉”、“维护职位尊严”、“不得骄恣、贪惰、奢侈、放荡、冶游、赌博、吸食烟毒等足以影响名誉之行为”、“不得利用职务名衔谋利、收受非正常社交礼仪之馈赠”等之要求。整理如下表：

检察官保持品位义务之法规范要件（作者自绘）

形态性质（概括、例示）	操守	敬业	行为表率、声誉
积极作为义务	廉洁	勤勉	诚实、谨言慎行、维护职位荣誉、维护职位尊严
禁止作为义务	利用名衔谋利、营商、收受非正常社交礼仪之馈赠	贪惰、限制参加政治活动	骄恣、奢侈、放荡、冶游、赌博、吸毒等（行为不检足以影响名誉之行为，足以影响政府、职务名誉、信赖之犯罪行为）

关于检察官应有保持品位义务之法规范，不仅在前揭台湾地区“公务员服务法”，以法律位阶加以明定，在检察官专业伦理中，基于“法官法”授权订定之“检察官伦理规范”，为具有法律授权订定之法规命令，均对检察官行为举止产生拘束力，唯在用语上，从前揭条文加以整理观之，多使用笼统之品德用词，观察两者条文文字措词用语内容，有相近之处，有许多道德勉励之用语，对于检察官如果个案违反时，如何适用并据以惩戒？有学者认为用语为修身之德目，并非法律上之辞句或概念，[①] 作为具有拘束力且违反时可据以为惩戒基础之法规范，[②] 似乎欠缺法律用语精确与法律要件之明确性。但立法者就法律欲规范之事项，往往就其具体内涵尚无从巨细靡遗详加规定，乃以不确定法律概念加以表述，而其含义于个案中尚非不能经由适当成员组成之立场公正机构，依其专业知识及社会通念，并透过实务上累积之案例，加以认定及判断。[③] 基本上只要关于保持品位之伦理规范措词用语，其意义非难以理解，且为受规范者所得预见，并可经由司法审查加以确认，适当运用道德修身之品项用语，即不致产生欠缺法律明确性之疑义。

二、检察官应有之品位义务意涵

检察官的言行、举止，要保持品位有一定的水平，不仅在彰显检察官自己内在的修养水平，更在显示检察官对担负执法者任务角色的尊重，以

① 吴庚：《行政法之理论与实用》，台湾三民书局 2004 年版，第 263 页。

② 台湾地区“法官法”第 89 条第 4 项第 7 款、第 7 项，检察官违反检察官伦理规范，情节重大，有惩戒之必要者，应受惩戒。

③ 参见台湾地区“大法官”释字第 702 号解释理由书。

建立人民对检察官执法的信赖，是法令约束检察官行止应有的义务，也是身为检察官自重与人重应有的尊严标准。

（一）正向积极规范之含义

台湾地区“公务员服务法”与“检察官伦理规范”保持品位的规范条文中，在正向积极面的例示规范，要求检察官应做到“廉洁”、“诚实”、“勤勉”、“谨言慎行”、“维护职位荣誉、尊严”。

1. 廉洁

廉洁是执法者操守的本分，是检察官执行职务与处理其私人利益交错时的一种态度。执行公务作为拥有执法权力的检察官，如果唯利是图，心有贪念（贪财、贪色、贪名、贪逸、贪升迁……），纵使能力再强，如果无法廉洁自持，把持这操守伦理的最底线本分，也是不适格。检察官因其职权、身份，而涉及或可能涉及或影响其个人利害关系时，只要心中起了贪念，或许贪的不是钱财，贪图的是名声，贪图的是劳逸，都会使执法的天秤晃动倾斜，执法的勇气，将多所顾忌，何来实现公平正义？贪逸的检察官，面对众多案件，不愿详细调查、探求案件始末缘由，无法理会当事人的痛苦，只求快速结案，又何能赢得人民对检察官执法的信赖？检察官执法如果贪名，只想办大案，做“打老虎”的英雄，却无视手边更多无数的“蚊子小案”，才是普罗大众柴米油盐真实生活中经常发生与在乎的纷争困扰，随便敷衍了事，草率结案，只会让民众心生憎怨；贪升迁的检察官，办案期待“有权者关爱”的眼神，民众又怎会期待检察官执法能独立不受干预，或上下交相贼呢？所以，检察官要能廉洁自持，就要有无欲则刚的认知与态度，这当然考验着检察官的人性修为，自然成为品位义务的重要规范。检察官能做到不以检察官的职权、身份，获取不适当的私利，在态度与行为上落实，自然能赢得人民的敬重，也能提高民众对检察官执法的信任度。

2. 诚实

诚实是检察官认事用法的基本态度，也就是不造假、不矫揉、不滥情，实事求是，同时，也有道德勇气的内涵。正当法律程序是法治社会的重要精神，检察官办案，不能为达目的，不择手段，执法的证据取舍，绝不能造假，执法应遵循的正当法律程序，绝不能打折，发现错误，要能改正承担，发现不法，要能勇于揭发，当身为执法者的检察官，能诚实面对执掌应有的真实，面对同侪、内部的弊端不掩饰、有勇气揭弊，例如检察官面对长官不当的干预、关说，不能只是要静默的不受影响，也要有勇气拒绝，并予以依程序揭发；面对同侪、亲友利害关系人的不法，能不官官相护、不包庇，依法办理、依法回避，民众自然会对检察官执法不畏惧建立信心，进而愿意信赖与相信检察官会给予人民最终的保障，放心将攸关民众自身的法律利害的事务交由检察官处理。

3. 勤勉

检察官的工作，不论量与质，都是沉重的负担。检察官面对每一个承办的案件，不管是社会瞩目的重大案件，或是平民百姓日常生活中经常发生的常态案件，“老虎”、“苍蝇”，都要打，检察官都得尽心尽力，检察官面对职务敬业的态度，就是勤勉的显现。外在资源是客观的环境因素，勤勉敬业的态度，是检察官赢得民众信赖的内在修为，没有人民会将信任交付在一个态度轻浮、无故延宕的检察官身上。

4. 谨言慎行

检察官的言行举止，具有引导社会大众举止、价值的指针作用。检察官代表着法律正义的执行者，所具备的职业特质又是法律专业事务，“依法办理、于法有据”，是检察机关不断要建立给民众的认知。因此，检察官执行职务的行为应在铲奸除恶，维护社会秩序正义；检察官的言论，则应于法有据，没有虚妄。从而，检察官的言行举止，在社会大众的高标准期待下，应该是可以成为民众言行的榜样或效法的对象，若以低标准的期待，则是最起码民众做与检察官相同之言行，不至于违法或受罚。

检察官在职务言行上，须谨守法定程序。例如，在承办侦查案件中，遵循“刑事诉讼法”侦查不公开之规定，不随意泄露案情；对当事人的讯问态度，应该言词恳切，不应有歧视、辱骂、讪笑、恐吓、非必要涉及人身的形容词等不当、有失庄重的言语；[①] 对于侦查、审查中非承办之案件，由于“检察官”这个身份头衔，即让新闻媒体有兴趣邀请检察官对特定事件发表评述或刊载文章，此时，需十分审慎，当这种特定评论通过新闻媒体载体，发表散布时，新闻媒体往往会刻意强调发表人的“检察官”身份，以凸显评论的权威或引爆争议。身为检察官，在执行法定职务以外的

① 台湾“监察院”曾经针对某地方法院法官，因开庭审理案件问案态度不佳及对当事人之对话言语不当，辱骂当事人，认该法官严重戕害司法声誉，侵犯人权，违法失职情节重大，通过对该法官之弹劾案，移送“公务员惩戒委员会”审议。“监察院”2011 年 11 月 21 日 2011 年劾字第 25 号弹劾案，参见“监察院”网站，http://www.cy.gov.tw/sp.asp?xdUrl=./di/edoc/eDocForm_Read.asp&ctNode=912&AP_Code=eDoc&Func_Code=t03&case_id=100000024，访问日期：2011 年 11 月 30 日。

事件中，发表评论，固非法律所禁，但也应有所自知，究竟是因为自己学有专精？还是因为“检察官”的这个身份头衔，让新闻媒体有兴趣邀请对特定事件发表评论或刊载相关言论？过度强调发表人的检察官身份，有时就容易使检察官自己走在悬空的钢索上，稍有不慎，自己将失去衡平的立场，丧失检察官身为司法人员应有的客观中立态度，将遭到欠缺专业能力与职业伦理的批评，有时，检察官如果传播错误的信息给民众，可能将误导接受错误信息的民众误判，造成社会更大的动荡与伤害。检察官的言行举止，不管是基于职务行使而产生的议题，或是基于检察官身份所陈述的评论及意见，除了已有的相关法律规范限制外，仍应提高自我要求尺度，以身为检察官应有的专业职务伦理，自我限缩对外公开场合或媒体发表言论的范围。

检察官以普通民众或一般家庭私人生活非关职务的言论或行为，是否仍应有检察官谨言慎行伦理规范的适用？曾有论者认为，当检察官未以检察官的职业身份出现，而是以普通公民身份或以婚姻家庭一员生活时，检察官伦理规范就失去意义。[①] 但检察官私人生活言行看似与检察官职务无关，在社会大众一般的认知中，检察官基本上，在社会日常生活运作，仍有相当的权力与影响力。因此，基于“检察官身分名衔”而产生非关职务行使之不当言行，仍会使社会大众对检察官之公正、廉洁形象产生疑虑，进而引起社会大众对检察官是否能客观、公正的执法，有所怀疑。更重要且直接的是，社会大众对拥有权力者或与权力者有密切关系者假借权力仗势欺人，十分厌恶，如果检察官假借名衔身份，在外要求相关机关从事职务外之私人事务、[②] 要求私人企业给予不当特殊优惠或为亲友私人事务要求给予方便或为非职务上之行为，[③] 通常不难判断该等行为欠缺妥适，不仅将被认为有违“检察官伦理规范”第 5 条谨言慎行之规定，亦有违“公务员服务法”第 5 条所定公务员应谨慎之旨。

5. 维护职位荣誉、尊严

维护职位荣誉、尊严是检察官对“检察官制度”公领域的回馈义务。联合国 1990 年订颁的《检察官准则》第 3 点即明定，检察官作为司法工作的重要执行者，应在“任何时候”（shall at all times）都保持职业的荣

---

① 李本森：《法律职业伦理（第二版）》，北京大学出版社 2008 年 11 月 2 版，第 129 页。

② 《检察官×××动员刑警寻爱犬》，参见台湾《自由时报》，2011 年 8 月 10 日 B2 版。

③ 曾有检察官利用检察官身份，徇情介入女友与他人债务纠纷案件及擅命警方提供人民前科素行资料，遭受惩戒。参“公务员惩戒委员会”2003 年度鉴字第 9995 号议决书。

誉与尊严。[1] 检察官职务在制度设计上，是执法的公权力机制，有摘奸发伏，维护公平正义，社会公益防线的象征。检察官这个职位，是人民将公民社会自卫权力让渡而创设的，有其庄重、荣誉与尊严的地位。选择担任检察官的工作，从身为检察官的第一天开始，就要有受人民付托的认知，要为维护检察官职位的荣誉与尊严努力。检察官面对权势，无所畏惧，不管是黑道恶势力、豪门巨贾、政府高官，依法执行职务，要能不受威吓、利诱，不卑不亢，就是维护检察官职位尊严的最直接方式。检察官执行职务，能明辨是非，正确有效率且公正的处理民众的案件，能与社会大众同理心，去除专业傲慢的轻佻态度，民众自能认同检察官职务的荣誉。

（二）消极禁止规范之含义

检察官保持品位在消极禁止面规范中，规定检察官"不得利用职务名衔谋利"、"不得骄恣、贪惰、奢侈、放荡、冶游、赌博、吸食烟毒等足以影响名誉之行为"。此部分重在因"检察官"之名衔、身份、职掌，所可能带给检察官的道德风险。

在检察官无关职务的私人生活方面，如果不涉及职务行为、不涉及违法行为，检察官应享有与一般民众同样的生活选择方式，在私人生活领域之人际往来、休闲活动、情感生活、出入场所等。但是，检察官因其身份所象征代表专业、公正形象，享有社会所给予这个身份一定的尊崇地位，被期许其行为具有社会的示范作用，相对的在私人生活、经济活动中，都被期待应有较高的道德标准。因此，例如一般民众进入豪华餐厅享受鱼翅、鲍鱼高价奢华大餐，或许只是让环保人士批判一番，社会不至于苛责其违法，但如果系检察官为同样饮宴，恐怕就会被质疑是否违反不应奢侈的伦理规范。又如民众夜生活出入夜店、酒廊，社会不会有很强烈的异议，但检察官如果下班后的休闲、应酬活动系进入类似之场所，有复杂的男女感情关系，恐就有涉足不当场所，冶游、生活放荡之违反伦理规范行为。[2]

检察官因职务掌有相当强大的公权力，也容易因职掌获得相当多可影响社会经济活动之内部信息，如果利用职掌而向相关人士索取利益，基本

---

① 《联合国检察官准则》全文，可参见海商人黄裕凯博士教学研究网站，http：//merchantmarine. financelaw. fju. edu. tw/data/Legal%20Ethic/Other/Inter－national/UN_ Prosecutors_ 1990；国际检察官协会1999年订颁之《检察官的专业责任与权利义务准则》（Standards of professional responsibility and statement of the essential duties and rights of prosecutors）第1点亦有相同之规定，访问日期：2013年4月1日。

② 台湾"公务员惩戒委员会"2004年度鉴字第10304号、2003年度10080号议决书内容意旨分别参照。

上已是贪渎之犯罪行为；如果利用职务获得之信息，从事私人可资获利之行为，如因侦办案件得知相关企业之经营状况而由自己或亲朋好友买卖股票获利，除可能涉及内线交易之违法行为外，更是借由检察官身份而牟取不当私利之违反伦理规范行为。

另外，社会上基于对检察官的尊重也好，或是惮于检察官的权力也罢，一般机关、民众，对检察官或与检察官名衔有关之人，于有所接触时，或会给予方便、礼遇，或者给予通融不为难，甚且遇有纠纷时，抱持民不与官斗之心态，做出退让。某些时候，彰显检察官之名衔，确实有其优势。但此种情形，基本上系立基于检察官名衔的权力基础上，也容易让社会大众反感，而产生检察官滥用名衔、假借权力行使特权的印象，形成社会观感不佳之情形，而破坏检察官刚正不阿的形象，损及人民对检察官的信赖。因此，如果检察官自己或其家属、亲友，刻意彰显检察官的名衔，来表示自己有关系、有办法，要求给予特殊待遇就是一种利用检察官名衔，牟取自己或他人利益的行为，这种借由彰显检察官名衔身份，隐藏某种期待或希望产生影响力以获得利益之行为，即有违反“检察官伦理规范”，自应严格禁止有类此行为。

但另一个可能引起讨论的议题，即凡民生活中所存在的民间节庆习俗之礼仪馈赠问题。检察官的人际生活，仍有与他人有一定的礼仪往来，一定的公务交往或与朋友间之婚、丧礼仪活动，完全禁止检察官有所互动往来，实有违人性。因此检察官与外界有合宜的往来，仍有其存在的必要，且不至于违反社会大众的认知与观感，只要为常民所为相同范畴，客观上民众亦常态性的为相同之社交活动，而可为大多数民众所接受者，即不致伤害人民对检察官执行职务的信任。因此“检察官伦理规范”第 28 条即针对检察官的合宜社交往来，予以规范：“（第 1 项）检察官不得收受与其职务上有利害关系者之任何馈赠或其它利益。但正常公务礼仪不在此限。（第 2 项）检察官收受与其职务上无利害关系者合乎正常社交礼俗标准之馈赠或其它利益，不得有损检察公正、廉洁形象。（第 3 项）检察官应要求其家庭成员遵守前二项规定。（第 4 项）前项所称之家庭成员，指配偶、直系亲属或家长、家属。”此条规范即在要求检察官必须要有警觉，除明确规范不可收受与职务有利害关系且非正常公务礼仪往来者之馈赠外，又如非亲非故之第三人，可能为广结善缘，与检察官建立某种联系，借由各种节庆、婚、丧等社交活动，对检察官为馈赠送礼，检察官亦不应接受此等馈赠。纵系与检察官无职务上利害关系之亲朋友好正常社交礼俗往来之受礼馈赠，虽不禁止，但在高标准的道德期许下，建议仍宜避免，否则接受社交馈赠之范围，也必须合乎正常社交礼俗标准；至于如何界定正常社交礼俗标准，随社会价值变化、社交礼俗的不同（如传统习俗之婚庆、丧礼、弥月……），实务上很难有一个具体量化的数额，唯可考虑社会同类型礼俗一般民众可接受的标准，作为判断依据；同时，检察官也可参酌客观上是否会造成社会观感不佳、自身困窘或有损检察公正、廉洁形象，而作为判断的准绳。另“检察官伦理规范”第28条第3项、第4项亦明确规范检察官必须要求其配偶、直系亲属或家长、家属等之家庭成员同时遵守本条规范，以免检察官借家庭成员作为所谓的“白手套”，来获取不当馈赠或利益，以逃避监督卸责。

三、案例解说

从近10年（2004~2013年）检察官被认定因违反保持品位义务而受台湾“公务员惩戒委员会”议决惩戒的案例，约略有近10件，[①] 并参酌过去“公务员惩戒委员会”类似惩戒案例，类型大约可分为以下数种：

（一）与不适当人员饮宴（廉洁、谨慎）[②]

某检察官受邀参与某涉案侦办中之民意代表甲在场之不当饮宴达10次之多，与“法务部”订颁之“检察官守则”[③] 第12点（廉洁）、第13点（慎重交友）、第15点（禁止参加不当社交活动）以及该部订颁之“检察官参与饮宴应酬及从事商业投资应行注意事项”第4点：“检察官不得接受与其职务有利害关系者邀请或参加与其身分、职务显不宜之应酬活动。”第5点：“检察官受邀之应酬活动，事先可疑有特定目的或涉及利益输送等不当情形者，不得参与。”第6点：“检察官参加正当之应酬活动时，如发现有事实显示系为特定目的或涉及利益输送等不当情形者，应借机离席或采取必要之适当措施，并于三日内报告所属检察长或其指定之人。”等规定不符之违法事实，足堪认定。

---

① 数据取材自台湾“司法院”网站，“司法院”法学数据检索系统——裁判书查询，查询“公务员惩戒委员会”自2004年至2013年3月底止，有关检察官因违反“公务员法”第5条等有关保持品位义务经惩戒之议决书，http://jirs. judicial. gov. tw/FJUD/，访问日期：2013年4月5日。

② 台湾“公务员惩戒委员会”2012年度鉴字第12200号、2010年度鉴字第11662号。

③ 因台湾地区“法官法”已公布施行，根据“法官法”授权订定之“检察官伦理规范”，业经台湾“法务部”于2012年1月4日订定发布，并自同年月6日施行，“法务部”原订颁之“检察官守则”于同日停止适用，此处为保留“公务员惩戒委员会”议决书惩戒之原依据及用语，仍加引用。

甲为某检察机关首长，综理检察署行政事务，指挥监督检察署检察官侦办案件，责任重大，自应敬慎自持，为全体检察官表率。唯其与涉有刑事案件之当事人，多次私下餐叙，毫不避嫌，虽均未涉及公务，然经媒体披露，大肆报道后，容易引起外界不当之联想，已损及其身为检察机关首长之尊严及检察官之形象，有失公务员之品位，造成舆论沸腾，减损民众对检察机关之信赖，违反台湾地区“公务员服务法”第5条所定，公务员应谨慎之旨。

某检察官于执行外勤相验后，近中午用餐时间，遂带同相验的同仁，接受报验之辖区司法警察招待用餐。[①] 台湾“公务员惩戒委员会”认为：“利用外出相验查案机会，接受招待饮宴，逗留不正当场所，破坏司法形象，显有违‘公务员服务法’第5条、第18条之‘清廉、谨慎’、‘不得利用调查机会接受招待’情事。”当事人辩称相验后随同刑警吃吃便饭，属“检警联系”之一种，更可见其无视司法形象，难辞违法责任。

（二）不正常之男女关系（放荡）[②]

某检察官为有配偶之人，于2000年、2001年间认识未婚女子×××，并进而交往发展为不正常之男女关系；该检察官于2010年4月下旬，亦曾至台北县芦洲市（已改制为新北市芦洲区）×××路由该女子×××与友人所合伙经营之有女陪侍卡拉OK店消费，并于结账时因消费金额之认知差异，而与柜台小姐发生争执，事后该女子×××尚以电话斥责该检察官之不是。直至2009年间，因台湾“最高法院检察署”及台北地检署检察官指挥调查局北机站执行“正己项目”搜证，发现该检察官与该女子×××二人于电话中之交谈语意暧昧，关系至为亲密，始查悉上情。因而认该检察官之行为，有放荡，足以损失名誉。

某检察官于下班后晚间，应认识之刑警邀约，聚餐消费新台币1万余元，由警察付账；餐后再与警察偕同不详姓名女子共同前往PUB唱歌，并与女子有搂腰、勾臂、牵手等亲昵动作。[③] 台湾“公务员惩戒委员会”认为：检察官应廉洁自持，重视荣誉，言行举止应端庄谨慎，不得为有损其职位尊严或职务信任之行为，以维司法形象，且交友应慎重，并应避免不必要之应酬。

---

① 台湾“公务员惩戒委员会”1991年度鉴字第6621号议决书。

② 台湾“公务员惩戒委员会”2012年度鉴字第12200号。

③ 台湾“公务员惩戒委员会”2004年度鉴字第10304号议决书。

（三）执行职务无故延宕（勤勉、懈怠职务）[①]

就刑事诉讼而言，侦查与审判同为诉讼程序之一环，“公正”、“迅速”处理之要求，于侦查程序自应一体适用，应不待言。又台湾地区“检察官守则”第5点亦明定：“检察官对所办理之案件及其它职务上应处理之事务，均应迅速处理，不得无故延滞。”被付惩戒人无视及此，长期违反台湾地区“法务部”所订“检察机关办案期限及防止稽延实施要点”第44点第1款所订：“检察官对于侦查案件‘无故未接续进行’继续6个月以上者，或全年新发生‘无故逾3个月未进行’或‘无故或借故拖延逾期不结’之案件总计逾30件者之规定，懈怠职务之咎责，委无可辞。”核其所为，系违反台湾地区“公务员服务法”第5条及第7条所定公务员应谨慎勤勉，执行职务应力求切实，不得无故稽延之旨。审酌被付惩戒人为资深检察官，未能凛于本身职责重大，社会对检察官追诉犯罪“效率”要求之殷切，一再稽延案件之进行，虽经“法务部”予以行政惩处，仍依然故我，视检察系统之行政监督如无物，严重损害检察形象及民众之诉讼权益各情，处以惩戒处分。

（四）执行职务疏未对显可查证之证据调查欠缺谨慎（勤勉、谨慎）[②]

检察官执行职务时，依台湾地区“刑事诉讼法”第2条第1项规定：“实施刑事诉讼程序之公务员，就该管案件，应于被告有利及不利之情形，一律注意。”此为检察官执行刑事诉讼程序职务的基本守则；又台湾“法务部”1998年10月22日修正发布之“检察机关办理刑事诉讼案件应行注意事项”第55点规定：“检察官侦查案件，应详尽调查事证，认定事实应凭证据，所下判断必须斟酌各方面之情形，且不违背一般人之经验法则，所得结论不能有论理上之矛盾，断不可凭空推测，仅以臆想之词，如‘难保’、‘自属当然’等字样为结论。（“刑事诉讼法”一五四、一五五）。”故检察官办理刑事案件对被告有利及不利之情形，一律注意，并应详尽调查事证，以查证被害人指诉被告之犯行是否属实。某检察官在侦办某刑事案件时，对于与案件构成与否有重大关系之证据，在显可调查的情况下，疏未详加查证卷证及调取相关显可取得之客观资料，即以错误之事由行使刑事诉讼程序拘提之强制处分、侦结案件（在无涉证据取舍、心证形成等

---

① 台湾“公务员惩戒委员会”2011年度鉴字第11909号。

② 台湾“公务员惩戒委员会”2009年度鉴字第11570号。

司法权核心之内容下，台湾“公务员惩戒委员会”认为自不生破坏司法权，或影响司法权运作之独立性问题)，“公务员惩戒委员会”认某检察官涉有违反上揭刑事诉讼程序检察官应注意事项之规定，未详尽检察官调查责任及违反“公务员服务法”第5条、第7条，公务员应谨慎、勤勉，执行职务应力求切实之规定，以追究被付惩戒人之行政责任。

（五）执行职务未尽指挥监督之责及遵守办案程序分际（勤勉、职务名誉）①

某检察官以侦办刑案为由，未遵守办案程序，放任配合司法警察违法之侦查作为，致司法警察包庇某枪械走私集团，以货柜夹藏枪械、未税洋烟及农产品走私进入台湾地区图利，台湾“公务员惩戒委员会”认该检察官属资深且有相当之办案经验，本应懔于自身职责，切实任事，谨慎行使职权并洁身自爱，讵竟怠忽检察官职守，对于应予指挥侦查之案件，未尽侦查及监督司法警察之法定责任与义务，放任并配合司法警察违法侦查，对于行为显示可疑之司法警察，违反经验法则，恣意配合；就职务上制作及保管之文件，未善尽保管之责；不顾分际，与私枭及所承办案件之被告私下会面，不循正规办案，不知爱惜羽毛，所作所为已严重斫伤机关声誉及检察官形象。违失事证明确，违反“公务员服务法”第5条及第7条所定，公务员应谨慎及执行职务应力求切实之旨。

甲检察官因与某辖区外警察熟识，在该警察请求下，甲检察官于非其值班期间，未依地检署核发搜索票法定程序审核、登簿，私自开立未填月日详细日期之空白搜索票，交该辖区外警察，致辖区外对民众进行搜索（本案例系台湾地区“刑事诉讼法”修法前检察官尚有直接核发搜索票时之案例）。② 台湾“公务员惩戒委员会”认为：该检察官因私自与警察相识，乃便宜行事，既未要求警察应依法定程序由警察所属警分局叙明声请③搜索具体理由、目的并检附相关资料，向该管辖区之内勤检察官声请核发，并分案办理，反而滥用职权擅自核发，又未书名签发日期及限定搜索日期之搜索票多张，并冠以无关联之案件案号，显然已有亏职守，且搜索票未填载签发日期及限定搜索日期，无异授权司法警察可自行择期执行搜索，遭外界质疑为空白搜索票，置保障人权观念于何地？事后警察持该

---

① 台湾“公务员惩戒委员会”2009年度鉴字第11521号。

② 台湾“公务员惩戒委员会”2001年度鉴字第9498号议决书。

③ 台湾地区有关规定中的“声请”与国家立法的“申请”系同一法律概念，下文不再赘述。——编者注

搜索票向民众借机索贿，无从追踪稽考，益见该检察官之轻率不当。

（六）涉足不正当场所、不当往来应酬（行为不检、廉洁自持、放荡、冶游、职务名誉）①

某检察官与有利害关系之律师与当事人共同餐叙，接受招待，并前往有女子穿着薄纱并脱衣陪侍之酒店饮酒寻乐。按检察官不得参加不正当之饮宴应酬活动、涉足不正当之场所或从事其他足以影响司法尊严之事务或活动。又检察官不得与律师为不当之往来应酬，身为检察官，自应遵守相关规定，应避免与律师从事不正当之饮宴应酬活动，涉足不正当之场所，以维司法形象。台湾“公务员惩戒委员会”认有女子脱衣陪侍之酒店，属不正当之声色场所，检察官职司犯罪追诉、摘奸发伏之职责，理应保持高度品德操守标准，言行举止应端庄谨慎，以维个人及检察机关之声誉与形象，并应以身作则，为下属之表率，竟与有利害关系之律师，有不正当之往来应酬，涉足有女陪侍之不正当场所，均损及司法风纪，斫伤检察机关形象，行为有欠谨慎，有违“公务员服务法”第5条“公务员应谨慎，不得有放荡及冶游等足以损失名誉之行为”之规定，应依法议处。

（七）未经请假擅离职守，从事不当活动（勤勉、赌博、行为不检、影响名誉）②

某检察官未依规定请假亦未依规定报准出国旅游，私自离开工作岗位，出国旅游并进入赌场参与博弈、复因积欠赌债，致生纠纷。台湾“公务员惩戒委员会”认为检察官，职司犯罪追诉、摘奸发伏之职，理应保持高尚品德标准，言行举止应端庄、诚实谨慎，以维个人及检察机关之声誉及形象。竟未依规定办理请假手续，且未签请服务机关首长核准，即于上班时间，擅自出去观光旷职；复与友人出入域外赌博场所，参与赌博及积欠赌债，回来后又因积欠之赌债，引起纠纷，致遭媒体刊登议论，斫伤检察机关之形象，有违“公务员服务法”第5条规定，公务员应谨慎，不得有赌博，足以损失名誉之行为之旨及有违“公务员服务法”第5条及第10条规定，公务员应诚实、谨慎及公务员未奉长官核准，不得擅离职守之旨，应依法议处。

---

① 台湾“公务员惩戒委员会”2008年度鉴字第11316号。

② 台湾“公务员惩戒委员会”2008年度鉴字第11301号。

（八）上班时间买卖股票、证券账户借与他人使用致生纠纷（勤勉、诚实）[①]

某检察官利用办公时间内，下单买卖股票；又将其于证券公司所开账户，借由他人使用，致生纠纷。台湾“公务员惩戒委员会”认为公务员应负责尽职，维持良好办公纪律，不得利用上班时间买卖股票，又各级司法人员应严守分际，不得于上班时间内买卖股票，并不得经营商业或投机事业，各机关首长尤应以身作则加强宣导，规范所属，以维优良司法形象，检察官、法官未能谨慎自持，利用上班时间下单买卖股票，未能专心尽职，对工作业务，自有影响，又将其在证券公司开立之户头借与他人使用而滋生事端，行为仍有欠谨慎，有违“公务员服务法”第5条所定公务员应谨慎之旨，应依法议处。

（九）滥用检察官身份关系谋取私人利益（谨慎、职务名誉、利用名衔谋利）

某检察官骑乘机车至某火车站搭车，为图方便，未经剪票亦未经允许，将其机车牵入火车站月台内停放，经火车站值班副站长发现当场加以制止，该检察官不满，于翌日前往该火车站之铁路警察局，要铁路警察通知火车站站长前往铁路警察派出所向其道歉。[②] 台湾“公务员惩戒委员会”认为：该检察官职位清高，既将机车直接推入车站月台，于站内人员查询时亦不接受查验，致被指享受特权，并当场扬言在法院见，更于翌日至铁路警察所找站长至警所内，叫警察找站长道歉，假借职权，致滋物议，自已影响机关形象及检察官声誉，违反“公务员服务法”第5条应谨慎之旨，同时，检察官利用其身份要求他人配合给予方便之利益，亦属利用检察官名衔谋取私人利益之不当行为。

某检察官利用其检察官身份，徇情介入其女友与他人之债务纠纷案件及擅命警方提供前科素行资料。[③]“公务员惩戒委员会”认为：利用检察官身份，徇情介入女友与他人债务纠纷案件及擅命警方提供人民前科素行资料，受托之警察遂委托其同事从分局计算机资料里打印资料再影印交给该检察官取回。该检察官对其女友与他人债务纠纷案件，虽未涉及关说请托，但其利用检察官身份，徇情介入关心其女友与他人债务纠纷案件之进

---

① 台湾“公务员惩戒委员会”2005年度鉴字第10511号。

② 台湾“公务员惩戒委员会”1993年度鉴字第7021号议决书。

③ 台湾“公务员惩戒委员会”2003年度鉴字第9995号议决书。

行情形，行为即属有欠谨慎；而其利用检察官身份要求警察提供其职务上应予保密之素行前科资料交付，亦属违法。有违“公务员服务法”第5条所定公务员应谨慎之旨应依法议处。此案例也可说明检察官借由其名衔身份，谋取第三人不当利益之违反伦理规范行为。

从上述违反检察官品位义务伦理规范之案例，基本上归纳为：(1) 检察官不当私德生活行为之类型；(2) 检察官不当行使职务，欠缺谨慎行为之类型；(3) 检察官公私不分，影响职位名誉行为之类型；(4) 检察官滥用身份职权关系，谋取利益之类型。四种类型归纳，未必全然精准，仍有相互交错之处，但违反伦理规范之类型或有不同，总括在检察官伦理规范之道德品位义务中，均可得到适用解释之出处，亦见检察官应保有品位之义务，系检察官伦理规范中极为重要的道德条款。

四、结　论

简言之，上揭有关检察官应保持品位义务之法规范，旨在督促检察官须时时警惕自己，要深刻认知身为检察官身份的责任与荣誉，不仅仅是公务体系的一员，更重要的是检察官身份、职责被赋予的公平正义之象征。检察官身为执法者，制度设计为人民公益的代表人，保障社会大众在法律制度下，安居乐业，检察官在职权功能上，是人民信赖法律制度、信赖社会公平正义的重要防线。因此，检察官无论在执行职务的操守与态度，或私人生活的言行举止，都将成为民众对执法机制的信任指标，检察官保持品位义务的伦理规范，即重在端正检察官不得做出有违规范，致损害人民对检察官执行职务、对法律制度、对社会公平正义实践的信赖。

保持品位义务，可说是检察官一切行为举措的基本道德规范，也可说是检察官伦理的“帝王条款”。只要检察官言行、举措，涉及道德品行可议之时，如无其他可资明确援引或适用其他具体明确要件之伦理规范或法令，引用上揭保持品位义务之规定，案例几可包山包海，当然，具体个案之阐释与个案可责性之价值判断，也需循社会环境、文化之变迁与道德价值之演变，与时俱进，随时赋予具时代的诠释意义。

第三章 维护检察职权之独立与中立*

一、检察官独立性与中立性的意义

台湾地区的检察制度受德、奥、法等国制度影响，虽组织上隶属“行政院法务部”之下，并有上下一体层级化之组织建构，内部有服从上级指令拘束之义务，一方面，检察机关系对等配置于各级法院（台湾地区“法院组织法”第58条），检察官在职权上又具有一定的独立性，最明显的是“刑事诉讼法”上，个别检察官即系独立行使职权之机关，也就是检察官就其刑事追诉任务（包括侦查、起诉、实施公诉、上诉、执行裁判等工作），行使“刑事诉讼法”上之权限时，系以自己名义独立对外行之，如侦查中各种侦查作为，如传唤、发函查询或调取资料、签发拘票、向法院提出各项声请，侦查终结之起诉书、不起诉处分书，执行判决刑罚之执行指挥书，都是以个别检察官之名义为之。另外，检察官执行职务原则上受法定原则之拘束，必须依据法律为独立判断，上述所谓的服从上级指令，也不能抵触法定原则，因此检察官在执行刑事追诉任务上，享有类似法官依法独立审判之地位，并负有客观性之义务，即必须保持中立。独立性与中立性，可以说是检察官具有的职务特色。

当然，检察官与法官依法行使审判职务、独立不受任何干预或命令拘束仍有不同，主要是前面所提及其内部组织关系上，仍有检察一体而受上级指令拘束之原则。然而，检察官也不同于一般行政官之上下一体，首先是展现在对外的关系，即上所述，检察官在行使“刑事诉讼法”上的多数职权时，是以自己名义对外行之，不像行政人员，只是机关首长的幕僚，各种法定权限，对外原则上必须以机关首长名义为之，虽然也是依法行政，但必须依首长的判断代首长行使之，而非自行判断行之，故无独立性可言。另外，从角色功能与任务而言，检察官负犯罪追诉任务，从主导侦查程序、独占公诉之提起、审判程序中协助及监督法院——得为抗告、上

---

* 本章内容对应台湾地区“检察官伦理规范”第4条、第6条、第11条、第26条。

诉、再审、非常上诉，以至判决确定后为判决之执行指挥等，检察官系刑事程序中唯一自开端到结束的始终参与者，对于法官裁判具有共同形成之影响力，其监督与守护之角色意义重大，咸认为检察官任务在于实践台湾地区之法意志（Rechtswille），负有客观性义务，追求真实，因此学者将检察官称为法律之守护者（Wächter des Gesetzes）[1]，其职权行使必须具有一定之独立性与中立性，不能以政府之权力意志强加其上。特别是检察官追诉犯罪，并非以追求特定被告有罪判决为目的，而是帮助并监督法院形成合乎真实及正义之判断。[2] 即使在强调检察官为当事人的美国，其法曹协会在1992年所制定的《检察作用规范》（Prosecution Function）也强调，检察官的任务在追求正义，而非有罪判决（Standard 3-1.2）。

另外，对于检察官之定位，台湾地区“司法院大法官”曾做出释字第392号解释，认为检察机关虽非法院，但为一司法机关，检察官行使职权享有一定之独立性。而检察机关作为司法机关与司法审判机关确实有层次上的不同，盖审判事务系纯粹之司法权作用，但检察事务则兼有行政及司法作用，在属于行政性质之检察事务领域，检察官当然有上下一体、服从长官合法命令之义务，但在具有司法性质可为法官监督之检察事务领域，检察事务即与审判事务相同，有不受干预、独立判断之保障。

于2011年7月6日生效之台湾地区“法官法”，亦对检察官地位及中立性有所规范，依照该法第86条第1项之规定，检察官代表国家依法追诉处罚犯罪，为维护社会秩序之公益代表人。检察官须超出党派以外，维护“宪法”及法律保护之公共利益，公正超然、勤慎执行检察职务。此外，该法亦使检察官准用法官有关身份独立性保障之规定，如该法第42条第1项、第2项、第4项，第43条第1项至第3项，第44条至第46条，第49条，第50条，第71条等有关法官职务迁调、任免、停职、惩戒事由、职

---

① Gunther, Staatsanwaltschaft - Kind der Revolution; Wagner, NJW 1963, 8.

② 有关检察官定位的讨论，文献请参看林钰雄：《检察官论》，台湾新学林出版股份有限公司1999年版；陈运财：《检察独立与检察一体之分际》；吴巡龙：《检察独立与检察一体》；林丽莹：《检察一体与检察官独立性之分际》，以上3篇发表于《月旦法学杂志》2005年第124期，本月企划“检察官之角色与定位”。钟凤玲：《从诉讼法的角度观察检察制度——兼论检察官之地位及立法》，载《检察新论》2009年第6期，第37页以下。林钰雄：《开启检察官定位新纪元从——奥地利刑事诉讼制度与检察制度的变法谈起》；许泽天：《侦查变革中之德国检察官定位》；杨云骅：《国际刑事法院罗马规约下检察官的地位与职权》；王士帆：《欧盟检察官——初探与预测》；李山明：《法国检察官之宪法定位与变数》，以上5篇发表于《检察新论》2010年第8期，主题企划“检察制度的新发展——以欧陆法系为中心”。

等与俸给等规定，均经由同法第 89 条准用于检察官，使检察官享有与法官一样中立超然之地位。

而所谓检察官的独立性，其重要内涵在于检察官执行职务，不受法律以外的因素干扰，特别是政治力的影响，对于案件，不问涉案人之身份、地位、党派，不问案件所涉之价值判断、意识形态，一切依照法律规定。因此独立性与中立性也可以说是检察官职务准则的一体两面，为保持中立，所以必须具有独立性，因此向来谈论检察官的独立性，多从如何避免外来干预，或避免行政监督体系如检察一体不当行使而来的压力与干扰，但是维护司法的独立与公正，也包括检察官本身的自我纪律，以及可信赖的行为准则，此即检察伦理的面向，检察官本身，也负有使人足以信赖其独立不受影响并能保持中立的责任。就维持独立性的信赖而言，检察官的行为必须抽离个人的价值取向（frei von persönlichen Wertungen）、保持中立、正直形象，并避免偏颇，而仅专注于事实与法律的探究。[①] 进一步从检察伦理的实践而言，司法的独立性不应以标新立异、独树风格，而不顾社会观感的突兀行为或偏激做法彰显之，反而须求诸外部对司法是否有中立客观的信赖感。[②]

二、台湾地区相关规定

（一）台湾地区“刑事诉讼法”

除了“刑事诉讼法”上相关具体追诉权限，个别检察官即系独立行使职权之机关外，检察官的独立性与中立性主要表现在其诉讼程序上的客观性义务。检察官在诉讼上并非纯粹当事人一方，依照“刑事诉讼法”第 2 条的规定，检察官作为刑事诉讼上之公务员，对于被告有利、不利之点均须一律注意，此种义务持续于整个诉讼程序：在侦查阶段，知有犯罪嫌疑，必须依法实施侦查，对于强制处分权之发动，尤须遵守法定要件及比例原则，并监督警察作为及强制力之使用；收集证据同时，仍负有保障被告之人权免受不法侵害之义务，发现有利被告之证据，不论是否足以动摇罪嫌，均要加以调查收集，除了追求真相外，也要照顾被告之利益，例如有减轻刑罚事由之证据，仍应该加以调查。在提起公诉后，于第一审辩论终结前，如认为有应不起诉或以不起诉为适当者，仍得撤回起诉（“刑事诉讼

① Vgl. Beschl. des BVerfG, NJW 1983, 2691.

② 林丽莹：《试论司法官的伦理规范体系》，载《检察新论》2007 年第 2 期。

法”第269条），在判决后，检察官为被告之利益亦得上诉（同法第344条第4项），判决确定后，得为被告之利益提起再审（同法第427条第1款）。

另外，检察官在诉讼上也和法官一样，有回避制度之适用（“刑事诉讼法”第26条准用同法第17条至第20条及第24条），就是在避免检察官行使职务有偏颇之虞，维护检察官之中立性（详参本书第二编第八章“利益冲突与回避”）。

（二）台湾地区“法官法”

第86条第1项

检察官代表国家依法追诉处罚犯罪，为维护社会秩序之公益代表人。检察官须超出党派以外，维护宪法及法律保护之公共利益，公正超然、勤慎执行检察职务。

依第89条规定，第15条有关法官之规定于检察官准用之。（仅节录与本章有关之条文文字）

第15条

Ⅰ法官于任职期间不得参加政党、政治团体及其活动，任职前已参加政党、政治团体者，应退出之。

Ⅱ法官参与各项公职人员选举，应于各该公职人员任期届满一年以前，或参与重行选举、补选及总统解散立法院后办理之立法委员选举，应于办理登记前，辞去其职务或依法退休、资遣。

Ⅲ法官违反前项规定者，不得登记为公职人员选举之候选人。

（三）台湾地区“检察官伦理规范”

第2条

检察官为法治国之守护人及公益代表人，应恪遵宪法、依据法律，本于良知，公正、客观、超然、独立、勤慎执行职务。

第8条

检察官办理刑事案件时，应致力于真实发现，兼顾被告、被害人及其它诉讼关系人参与刑事诉讼之权益，并维护公共利益与个人权益之平衡，以实现正义。

第9条

检察官办理刑事案件，应严守罪刑法定及无罪推定原则，非以使被告定罪为唯一目的。对被告有利及不利之事证，均应详加搜集、调查及斟酌。

第 12 条

Ⅰ检察官执行职务，除应依刑事诉讼法之规定回避外，并应注意避免执行职务之公正受怀疑。

Ⅱ检察官知有前项情形，应即陈报其所属指挥监督长官为妥适之处理。

第 19 条

检察官应督促受其指挥之检察事务官、司法警察（官）本于人权保障及正当法律程序之精神，公正、客观依法执行职务，以实现司法正义。

第 24 条

检察官应审慎监督裁判之合法与妥当。经详阅卷证及裁判后，有相当理由认裁判有违法或不当者，应以书状详述不服之理由请求救济。

第 25 条

Ⅰ检察官应避免从事与检察公正、廉洁形象不兼容或足以影响司法尊严之社交活动。

Ⅱ检察官若怀疑其所受邀之应酬活动有影响其职务公正性或涉及利益输送等不当情形时，不得参与；如于活动中发现有前开情形者，应立即离去或采取必要之适当措施。

三、国际相关规范

（一）联合国制定的《检察官准则》（Guidelines on the Role of Prosecutors）

该准则第 8 项规定，检察官与其他公民一般同样享有表达、信仰、集会结社的自由。尤其检察官应有权参与有关法律、司法行政、人权保障与提升的公共讨论，并参与或组成地方、全国性或国际性的相关组织并参与其聚会，而不会因为其等合法的行为或因具合法组织的会员身份而受到职业上的不利益。唯检察官行使其上述权利时，必须符合法律规定，以及注意职务规范及职业伦理。

准则第 9 项规定，为提升专业训练及地位保障，检察官有权组织并参与职业团体或其它代表其利益之团体。

准则第 13 项规定，检察官应中立的执行其职务，避免政治、宗教、种族、文化、性别及其它任何种类的歧视；并应维护公共利益，客观行事，兼顾被害人与被告之立场，对于被告有利、不利之情况均须注意。

准则第 14 项规定，当客观调查的结果，显示追诉是不适当的，检察官不应发动、坚持或企图继续追诉。

（二）欧洲联盟制定的《欧盟检察官伦理及行为准则/布达佩斯准则》（European Guidelines on Ethics and Conduct for Public Prosecutors/The Budapest Guidelines）

Ⅰ基本义务（节录相关部分）

检察官在任何状况下均应时时：

依照相关内国及国际法履行其义务，包括采取行动的义务，执行职务应公正、中立、迅速并始终一贯，尊重、保护并坚持人性尊严及人权。

Ⅱ检察官基本行为准则（节录相关部分）

d. 执行职务必须依据法律、本于事实的判断，并不受任何不当影响。

f. （前段）严谨的、且要看起来中立并始终一贯。

g. 忠诚、无偏私、偏见的履行义务。

h. 不受任何个人、部门利益或公众及媒体压力影响。

i. 尊重每个人于法律之前均平等的权利，并避免因性别、种族、肤色、语言、宗教，因政治或其它意见、性向、国家或社会出身或属少数族群、财产、出生、健康、残疾或其它阶级原因而歧视之。

k. 对于专业领域所触及的个人，应顾及其等之意见、合法利益、关切之事。

Ⅲ检察官在刑事诉讼架构下的职业行为（节录相关部分）

b. 中立、客观并公平的执行职务，并在法律规定的框架下，独立地行使职权。

f. 对于所有状况不论是对嫌疑人有利或不利之情况均须注意。

（三）国际检察官协会（IAP）所提出的《检察官专业责任与权利义务准则》（Standards of Professional Responsibility and Statement of the Essential Duties and Rights of Prosecutors）

第1点　对于检察官的作为（prosecutorial conduct）部分，提示检察官必须努力做到并看起来独立、客观及具一贯性。

第2点　独立性（independence）部分，除强调不具侦查权限的上级对检察官下达一般或具体指令时，必须透明、合法，且不能影响检察的独立性；此外，在允许有追诉裁量的案件上，必须独立的、无政治干预的行使之。

第3点　中立性（impartial）部分，提示检察官必须中立的执行职务，除了不应屈从上级不合法的指令权外，应不受任何个人、团体利益的影响，对于政治的、媒体的压力，检察官必须有勇气加以排除；并确保做到一切必要、合理的要求，以符合法律及公平审判；对嫌疑人有利或不利的事项均要加以注意，澄清被告是否有罪或是清白；以追求真实为目标，并协助法院获得真相，并依照法律及公平原则维持公共、被害人与被告间的正义。

四、检察官独立性、中立性与检察一体的争议

独立性、中立性的要求与服从检察一体，同为检察官职务准则，两者原则上不会有冲突，但往往在实践上容易引起争议，有时过于强调检察一体的服从性，伤及对司法客观中立的信赖，有时过于强调个别检察官执行职务之独立性，也会使检察权有滥用的危险。但是二者是可以划出界限的，首长指令权基本上仍属行政本质之权能，即使是国际检察官协会提出之可适用涵盖各种不同法制体系的上述《检察官专业责任与权利义务准则》，也强调上级命令不能侵越检察官职权的独立性，而在准则第 2 点独立性中提道：不具侦查权限的上级对检察官下达一般或具体指令时，必须透明、合法，且不能影响检察的独立性。

台湾“法务部”在 2012 年 1 月 4 日配合“法官法”生效施行所订颁之“检察官伦理规范”，其中第 4 条规定“检察总长”、检察长应依法指挥监督所属检察官，共同维护检察职权之独立行使，不受政治力或其他不当外力之介入；检察官应于指挥监督长官之合法指挥监督下，妥速执行职务。规范明示检察长官的指挥监督权限，亦必须维护检察官职权之独立性，不受政治力或其他不当外力之介入，属于较积极看待检察一体与检察官独立性的关系，并强调检察官服从检察一体，必须是合法的指挥监督前提下，才具有服从义务。

进一步而言，在具有司法性功能的检察事务，检察一体的首长指令权即无运作之余地，下述具体就两方面说明：①

（一）检察官在个案上对事实及法律问题之判断属于个人心证者

个案对事实及法律问题的判断，如对于证据力之判断及依此而为之事实认定及法律判断，此属于检察官个人心证形成部分，具有与法官审判权行使之同等性，首长自不得为干预。例如，对于强制处分行使之法定要件是否具备、案件犯罪事实之认定与对证据是否充分，证据力强弱之评价

① 以下说明，参见林丽莹：《检察一体与检察官独立性之分际》，载《月旦法学杂志》2005 年第 124 期。

等，均涉及个人认识过程与良知判断，不在上级可干预的范围。

（二）依法为侦查之开始、终结决定起诉或不起诉者

当承办检察官侦查终结，依照所查得之事证认为被告犯罪嫌疑重大，应提起公诉时；或认为证据不足，不应提起公诉时，常常即为直接基于个人心证之事实认定与法律判断之结论，涉及司法判断的核心，首长不得行使指令权，要求为相反之决定。不过检察首长对于起诉或不起诉与承办检察官意见不一时，依照检察一体原则，检察首长可以行使职务移转或承继权，唯仍不得悖于法定原则，否则即有违法不追诉或滥行追诉。

五、检察官维持中立性、独立性与检察官参政权的争议

参政权、表现自由、集会结社自由是基本人权，也是台湾地区“宪法”第 11 条、第 12 条及第 14 条所保障的公民权利。基本上，检察官个人在私人领域上，也具有一般公民的身份，当然享有政治参与的权利，但公务上和所有公务人员相同，必须在政治上保持中立、为所有民众之公仆，更何况司法官尚有维持其独立与中立形象的要求，因此其政治活动确不能与一般公民相提并论，必须有所限制，纵然政治参与仅在私人生活领域，并非公务，但容易引起对其职务中立与独立性的质疑，因此检察官的政治参与甚至比一般公务员有更严格的限制。对于检察官之政治参与，因为其职务中立性与独立性的要求，必须受到较一般人严格的限制。[①] 台湾地区于“法官法”施行前，并未禁止法官、检察官加入政党，但于“法务部”颁订的“检察官守则”（已由“检察官伦理规范”取代，停止适用）禁止检察官参与政治活动。换言之，被动的、消极的参政权是允许的，但不得主动积极的参与政党政治。不过，2012 年 1 月 4 日“法官法”生效施行，依该法第 15 条规定，法官除不得参加政治团体及其活动外，亦不得参加政党，任职前已参加政党、政治团体者，也要退出方可就职（该条第 1 项）；并明定法官参与各项公职人员选举，应于各该公职人员任期届满一年以前，或系参与重行选举、补选及“总统”解散“立法院”后办理之“立法委员”选举，应于办理登记前，辞去其职务或依法退休、资遣（同

① 如奥地利完全禁止司法官参与任何政治活动，德国仅禁止以法官、检察官之身份参与政治活动，但司法官以个人身份且有限度的参与政治及政党，在德国是允许的。Vgl. Schmidt－Rantsch, Deutsches Richtergesetz 1995, §39 Rn. 2a, 14 ff.

条第2项)，检察官部分则于同法第89条中准用前开第15条之规定。可见"法官法"对于法官及检察官之政治参与，采取最严格之限制，检察官再也不能具有政党党员身份。

如上所述，目前各国对于检察官（包括法官）的政治参与规范不一，具体的界限何在，才不会伤及其职务中立性与独立性之要求，很难一概而论。德国学者提出因时、因地原则，以及个人化（Personalisierung）原则，[①] 旨在避免一般人将其公职身份与政治活动连接，而损及公众对其独立性的信赖。此一原则虽然不够具体，实务上必须逐案判断是否妥当，不过如以司法官身份参与或出现在竞选活动场合、集会游行场合或广告宣传场合中，就有将其司法官身份与该活动连接，是明显不恰当。[②]

虽然检察官与一般人民一样，享有政治参与及集会游行的自由，但这是基于其公民身份的权利，不是其检察官身份所适宜的举止，否则将影响公众对其职务独立性的信赖。唯若司法官系为其职业或工作权益进行集会游行者，则例外可以司法官身份参与进行，此系基于司法官身份所享有的工作权利，且并不致影响其独立形象。[③]

此外，从上面提到联合国制定的检察官准则相关规定，其实可以看得出来，国际通用的准则，并非正面订定检察官政治参与的限制，反而是从消极面提示检察官政治参与的最基本保障，指出检察官就有关法律、司法行政、对人权保障与提升有关的议题，是有权利参与讨论或组成并加入地方、全国性或国际性的相关组织并参与其聚会，并能组成职业团体，为工作相关议题进行诉求。但是纵为公共议题或与职业有关之诉求，为绝对禁忌的是在公开场合着法袍出现。无论如何，法袍仅有在执行其职务时才可穿着，[④] 除此之外，均不宜着法袍进行任何活动或诉求。

另外司法官包括检察官亦不宜对于具体个案事件，以其身份进行声援或呼吁。例如，曾有德国法官为一位具共产党员身份者被拒绝进入公职，而以其职衔具名签署一份"对××不应有职业禁止"的呼吁，而遭到申诫的行政惩处；又如德国吕北克（Lubeck）地方法院一群法官、检察官，在

---

① Schmidt－Rantsch，a. a. O.，§39 Rn. 23.

② Schmidt－Rantsch，a. a. O.，§39 Rn. 25

③ Schmidt－Rantsch，a. a. O.，§39 Rn. 25.

④ Schmidt－Rantsch，a. a. O.，§39 Rn. 27.

日报上刊登标题为“35位间北克地方法院的法官及检察官反对设置飞弹”的宣言，以职衔具名联署呼吁，此一行动亦被认为违反司法官自制合宜之戒律，而遭到警告的行政惩处，该惩处案异议之诉讼并打到德国联邦宪法法院，宪法法院亦认为这35位法官及检察官的行为已构成职务非行，得进行惩戒罚。[①]

另外，检察官也不能自外于社群，并需有社会生活的历练，在职务外的活动包括政治性公共议题的讨论参与，应属私人生活领域的意见表达，但私人生活领域仍有可能引起对其职务及身份的联想，连带损其中立超然性。而在私人生活领域应如何才不伤及其职务形象，同样的涉及不同国家的文化背景、道德观，就此点应以在法官、检察官内部建立咨询组织，通过讨论建立私人生活领域的行为准则。唯检察官与法官一样，参与政治讨论特别显得敏感，应持较一般人更为谨慎的尺度，基本上对纯政治议题的辩论或讨论不宜参与，但是对于公共政策议题较无严格限制。例如之前澎湖地区为是否成为观光赌场，进行澎湖县民的公投表决，公投之前，正反两派意见团体，均展开游说，政府部门及公共团体举行多场正反两面的辩论，也属当地住民的检察官，自然也可表达意见，并参与公开辩论，唯一要注意的是，不宜标榜个人检察官身份。[②]

六、案例解说

案例一

【事实要旨】

甲系台湾××地方法院检察署检察官，于××年间，因侦办游××违反选举罢免法案件，未向所属主任检察官及检察长报告即行传唤“总统”；又于起诉书送检察长核阅期间未依检察长之指示补充起诉书之立论基础（关于政策支票是否购成贿选罪部分），即私自以邮寄起诉书之方式径向法

---

① DRiZ 1988, S. 301 f.

② 2009年9月16日在澎湖县选委会所举办的“澎湖要不要设置国际观光渡假区附设观光赌场”博弈公投公听会中，澎湖地检署吴姓检察官以居民身份，代表3名反方之一参加辩论，当时曾引发外界对检察官就此议题公开发表言论是否妥当之争议。吴检察官事后对媒体表示，未来仍会以个人身份公开说明反赌立场，如果“法务部”仍不同意，他不惜辞职，也要反赌。时任“法务部”部长之王清峰针对此事接受媒体访问时表示，日前她在“立法院”说吴检察官的做法“不妥当”，主要用意是不希望因为个人的身份影响别人对公共政策的判断。参阅《自由电子报》2009年9月23日，http://www.libertytimes.com.tw/2009/new/sep/23/today-life9.htm。

院起诉，引起社会哗然。当时“法务部”及上级检察署均认该起诉程序违背送阅及公告手续且违反检察一体之指令权，其起诉应属无效。唯该案嗣经法院审理，认起诉为有效，而进行实体审理，但最后仍判决被告无罪。

【解析】

本件检察官甲违反相关行政规定部分，就其传唤“总统”未事先向所属主任检察官或检察长报告以及未依检察长指示补充起诉书立论基础送核，径行撰拟起诉书擅向法院起诉，并通知媒体发给起诉书类，破坏检察首长指挥监督、检察一体之制度及机关业务运作之秩序有违台湾地区“刑事诉讼法”、“法院组织法”及依该法所订地方法院及其分院检察署处务规程之规定为由，移送“监察院”提出弹劾，嗣经台湾“公务员惩戒委员会”议决降职改叙。[①] 唯其虽违反检察一体，内部未获检察长核准前即径向法院提起公诉，基于检察官行使职权之独立性，得对外独立为意思表示，对外该起诉仍发生效力，承审该案之法院亦采此见解（请参见台湾花莲地方法院 2004 年度选诉字第 2 号刑事裁定），认为检察官依“刑事诉讼法”第 264 条规定，制作起诉书且记载起诉书之必要事项，并将卷宗及证物一并送交法院，对外向法院为起诉之意思表示，则起诉程序应属合法，至于内部有无违反检察机关内部之规定或为行政惩处，应由检察机关内部进行制约。并认为台湾地区“刑事诉讼法”上所规定之检察职权，系以检察官为行使主体为原则，例如“刑事诉讼法”第 264 条第 1 项规定：“提起公诉，应由检察官向管辖法院提出起诉书为之。”又“法院组织法”第 61 条规定：“检察官对于法院，独立行使职权。”及“刑事诉讼法”第 344 条、第 347 条所定由检察官提起上诉之上诉权等，堪认行使公诉权及上诉权者，皆系检察官而非检察长，仅例外于侦查中通缉之发布、再议声请之准驳、非常上诉之提起等权限交由检察长或“检察总长”为之。此亦可由起诉书以检察署检察官为文书全衔，并非由该署检察长为全衔，起诉书并由个别承办检察官具名签署，非由检察长具名可窥知，堪认台湾地区之检察官具有职权行使之自主性及独立性，其不同于一般行政官，反而享有类似法官对外独立为意思表示之权限。

---

① 有关该检察官违法失职之理由，请参阅台湾“公务员惩戒委员会”2005 年度鉴字第 10610 号议决书。

案例二①

【事实要旨】

甲任职台湾××地方法院检察署检察官期间，因侦办被告乙、丙被诉恐吓取财、强盗案件，侦查期间，被告二人均否认犯罪，并称很少在台湾，不认识被害人等。被告辩护律师不仅辩护指出被告二人与多名被害人均不熟悉，也无地缘关系，没有对被害人强盗恐吓的动机外，也不断声请调查被告二人数年出入境资料，除希望证明被告二人经常在外经商，并证明二人于相关涉嫌犯罪时间并不在台湾地区。唯检察官甲既未向“内政部”警政署入出境管理局调阅该等被告被指诉犯罪期间之完整出入境资料，对于警方已附卷内的部分出入境资料，亦未检索调查，致未发现被告被指多次犯恐吓取财或强盗罪之时间点，均不在台湾地区，即径依被害人指诉及少数证人附和之词，将乙、丙提起公诉。起诉后，经法院调阅完整的被告出入境资料，才发觉被告二人多次被诉恐吓取财或强盗之期间，均不在台湾地区，不可能与人共同持刀、枪向被害人行抢，被害人指诉不实，地院经调查审理后，谕知被告二人无罪，经检方不服提起上诉，二、三审均维持无罪判决确定。

【解析】

检察官被移送惩戒，虽抗辩，他是依数位证人之证述，并由证人指认被告无误后，斟酌证人之证言，所得心证，认为被告犯罪嫌疑重大，依台湾地区“刑事诉讼法”第251条：“检察官依侦查所得之证据，足认被告有犯罪嫌疑者，应提起公诉”之规定，提起公诉，本件乃属证据取舍、心证形成等司法权核心问题，不能认为有失职之处。但台湾“公务员惩戒委员会”认定被移付惩戒之检察官明知被告二人经常出入域外，侦查中否认犯罪，坚称不认识被害人，辩护人亦不断声请调查被告二人数年出入境资料，警方并已将部分被告出入境资料附于卷内，被付惩戒人如确实核对上开资料，并调阅其他被害人所指犯罪期间之被告二人出入境资料，加以核对，即可查知被害人所陈多属不实之词，已如上述。被付惩戒人疏未调阅、核对被告之出入境资料，即依被害人之指诉，对被告提起公诉，而对案内被告有利重要证据未尽调查能事，率尔起诉。核其所为，除违反“刑事诉讼法”规定及“法务部”发布之“检察机关办理刑事诉讼案件应行

---

① 本案例选节自台湾“公务员惩戒委员会”2009年度鉴字第11570号议决书，参见“司法院”编印：《公务员惩戒委员会议决书——法官、检察官受议决案例选辑》，2010年8月，第657页以下。

注意事项”第55点规定外，并有违“公务员服务法”第5条及第7条所定，公务员应谨慎，执行职务力求切实之旨，应依法议处。

案例三①

【事实要旨】

甲系台湾××地方法院检察署检察官，于××年“立法委员”、台北市市长、市议员选举期间，担任该署查察贿选执行小组成员，编列于机动小组，负有各项违反公职人员选举罢免法行为之查察职责。××年××月××日晚间，甲于××××党为该党提名之台北市长候选人陈××在市府广场举办之造势晚会，上台发表谈话，请求大家支持××××党之候选人，以制衡××党。

【解析】

甲经移付惩戒，抗辩略以其到场系在下班时间，且原目的仅是到场寻找该党某委员，游说其支持相关司法改革之法案，因该委员适在造势舞台上，其乃经人建议上台欲带该委员到台下长谈，却听闻晚会司仪邀请其上台，而其为免得罪该党人士，其游说该党支持司改法案之努力，将付之东流，乃临时起意上台发表谈话，并认为其又未分配负责查察选举任务，法律并无明文规定禁止，应在“宪法”言论、意见自由及选举权保障之范畴，本于与人为善之想法，心想盛情难却，并可借下班后向群众宣导司法改革理念，又其为法律宣导小组成员，常作司法改革之宣导，且现行法律亦无明文规定禁止检察官受政党人士邀请演讲及表达政治理念、政治意识，从而检察官于下班后，非执行职务时之演讲及表达政治理念、意识，应在“宪法”表现意见自由权及公民选举权保障之范围。

但台湾“公务员惩戒委员会”认定，台湾地区“公职人员选举罢免法”第100条规定：“‘中央’公职人员选举，由‘最高法院检察署’检察总长督率各级检察官；地方公职人员选举，由该管法院检察署检察长督率所属检察官，分区查察，自动检举有关妨害选举、罢免之刑事案件，并接受机关、团体或人民是类案件之告发、告诉、自首，即时开始侦查，为必要之处理。各级检察官既负有各项违反公职人员选举罢免法行为之查察职责，自应严守中立，不偏任何党派，方能秉持超然立场执行职务，获得国民之信赖。”被付惩戒人于上开选举投票前夕之最敏感时刻，在××党

① 本案例选节自台湾“公务员惩戒委员会”2009年度鉴字第11570号议决书，参见“司法院”编印：《公务员惩戒委员会议决书——法官、检察官受议决案例选辑》，2010年8月，第293页以下。

为该党提名之台北市长候选人陈××举办之晚会，上台发表谈话，竟请求大家支持该党之候选人，以制衡××党，姑不论其动机如何，实质上已达助选之程度，无论其系为任何党派助选，皆与检察官之职位显不相当。况被付惩戒人亦自承场合不宜，违反司法官中立性，而有不妥。按检察官独立行使职权，地位崇高、责任重大，其言行自应格外谨慎，无论是否在其职务范围内，均应维持受人尊重、信赖之良好形象。如此要求乃司法之使命、本质所当然，而非得假借一般民众宪法上言论、意见自由及选举权保障之范畴等语以资搪塞、卸责。被付惩戒人违反“公务员服务法”第5条公务员应谨慎之规定。

案例四①

【事实要旨】

甲系台湾××地方法院检察署检察官，先于××年××月××日请假赴“立法院”前广场，与“立法委员”、政论家等人登上宣传车，以行动及发表言论方式，为首声援民众反对“总统”提名之“检察总长”人选，要求“立法委员”投票反对该总长任命案；继于××年××月××日参加“总统”府前政党举办之活动，又于××年××月××日及××月××日分别在XX市及YY市参与街头“倒扁静坐”活动，并发表言论。

【解析】

上开甲检察官参加之活动，均具有浓厚之政治立场及政治企图，业已损及检察官中立、公正形象，行为亦属可议，并有违反“公务员服务法”第5条所定公务员应谨慎之义务，应依法议处。

---

① 本案例选节自台湾“公务员惩戒委员会”2009年度鉴字第11570号议决书，参见“司法院”编印：《公务员惩戒委员会议决书——法官、检察官受议决案例选辑》，2010年8月，第614页以下。

第四章 检察官的专业素养与敬业态度*

一、检察官专业素养

（一）概 述

检察官从事犯罪侦查、对犯罪嫌疑人提起公诉，在法院实行公诉、辩证调查证据、诘问、论告，指挥刑事确定判决之执行，并为其他法定职务之执行，[①] 执行追诉刑事犯罪的权责，对于人民行为是否触犯刑事法律，必须依法律构成要件，调查认定，作出判断，进而决定是否将触犯刑事法律之被告，送入法院进行审判来论罪科刑。因此，检察官必须具有高度的法律专业能力与尊重专家专业的谦卑，方足以认定事实、适用法律，并在繁杂的诉讼程序中，善尽追诉者、代表人的角色。

因此，检察官应该要有专业素养，包括对法律规范的理解、演绎、认事、用法，也包含对法律制度程序的操作、对社会现象的了解、对民众常情的同理心认知、对专业技能专家的尊重与征询，才能建立有专业素养使人民了解信赖的司法环境。从而要求检察官具备相当专业素养，已成为各国法制在选任检察官的基本要件。

1. 具备专业素养为国际组织对检察官职业规范的基本要求

联合国于 1990 年 8 月通过《检察官准则》，提供各国作为组织与开展检察官工作的参考准据，在该准则前言中，即明白指出为了使检察官能克尽职责打击新形式和新规模的犯罪行为，各国必须提供一切必要手段，改进检察官的征聘及其法律和专业培训，确保检察官具备履行其职责所必需的专业资历。[②]

国际检察官协会（International Association of Prosecutors）在 1999 年 4 月 23 日通过的《检察官的专业责任与权利义务准则》（Standards of Profes-

---

* 本章内容对应台湾地区“检察官伦理规范”第 4 条、第 7 条、第 13 条、第 24 条。

① 参照台湾地区“法院组织法”第 60 条。

② 参照《联合国检察官准则》前言及第 1 点。

sional Responsibility and Statement of the Essential Duties and Rights of Prosecutors）第1点即明定检察官应有“专业操守”之规范，要求检察官必须永远保持专业水平，依法办事并符合专业规则，也必须不断求知，以掌握法律专业的最新发展。①

2005年5月31日欧洲检察官大会通过《欧盟检察官伦理及行为准则——布达佩斯准则》（European Guidelines on Ethics and Conduct for Public Prosecutors—The Budapest Guideline）第2点亦规范检察官应具有之专业行为通则，要求检察官在任何时间均应有最高的专业标准，且须不断求知、受训并掌握相关法律及社会之最新发展。②

各国检察官制度或许不尽相同，但从对检察官须具备相当专业素养之要求的国际发展趋势看来，具备相当之法律专业能力，系成为检察官能否胜任其职务的基本要件。从事检察官工作，当然要具备合格的法律专业素养，之后，更要随时学习获取新知，与时俱进，方能应付瞬息万变的多元社会。从政府的责任而言，政府有责任与义务，提供经费与资源，有计划地给予检察官各种教育训练，培训检察官不断汲取新知，得以有能力迅速因应处理各种新兴类型之犯罪。

2. 台湾地区对检察官专业素养的规范与制度

在台湾地区要成为检察官，虽已有多元任用管道，但目前主要方式③为参加台湾“考试院”所举办的司法人员特考中之司法官考试类科，经考试录取后，进入台湾“法务部”司法官训练所（台湾“立法院”于2013年4月30日三读通过“法务部”“司法官学院组织法”，将“司法官训练所”更名为“司法官学院”）进行长达2年的基础与实务训练，经训练成绩考核及格，方能取得地方法院检察署检察官之任用资格。换言之，能成为一个检察官，基本上已经通过以主要法律学科为测验项目之考试，然后进入以法律专业实务技术培训为主的司法官训练所进行长达两年的基础与法律实务养成训练。一般而言，结训就任之检察官，已具备一般操作法律

① 陈盈锦等（合著）：《法律伦理学》，台湾新学林出版股份有限公司2009年版，第505～506页。

② 资料引用来源：海商人黄裕凯博士教学研究网站，http：//merchantmarine. financelaw. fju. edu. tw/index. php？ option = com_ content&view = article&id = 14&Itemid = 501。

③ 台湾地区“法官法”第87条第1项规定地方法院检察署检察官的任用资格，虽可以由执业一定年资之律师、教授法律主要科目一定资历之学者、公设辩护人等来遴选担任，但其中最主要也是目前检察官任用资格取得来源最多的即是该条第1项第1款规定，经法官、检察官考试及格者，亦即目前由台湾“考试院”所举办的司法人员特考，司法官类科考试及格者。

技术之专业能力，例如对法律条文的认识解读、证据搜集、法院与检察署之诉讼程序操作，大体上应能掌握。

唯此时检察官在专业能力建构上，多偏向法律诉讼程序技巧的掌握，但对于法律诉讼技巧以外之相关专业领域，例如社会价值之判断、医事专业诉讼、信息科技犯罪、金融犯罪、洗钱、工程营造弊端、环境污染、食品卫生、智慧财产案件等，各种专业技能与法律责任交错之犯罪类型案件，检察官在侦办处理过程中，则容易发生事倍功半，无法切中问题核心的困境。

因此，台湾地区“检察官伦理规范”第7条即明定：“检察官应精研法令，随时保持其专业知能，积极进修充实职务上所需知识技能，并体察社会、经济、文化发展与国际潮流，以充分发挥其职能。”“法官法”第89条检察官准用同法第81条第1项有关法官应进修之规定，亦即“检察官应每年度从事在职进修”，制度亦即在要求检察官应有专业之素养，更重要的是检察官有“应”从事在职进修的义务，以掌握社会快速变迁、多元脉动的环境，以备有随时应变的专业素养。而政府亦有培养检察官专业素养之法定义务，“法务部”应逐年编列预算，遴选各级法院检察署检察官，分派域内外从事司法考察或进修。①

同时，“检察官伦理规范”第13条亦规定：“（第1项）检察官执行职务，应本于合宜之专业态度。（第2项）检察官行讯问时，应出以恳切之态度，不得用强暴、胁迫、利诱、诈欺、疲劳讯问或其它不正方法，亦不得有笑谑、怒骂或歧视之情形。”此强调检察官执行职务应有合宜之专业态度，即在警惕检察官在执行职务时，应有遵守正当法律程序的法律专业素样，不可人云亦云，便宜行事；同时也需知，闻道有先后，术业有专攻的道理。在分工多元的社会里，法律事务议题的多样性、涵摄内容的专业与复杂性，检察官不可能全然了解，检察官必须认知与承认自身知识的局限性，心态上必须去除“法律专业傲慢”的弊病，要能转化心态，善用与征询相关专家的解说，避免形成主观褊狭的误判。否则即便是清廉的检察官，如果只以自命清高的心态自居，而容不下专家或专业者之建议，因此作出错误专擅的判断，不仅欠缺专业素养，所造成的错误，恐将比贪污还可怕！

（二）检察官专业素养的建构

有效建构检察官执法的专业素养，可从几个方向来努力：

---

① 台湾地区“法官法”第89条第1项“法务部”准用“司法院”同法第81条第2项之规定。

1. 涵养尊重专业领域的谦卑心态

要建构检察官的专业素养，必须先要使检察官能从放下法律专业傲慢的心态做起。社会各式各样的法律纷争、多元犯罪形态，绝不仅仅是单纯的法律构成要件堆积而已，传统刑事法的犯罪构成要件该当分析适用，也会因犯罪工具、手法、技术的演变，使得调查过程，困难重重；新兴犯罪类型，充斥着许多社会变迁现象演变的法益侵害，涉及各类专业技能、专门学问交错而成的法律课题，虽然不外乎涉及个人财产法益（如金融衍生商品犯罪）、生命法益（如环境污染、生化疾病、食品安全卫生、医疗纠纷）、社会秩序法益（如公共工程危害、隐私侵害）、政府法益（如贪渎洗钱、恐怖攻击）之侵害，但变异之犯罪类型，新形态之犯罪手段、技巧方式，远超乎检察官传统仅在法律训练的能力范畴。虽然检察官也努力在学习各项新知，但总有力有未逮之时。因此，建构检察官专业素养的第一步，就是检察官在心态上必须谦卑，承认自己法律以外之专业能力不足，并愿意时刻学习，更愿意尊重专家及专业意见，进而借重专家学者的专业知识来弥补检察官相关专业能力的不足，如此，反而可彰显检察官在执行职务时，具有善用专业资源的专业素养。

2. 建立专业证照制度

为提升检察官侦办不同类型犯罪之专业学养，台湾“法务部”于2008年7月1日针对经济犯罪实施“法务部财务金融专业课程三级证照实施计划”[①]，安排基础、进阶等深度不同之财务、金融专业课程，调训检察官，分为初级、中级、高级三阶段课程，检察官需上完相关时数课程并通过测验，以取得初级、中级及高级证照，方可负责侦办相关经济、金融犯罪案件。此系“法务部”建立专业检察官的一项制度性措施，应可再增加不同专业证照类别，鼓励检察官学习参与取得证照，给予在职检察官，可依兴趣专长，修习不同专业领域课程知识，对朝向建立专业检察官分流制度，强化检察官专业能力，应有所帮助。

3. 建立专组团队办案机制

随着科技进步与环境变迁，现代化的检察官专业能力建构，必须跳脱传统只讲“法律”专业能力的框架，而朝开拓检察官特殊专业视野的方向

① 该计划全文公告于台湾“法务部”部内网站，http：//www. moj/public/Data/ 87282916520. pdf。依“法务部遴派检察官赴行政院金融监督管理委员会兼办事务要点”第2点规定，“法务部”遴派前往“行政院”金管会驻会兼办法律咨询、犯罪侦查等法律事务之检察官，须依“法务部”财务金融专业课程三级证照实施计划取得高级证照者始得担任。

提升能力，除了必备的法律专业外，应培养不同领域的“专业”检察官，并朝向团队办案的模式建构。台湾“法务部”曾在2001年12月31日修正函颁“地方法院检察署试办检察官专组办案实施要点”，即在建构检察官专业分工办案的模式。目前各地检察署，多半有专组办案的分组，例如智慧财产专组（办理商标、著作权、计算机犯罪等案件）、金融或经济犯罪专组（办理证券交易法、洗钱、财税、金融犯罪相关案件）、打击民生犯罪专组（办理食品卫生危害、医药安全、诈骗集团等案件）、检肃黑金专组（办理各类贪渎案件）、缉毒专组（办理各类毒品案件）、妇幼专组（办理性侵害[①]、家庭暴力等案件）等，通过专组团队办案的模式，让有专精研究的检察官能专注在专业案件上，以专组团队力量，针对不同类型之犯罪，得以有效的切中要害，发挥侦查功能，以收事半功倍之效，才能让人民相信检察官有能力打击不法而对检察机关产生信赖。

4. 检察官自我训练要求与接受在职教育之义务

依据前揭“检察官伦理规范”第7条规定：“检察官应精研法令，随时保持其专业知能，积极进修充实职务上所需知识技能，并体察社会、经济、文化发展与国际潮流，以充分发挥其职能。”“法官法”第89条检察官准用同法第81条第1项有关法官应进修之规定：“检察官应每年度从事在职进修。”检察官自我学习与接受新知、训练，是检察官专业素养应尽的义务，如果检察官怠于学习、拒绝学习，极可能造成检察官无法跟随时代脉动，欠缺处理新兴案件之能力，应认构成检察官在职不适格之事由，予以惩戒或淘汰。

第一，在法律专业能力部分，检察官应加强在职教育，在台湾地区，掌握法律制定、修正状态，“司法院大法官”解释、台湾“最高法院”见解、主管机关法令函示，应能随时更新补充，方能正确适用法律；同时，对于新兴议题的国际立法趋势，也应通过阅读文献、网络平台等信息网络，了解接触，才能符合前揭国际检察官协会通过的《检察官的专业责任与权利义务准则》要求检察官必须永远保持专业水平的规范。

第二，对法律以外之专业领域学习，检察官要学习对于各类新兴法律规范议题具备理解与解读法律规范之能力，并能作出正确常态性之操作；而面对尚乏法令规范之其他各类课题，要有思考进而提出法制解决规范之

---

① 参见台湾“法务部”2008年5月19日修正之“检察机关办理妨害性自主案件应行注意事项”第3点规定，侦办性侵害犯罪专股之检察官，应经有关性侵害犯罪防治之专业训练。

能力，掌握专业类型与议题之特性，主动寻求建立法制解决之方式。在具体的作为上，检察官可以从养成自身阅读的习惯做起，保持通过阅读定期性的杂志刊物、新书著作，或多或少可探知社会脉动信息；进而，参加各机关、团体、学术机构的研习课程或专业议题研讨会，以获取专业知能、建立联结专业资源的管道；行有余力，前往相关机关学习参访或申请公余或定期进入学术机构进修研习，以扎实检察官相关本职学能，进而有能力搜集、分析与接收各方专业信息与建立能妥适运用专业辅助人员的管道。对于法律外之专业领域知识，纵未能专精，也应多所涉猎而成为知识的通才，对于法律以外的科技、人文、经济、商业、金融、医学、工程、环保生态等包罗万象的专业领域，保有随时掌握相关法制趋势的能力。期望能做到观察讨论事务能切中议题，而非系全然无知的门外汉。

检察官从事犯罪侦查与担任法律守护人、公益代表人之角色，掌握发动侦查作为之权力，不仅要“廉”，更要能“明”。如果检察官只知“廉”，却不能“明”，刚愎自用，一样会造成社会的灾难。让检察官在任职后，跟随时代脉动与时俱进，保持学习变迁新知的动力，以增进辨明事理的能力，即为检察官专业伦理的重要规范。面对社会价值与科技日新月异的变迁，检察官必须正视自身知识的局限性，要能随时保持接受新知、学习充实相关专业知能的动力，才能蓄积面对新兴法律议题的处理能力。因此，从检察官专业伦理的观点，检察官的自我学习，绝对是专业伦理的重要要求。

5. 摒除非专业之干扰

检察官专业素养的另一种表现形态，是不受非专业因素的干扰。非专业因素的干扰可能来自政治力的干预、权势的恐吓、金钱的利诱、舆论的影响等。台湾地区“检察官伦理规范”第 4 条规定：“检察总长、检察长应依法指挥监督所属检察官，共同维护检察职权之独立行使，不受政治力或其它不当外力之介入；检察官应于指挥监督长官之合法指挥监督下，妥速执行职务。”检察官要能独立依法行使职权，不受外力干扰，基本上靠的就是专业素养的展现。每当有政治人物牵扯之案件、社会舆论瞩目或知名公众人物之刑案，或有政党或政治力企图影响检察官的办案或执行态度，或有金钱权势诱惑威吓，或是新闻媒体真真假假的揣测报道，林林总总非法律专业或非案件类型专业之干扰因素、舆论审判人云亦云的压力等，常迫使检察官执行职务举步维艰。“检察官伦理规范”第 6 条第 1 项规定：“检察官执行职务时，应不受任何个人、团体、公众或媒体压力之影响。”检察官通过厚实的专业能力，才能有笃定的信心，坚守法律专业与案件专业的脚步，严守办案程序，自能摒除各种外力干扰，就是展现检察官专业素养的具体表现。

6. 建立提供检察官专业培训的机制

联合国《检察官准则》（Guidelines on the Role of Prosecutors）前言中有一重要的提示，即在提醒各个国家，不管国家采用何种司法制度，各国应负有责任，提供一切必要手段，来改进及增强检察官的法律和专业培训，确保检察官具备履行其职责所必需的专业资历，使检察官能克尽职责打击新形式和新规模的犯罪行为。

参酌此精神，台湾地区“法官法”第 89 条第 1 项“法务部”准用“司法院”同法第 81 条第 2 项之规定，“法务部”应逐年编列预算，遴选各级法院检察署检察官，分派域内外从事司法考察或进修。“法务部”就现职检察官的在职训练，配合各检察署专组办案，针对各该专组案件类型，自行设计或搭配其他主管机关、专业团体，安排相关课程（如检察官公诉课程、金融证照课程、智慧财产课程、妇幼、环保等课程），不定期的调训现职检察官进行研习，或针对重要法令修正，多也会举办相关讲习；另外，为开拓检察官国际视野，掌握国际法学发展趋势，厚植检察官法学根基及办理涉外事务能力，台湾“法务部”也每年选送数名检察官，前往美、日、德等国知名大学进修。[①] “法官法”之规定，让“法务部”得有法源基础，整体编列预算执行，法制化后，使检察官专业培训机制，更符合国际之标准。

（三）小　结

检察官建构与实践的专业素养，不是在讲述常民听不懂的法律语言或形成民众无法理解的傲慢专业堡垒，检察官的专业，更不是在建造一座逃避社会监督、保护检察从业人员的防护墙。检察官专业，不是把检察职务只执着放在法律条文的解释或程序技术的操作，如此，充其量只是一个法律工匠，只会让多元社会中的人民觉得检察官只会躲在生硬法律条文的象牙塔里，在拼凑构筑自以为是的正义，冷漠的只有条文的专业或是只会要弄诉讼程序技巧的检察官。如果检察官不能保持继续学习充实新知的动力，不懂尊重专家专业，还自诩为十项全能无所不知的专业人士，无疑是

① “法务部选赴外国大学法学院进修人员实施计划”，全文详见台湾“法务部”网站，http：//locallaw. moj/LawContent. aspx？ id = FL031698。

亵渎了检察官专业的素养，只能说是坐井观天，不知天高地厚的法匠。

检察官执法，对法律知识的解释与认知，自许为专业，但专业执法，不能将法律的阐释与人民的法律情感切割，也无法将正义的价值与庶民的认知，冷漠的分离，否则，只活在虚拟的法律世界中却与普罗大众现实生活中脱节的检察官，根本就称不上专业。

因此，当法律系为人民的和谐与公平而存在时，检察官执行职务的专业素养，除了熟悉法律文字与诉讼技术之外，更重要的是能尊重专业、承认自身知识的局限，愿意不断善用与学习、倾听专业意见，具备对社会大众的关怀与同理心，融入在执法的过程中，与民众同步呼吸，感同身受，进而贯彻实践法律的生命力，自然就能在执法过程中，展现坚定的信心与正确的判断力，排除各种外力不当干扰，担负起执法的重任，成为一个具有专业素养的检察官。

二、检察官的敬业态度

（一）概　述

敬业，是检察官专业伦理规范中要求检察官执行职务时，打从心底、由内而外，所展现出来的工作态度，也是一种懂得尊重检察官这份工作、职掌、使命与任务的态度。

检察官执行职务展现出专业的素养，可以显现出检察官学有专精、有条不紊处理执法事务的能力；而执行职务时所表露出的工作态度与气质修为，则代表检察官的敬业深度。民众所期待与信赖的检察官，应该是具有处理人民法律争端的专业素养，加上愿意全心投入，认真热情，无私公正，具有使命感的敬业检察官。因此，检察官执行职务的敬业态度，是检察官能否得到民众信赖的一项重要指标。

检察官敬业态度，可分为两大部分来检验观察，一是在检察官内在的心态上，应有自我期许的使命感，热情且认真态度认真的面对每一件负责的案件，不因案件简易，而轻忽随意，也不因案件繁复，而推诿逃避或拖延；二是在外显实践的作为中，能否积极翔实、仔细且有效率的依法完成任务，不草率结案、也不无故延宕积案。特别在检察官的外显实践作为上，往往成为外界检验检察官内在心态是否具有敬业精神的具体指标。2011 年 2 月，某地检署检察官因积案过多，于遭台湾“监察院”弹劾后，经“公务员惩戒委员会”议决予以休职半年处分，[①] 成为近年来检察官因敬业态度争议遭惩戒的案件。“公务员惩戒委员会”惩戒主要原因是因该检察官积案过多，被认为不敬业！而被惩戒的检察官，则自认从事检察官工作以来，兢兢业业，未曾懈怠，也倍感委屈与不平。检察官面对繁重的工作压力，案件量如滔滔江水，川流不息，在焚膏继晷、案牍劳形的工作中，检察官该怎么做，才符合敬业的工作态度？

（二）检察官敬业态度的规范

1. 国际组织对检察官敬业态度的揭示

联合国《检察官准则》第 12 点揭示：“检察官应始终一贯迅速而公平地依法行事，尊重和保护人的尊严，维护人权从而有助于确保法定诉讼程序和刑事司法系统的职能顺利的运行。”国际组织所架构全球共通的检察官专业执法伦理，除在人权保障、正当法律程序与专业知能外，亦强调全球化的检察官，应具备敬业与效能的条件。检察官要跨出域内的视野，符合全球执法价值的敬业态度与效能要求，才具有处理日益多元化、全球化的法律新兴议题能力，不怠惰拖延、具有效能的处理态度，才能有效且精准的面对社会日益复杂的法律课题，解决纷争。

2. 相关公务员之规定规范

检察官应有之敬业工作态度，在台湾地区相关规定中，除与检察官工作性质上有所冲突或不宜者外，[②] 检察官也适用规范公务员的相关规定。以规范公务员共通服务义务最主要的“公务员服务法”来观察，其中关于公务员应有之敬业精神（如第 7 条：公务员执行职务，应力求切实，不得畏难规避，互相推诿，或无故稽延。第 9 条：“公务员奉派出差，至迟应于一星期内出发，不得借故迟延，或私自回籍，或往其它地方逗留。”第 10 条：“公务员未奉长官核准，不得擅离职守，其出差者亦同。”第 11 条第 1 项：“公务员办公，应依法定时间，不得迟到早退，其有特别职务经长官许可者，不在此限。”第 14 条第 1 项：“公务员除法令所规定外，不

---

① “结案率怠惰遭休职检察官不平”，载《中国时报》2011 年 2 月 22 日 A8 版；“积案遭弹劾检察官×××：若怠惰愿退薪”，载《自由时报》2011 年 2 月 22 日 B1 版。本案“公务员惩戒委员会”议决书全文，2011 年度鉴字第 11909 号，参阅台湾“司法院”法学数据检索系统网站，http：//jirs. judicial. gov. tw/FJUD/，访问日期：2011 年 3 月 6 日。

② 例如台湾地区“法官法”对检察官参加政党及政治活动的限制，就较规范一般公务人员的“公务人员行政中立法”要来的严格，此时自应适用“法官法”之规定，不能再援引“公务人员行政中立法”。

得兼任他项公职或业务。其依法令兼职者，不得兼薪及兼领公费。"）等相关规定,[①] 在要求公务员从事公务，应勇于负责，不得稽延公务、怠惰，并应专注于工作，避免不必要的兼职等，均属对于执行公务，落实敬业精神的具体事项，于检察官亦当然适用。

另外，规范确保公务人员依法行政、执法公正、政治中立与参与政治活动的"公务人员行政中立法"，其中关于公务人员得加入政党之规定，因"法官法"第89条第1项准用同法第15条规定，对检察官有参政禁止等不得参加政党、政治团体及其活动等之规定，比"公务人员行政中立法"之规范，更加严格，参以"法官法"第86条第1项规定："检察官代表……依法追诉处罚犯罪，为维护社会秩序之公益代表人。检察官需超出党派以外，维护宪法及法律保护之公共利益，公正超然、勤慎执行检察职务。"此时对检察官执行职务得否参加政党的敬业要求，自应以较严格之"法官法"来规范要求。[②]

3. 台湾地区"法官法"关于检察官敬业精神之规定

由于检察官与政府之关系，依"法官法"第89条第1项准用同法第1条第2项规定，检察官与政府之关系为检察官特别任用关系，检察官亦为公益代表人，被赋予执法之重责，自应有较高之敬业要求。"法官法"相关条文中，明定检察官准用或特别规定关于敬业之规范，基本上有下列数条规范：

（1）检察官参政之禁止（检察官准用条文）

第15条规定："法官于任职期间不得参加政党、政治团体及其活动，任职前已参加政党、政治团体者，应退出之。法官参与各项公职人员选举，应于各该公职人员任期届满一年以前，或参与重行选举、补选及'总统'解散'立法院'后办理之立法委员选举，应于办理登记前，辞去其职务或依法退休、资遣。法官违反前项规定者，不得登记为公职人员选举之候选人。"

（2）检察官禁止兼职之规定及例外（检察官准用条文）

第16条规定："法官不得兼任下列职务或业务：一、中央或地方各级民意代表。二、公务员服务法规所规定公务员不得兼任之职务。三、（不

---

① 台湾地区"公务员服务法"可说是公务员工作态度应有之基本规范，共通相关规定可资引用参照。

② 台湾地区"法官法"第89条第1项准用同法第1条第2项，检察官与政府之关系为检察官特别任用关系。检察官被赋予执法之重责，亦为公益代表人，自应有较高之敬业要求。

准用）。四、各级私立学校董事、监察人或其它负责人。五、其它足以影响法官独立审判或与其职业伦理、职位尊严不兼容之职务或业务。”第17条：“法官兼任前条以外其它职务者，应经其任职机关同意；‘司法院大法官’、各级法院院长及机关首长应经‘司法院’同意。”

（3）检察官应有维护尊严及严守职务秘密之义务（检察官准用条文）

第18条规定：“法官不得为有损其职位尊严或职务信任之行为，并应严守职务上之秘密。前项守密之义务，于离职后仍应遵守。”

（4）检察官办案不得无故迟延

第89条第4项第6款规定：“（第4项）检察官有下列各款情事之一者，应付个案评鉴：六、无正当理由迟延案件之进行，致影响当事人权益，情节重大……”

4. 台湾地区“检察官伦理规范”之要求

除了上述法律规范外，台湾“法务部”依据法官法授权订定函颁之“检察官伦理规范”，针对检察官工作态度方面，就应有之使命感、公正性、认真、效率、充实新知等及办案应有遵守正当法律程序之讯问恳切态度、职权行使应注意比例原则、侦查不公开、保密义务、利益回避等，分别订定相关抽象性规范，几乎无一不与检察官执行职务应有的工作态度有关，因为在检察官职掌上，正确妥适的执行法定职权，正是工作敬业的具体实践，由此也显示出检察官工作职掌，不仅关乎社会秩序的维护、打击犯罪追诉不法，实时处置惩奸除恶，系社会的期待，检察官工作的使命感与认真、效率，是能否得到舆论与人民认同的关键之指标。本书将上述与敬业相关之几个重要伦理议题，已分成数个单独章节深入分析，本章节尽可能不再重复，以下仅就敬业态度之重要概念架构，加以探讨。

（三）检察官敬业态度探讨

检察官主要工作职能，在于追诉刑事不法，在执行职务时，拥有法律赋予之强大职权，可以对人行使传唤、拘提、限制住居、具保、责付、声请羁押等限制人身自由的强制处分，亦有查调个人资料、声请搜索、通讯监察、查扣证物等对物、对信息搜证之权限，对个人或对机关行号，有强大的干涉权；因此，有权力必当要有节制机制，以防权力滥用。固然，在针对检察官职务行使的节制瓣膜，有许多法律制度上的限制规范，但徒法不足以自行，重要的是检察官面对工作职务时，他的态度是否能庄重、认真看待这份执行追求正义公平的严肃使命，去除轻佻、胆怯，积极的执行任务。这种对检察官职务的敬业价值认知，要如何在检察官的内心世界型塑出来？也就是检察官能否理解与认知他的工作，对人民与社会的重要影响，进而懂得尊重与认真看待检察官工作，有敬业的内在修为，才是有生命的检察官内控机制。

从前述相关法规范与“检察官伦理规范”的要求，可将检察官应有之敬业工作态度，归纳为几个主轴来探讨：

1. 对检察工作的热情与使命感

检察官担负刑事追诉权的发动，在第一线处理社会发生的各类刑事案件，从天灾意外事故事件、过失犯罪行为，到组织周密的犯罪计划，因随社会变迁，犯罪手法日新月异，检察官侦办犯罪的难度有加深的趋势。加上各类不同犯罪人可能存在的隐匿、利诱、掣肘与反扑，检察官在工作上如果少了追求公平正义的热情、失去与不法者周旋到底的坚持与使命，检察官工作的防线，就会溃堤，检察官担负保障人民安居生活的最后屏障功能就会丧失。台湾地区“检察官伦理规范”第2条规定：“检察官为……之守护人及公益代表人，应恪遵‘宪法’、依据法律，本于良知，公正、客观、超然、独立、勤慎执行职务。”第3条复规定：“检察官应以保障人权、维护社会秩序、实现公平正义、增进公共利益、健全司法制度发展为使命。”“检察官伦理规范”开宗明义的教示规范，即在宣示与要求作为一个检察官，第一个应具备的伦理规范，就是要对检察工作有使命感。有了对检察工作使命感的认知，才能投注对工作热情与活力，执行工作职掌时，就有更高的自我期许，面对社会贪婪的不法、人民受到犯罪者加害的恐惧、创伤、悲愤与敌视等不同情境，才能坚持职掌的使命，以维系工作信念，有凡事为人民的热忱，与民众同理心，才能为民服务。选择担任检察官，就不能只想独善其身以求自我安逸。

人民敬佩检察官的，不在于检察官拥有多少法律上的权力，而是在于检察官面对案件时，是否有为了社会大众利益全力以赴的热忱使命与坚持，检察官为社会公众公平正义所投入的执着敬业，才是感动人民的元素。

2. 检察官无惧的性格与公正无私的认知是敬业精神的彰显

检察官在处理工作时，要能无所惧。无惧，不是指行事莽撞，而是有所为、有所不为的担当。廉而不明，容易刚愎自用，自许无所求，鲁莽行事，就容易变成滥权。当为则不惧，否则怠职失能；不当为则虽利害万千，仍当坚守，否则滥权。敬业的执法作为，不是把行使职权当作筹码，也不能观风向，检察官追诉不法，经常容易遭到政治势力的干预、权贵的利诱、恶势力的反扑、舆论的压力，要能有无所畏惧的担当，才能忠实执行法律所赋予的职责。台湾地区“检察官伦理规范”第6条第1项即要求：“检察官执行职务时，应不受任何个人、团体、公众或媒体压力之影响。”检察官在犯罪者眼中，可能是魔鬼也可能是天使，面对政府部门内高层如有贪渎或不法，检察官可能面临的是来自高层职务的升迁诱引或考核打压；面对富商巨贾白领不法，检察官可能收到的是高额经济利益的诱惑或金钱舆论的反扑；面对黑道组织，检察官可能受到人身自由的威胁与亲人受胁的恐吓。这些人，或许只是要检察官在职务上，睁一只眼、闭一只眼而已，检察官要与人为善，并不困难，但是，检察官在工作上必须认知——面对不法，敬业的检察官要有无惧的性格，是没有与之为善的空间！

在无惧的性格上，除了一般民众所认知检察官要有勇气面对外来不法犯罪者的攻击与挑战外，更重要的是，当检察官面对来自长官非法或不当的指令要求时，要如何处理？长官非法指令，自然有依法拒绝的依据；问题是长官关切的指令在外在形式上似乎不违法，但确有不当之情事时，检察官应要有将其揭露摊在阳光下接受检验公评的勇气，只有将来自内部上层的不法或不当“关切”，将其摊在阳光下，才是执法者免于遭到干涉的良方。过去司法机关曾有案例，执法者如果本身都没有勇气抗拒不法，一旦遭揭露，也没能有道德勇气说清楚讲明白，形成罗生门，都将重创人民对司法工作者的信赖。①

而执法的公正无私，是检察官执法工作的基本要求。台湾地区“检察官伦理规范”第2条规定：“检察官为……之守护人及公益代表人，应恪遵‘宪法’、依据法律，本于良知，公正、客观、超然、独立、勤慎执行职务。”第11条亦揭示检察官应有公正之作为：“检察官应不为亦不受任何可能损及其职务公正、超然、独立、廉洁之请托或关说。”第12条第1项：“检察官执行职务，除应依‘刑事诉讼法’之规定回避外，并应注意避免执行职务之公正受怀疑。”检察官应依据法律，本于良知，公正执行职务，不为及不受任何请托、关说，因此，建立检察官无惧与公正的工作敬业态度，是建立人民信赖检察官的第一步。

---

① 2010年8月爆发之台湾“最高法院”某法官疑似为其子涉嫌车祸肇事逃逸案件，向审理该案之下级审高等法院法官关说，高院相关法官面对调查时，说法不一，舆论报道认为形成罗生门，可说重创人民对司法之信赖。“昨天台湾‘最高法院’自律没关说——下午‘司法院’认定有关说移送监院×××停职令人好奇的几小时”、“有无关说？战场转到监院”、“封口罗生门2版本论战”，载《联合晚报》2010年8月14日A3版。

检察官处理案件能否展现出人民可信赖的公正作为，可从检察官情绪的稳定性与立场是否中立来自我检视。在情绪稳定上，检察官工作，经常会看到被害人的哀痛无助，会有感同身受的怜悯，或者眼见犯罪嫌疑人的残暴行径，进而义愤填膺，各种情境交杂的案情百态，检察官也容易如一般人民般的情绪起伏，此时，检察官情绪管理便极为重要。检察官能有感同身受的同理心是好事，但情绪的稳定性，更是检察官在第一时间面对案件，在无从退却逃避、无从选择时，能冷静发挥专业职能，公正投入案件的敬业精神展现。

而检察官态度中立性，是处理民众纷争事务的制高点，检察官依据法律执行职务，不预设立场，才能不偏不倚，以法律为准绳，以人民公益为目标，要严格避免或造成民众误解，检察官在处理事务时，要严守利益回避原则，只要有可能形成为自己、特定人员或特定团体的利益冲突时，检察官要能实时回避，如无回避之法定事由，也应建立实时揭露信息可供查证的管道，避免有瓜田李下之嫌，而影响司法公正。

3. 认真翔实展现效率是检察官敬业的具体实践

台湾地区“检察官伦理规范”第4条后段规定：“‘检察总长’、检察长应依法指挥监督所属检察官……检察官应于指挥监督长官之合法指挥监督下，妥速执行职务。”第8条：“检察官办理刑事案件时，应致力于真实发现，兼顾被告、被害人及其它诉讼关系人参与刑事诉讼之权益，并维护公共利益与个人权益之平衡，以实现正义。”第23条规定：“检察官执行职务时，应与法院及律师协同致力于人权保障及司法正义迅速实现。”检察官面对堆积如山的案件，工作与压力之沉重，早已为社会所共知。在有限的人力与资源下，既要检察官认真翔实的办案，又要检察官办案讲究效率与速度，常是检察体系内部的难题。检察官要翔实查案，确实很难一蹴而就，需要合理的时间与资源，但合理的时间，恐非检察官个人主观的恣意判断，而系由不同案件类型、当事人多寡、案件繁杂度、专业性与取证难易等因素来综合判断。

检察机关内部对检察官之考核，若只强调要快速结案与冲高结案量，容易导引检察官在工作态度上只重数字，力求办案天数短、未结案少，检察官对可供详查、深入挖掘的不法线索，很可能在为求结案快速，避免案件开花拖延的情况下，置若罔闻。此时若过度强调结案速度快与结案数多，就是“好”检察官，会使检察官陷入数字谜思，以为快速结很多案，就是认真有效率的检察官，就容易导致检察官草率结案或为求结案不再深查。此时结案多，所显示出来的办案“认真”，并不是真认真，又速度快所显示出的办案“效率”，也不是真正的效率，因为草率或未于案件发生初始第一时间详查的结果，可能将让刑事案件在日后补正追查时，付出更多的时间与经济成本，反而增添烦复难度，失去效率。

当然，敬业的检察官，也不能以为了详查案情为借口，拖延案件的进行与终结。检察官一旦受理案件发动刑事侦查，即开启了对相关当事人、机关、行号的干涉，与案件有关之人员、组织，在案件未终结之前，在心情上的惶惶不安、在人身自由、财产可能产生的限制与不确定性，及对名誉、声誉的影响，都将对相关当事人权益与社会安定性影响甚大。所谓“迟来的正义不是正义”，检察官在工作上要能认真翔实，其真正内涵系能对案件“持续进行”而不延滞，也就是不要让案件锁在检察官的柜子内睡觉。简易的案件，自无延滞不结的理由；而繁复的案件，也要能积极有所作为，纵使一时半刻无法结案，总要持续有所进行与作为，找出重点逐一查证，遇有难处，寻求解决之资源与协助，许多繁杂案件，很难单靠检察官一个人就能掌握，要能发挥团队办案、互助协调的精神，即能寻找解决案件难题的出路；闭门造车，造成延滞的后果，受害的还是社会大众。

检察官在工作态度上，要时刻惕励，具体落实认真翔实与提升办案效率之作为，否则，外部监督的力量，就会进来。另外，为了提升检察官办案效能，政府部门亦有责任创造提升效能的合理工作环境，在制度上，国际检察官协会所通过之《检察官的专业责任与权利义务准则》第6点关于职权的规定，明白指出，为确保检察官能独立履行专业职责的保障中，其中一项就是要能有与其主要职责相称的合理服务条件。台湾地区“检察官伦理规范”第15条亦明定：“‘检察总长’、检察长为确保受其行政监督之检察官妥速执行职务，得视人力资源及预算经费情况，采取合理之必要措施。”检察机关在要求检察官工作态度上要能敬业的同时，政府主管部门、“法务部”及检察机关首长，亦应体察世界上没有廉价的正义，提供检察官合理的工作环境与条件，精算每位检察官在善尽职守下，合理的工作负担量与应有之资源配备，是政府必须担负的责任。

台湾“监察院”曾在对某检察官因延滞案件之弹劾案中及明白指出：①

① 本件弹劾案全文，参阅台湾“监察院”全球信息网——监察成果——弹劾案文，http://www.cy.gov.tw/sp.asp?xdUrl=./di/edoc/eDocForm_Read.asp&ctNode=912&AP_Code=eDoc&Func_Code=t03&case_id=099000021，访问日期：2010年12月19日。

"公务员在积极方面有依法令执行职务之义务，在消极方面不得有无故稽延等而不执行职务之情形，否则即难辞违失之咎。民主法治国家对人民基本权利干预最甚者，莫不过刑事诉追程序，其有形、无形之影响甚巨，之所谓'一人涉讼、十人在途'，职司用法者更应戒慎恐惧。人民对代表国家行使犯罪追诉之检察官之期待，除公正、合法外，尚期待更有效率。当此社会对司法'迟来之正义'要求改善之际，刻正"刑事妥速审判法"公布施行之后；而保障人民于诉讼上有受公平、迅速审判之权利，已属普世之人权价值……审判如此，侦查亦当同视。……如此无故稽延案件之恶习，虽经'法务部'一度予以行政处分，依然故我，荒废职守，坚持己见，损及司法形象及民众司法上之权益，致检察系统之行政监督为之无奈。显已难辞玩忽职守之咎，违失事证明确，洵堪认定，非从重予以惩戒，诚无以提振纲纪而维已受损之司法形象。"失去效率的检察官，极易造成轻忽人民权益的结果，故意怠忽延滞效率，当然显不足取；即使不是出于故意不为，仍难辞缺少敬业的精神。

另外，对法官、检察官在工作是否符合认真、效率的敬业态度上，实务案例中，对于恣意更改延后庭期，置当事人诉讼权益于不顾；复以请假规避案件开庭，[①] 即认属有失敬业精神；而对职务上的疏失，在过去的案例中，[②] 也被判定为不敬业，曾有法官在判决中，漏未论累犯、不该缓刑而缓刑，迟交裁判书类，纵非出于故意，但因检察官、法官系以法律专业人员自居，更是直接执掌、判断法律侦审事务之人员，在工作的标准上，对非争议性的法律见解，正确的适用，这也是基本敬业的表现，检察官不宜以法律见解不同，而逃避正确适用法律的责任。

4. 团队合作享受寂寞是敬业的胸襟

检察官在工作上，极易因承办社会重大瞩目案件，而成为媒体注目追逐的焦点，也很容易因新闻的报道而成为媒体舆论的司法英雄。检察官"能不能"成为司法英雄，往往是舆论运作下的社会情绪反应；而检察官"该不该"有成为司法英雄的心思，则是检察官工作心态自我的省思与修练。如果在制度上，检察官的升迁要看检察官是否办大案及能不能获选杰出青年，则要检察官不想成为司法英雄恐怕很难。

检察官面对社会多元的发展，面对日新月异的犯案手法，侦办案件追

① 参阅台湾"公务员惩戒委员会"2009 年度鉴字第 11334 号议决书理由栏。
② 参阅台湾"公务员惩戒委员会"2003 年度鉴字第 10095 号议决书理由栏。

诉不法，益增难度。建立团队合作的办案模式，是面对新兴犯罪挑战、有效发挥检察功能的必然趋势。台湾地区“检察官伦理规范”第 16 条提示：“检察官侦办案件应本于团队精神，于‘检察总长’、检察长之指挥监督下分工合作、协同办案。”而团队战力的发挥能否到达极致，端看团队中每个成员，能否有成功不必在我，无私而耐得住寂寞的修为，而这也是检察官培育敬业工作态度非常重要的心灵建设。人性很难挑战，这也需要制度的导引，建立能让检察官能有享受寂寞的工作环境制度、给检察官有安于寂寞的尊严，团队合作的基础，才能扎实确立。

（四）小　结

由于台湾地区检察官在职权设计上，除了传统追诉犯罪的主要工作外，也要维护社会公众的权益，检察官更是公益代表人，介入人民私权利事项之事务，使检察官兼具有私部门与社会第三部门之责任。

台湾地区检察官以公部门任务为主，兼具私部门与第三部门之任务功能，多元而复杂的检察官职责，建立检察官敬业态度精神，成为“检察官伦理规范”极为重要的课题。检察官将敬业精神落实在具体的职能效率上，先要能懂得自我尊重检察官担负的职责，才会有成为公益代表人的使命感，进而投入热情，认真翔实的执行职掌，自然面对压力与挑战时，能无所畏惧，在团队合作的支持下，迅速且正确的实现社会公平正义，建立人民信赖的检察形象。

第五章 “检察一体”的原则与运用*

一、检察官的角色定位与“检察一体”的关系

十几年来，台湾地区检察官的角色定位，随着刑事诉讼上职权的变动，一直是司法界争论不休的核心议题。在“法官法”未完成立法将检察官的身份职务保障及其定位加以法制化之前，检察官的身份定位妾身未明，基层人心浮动。而政治人物又不时染指个案，让“检察独立”与“检察一体”常因个案不同而任人选择性解读。因此，如何确立有效机制让检察官可以有独立行使职权、不受外力干预的空间，又不致滥权枉法、违反职务伦理，是过去十余年来台湾地区检察制度改革的重点议题。[①]

按现代刑事司法程序中，检察官系开启审判之门的钥匙，基于法院“不告不理”的原则，检察权是否能够公正行使，关系着审判独立的目标是否能够达成及民众与社会对正义的追求是否得以实现。因此，在追求司法改革的过程中，如何维护检察权的公正行使，实是所有改革的起点。而检察权是否能公正行使，必须建立在检察官是否有足够独立行使检察权的环境及条件的前提之上，这牵涉到检察官在法律上的定位属性、身份及职务的保障、检察官的人事制度是否合理健全、内部及外部监督是否符合相互制衡的民主原理等问题，因此，必须先厘清这些问题，拟定正确的方向，才能确保检察权的公正行使，并奠立检察改革的基石。

虽然，检察官是行政官或司法官，多年来在学界及社会引起不同立场的

---

* 本章内容对应台湾地区“检察官伦理规范”第 4 条、第 14 条。

① 每逢有敏感性政治案件发生时，外界就有倡议建立“独立检察官”制度，以排除政治干预的呼声，1998 年 5 月 2 日联合报社论即指出：“只要检察机关是行政体系的一环，就不可能要求检察官像法官一样的独立。如果审判独立在台湾就已是高难度的司法工程，实在不必幻想不是审判机关的检察官可以不受任何上级掣肘，独立办案。因此，要追究政治权贵的刑事责任，就必须要让追究刑事责任的人，独立在行政权以外，设置特别检察官的道理，正在于此”的观点。另类似主张，参见陈长文：《独立检察官之必要》，载《中国时报》2005 年 12 月。然而美国的独立检察官法已于 1999 年 6 月 30 日因国会未再延长其效期而自动失效，反对该制继续存在者，其主要理由不外是花费成本过高、欠缺监督的机制、检察官裁量权限过大等，其弊端不少，因此是否值得引进台湾地区，令人存疑。

讨论，但无论何种主张者，大都同意如不能使检察官公正客观并且不受外界不当势力干预地行使职权，则司法公正性及公信力将受到严重打击。因此，确立检察官的定位属性，也必须要在维护检察权公正客观行使的前提下，才有意义。而检察官究竟是行政官还是司法官，事实上关系着检察权行使的方式及其受监督的模式，[①] 对于刑事司法制度的规划及发展，也有深远的影响，自应首先予以厘清，以便依其属性规划合理的检察及刑事诉讼制度。

台湾地区“司法院大法官”释字第 325 号解释理由书中曾明确指出：“……检察官之侦查与法官之刑事审判，同为国家刑罚权正确行使之重要程序，两者具有密切关系，除受检察一体之拘束外，其对外独立行使职权，亦应同受保障。本院释字第十三号解释并认实任检察官之保障，除转调外，与实任推事（法官）同，可供参证。上述人员之职权，既应独立行使，自必须在免于外力干涉下独立判断……”之意旨，表明检察官职权独立行使，不受干涉之原则。另释字第 392 号解释亦明示：“司法权之一之刑事诉讼，即刑事司法之裁判，系以实现国家刑罚权为目的之司法程序，其审判乃以追诉而开始，追诉必须实施侦查，迨判决确定，尚须执行始能实现裁判之内容。是以此等程序悉与审判、处罚具有不可分离之关系，亦即侦查、诉追、审判、刑之执行均属刑事司法之过程，其间代表国家从事‘侦查’‘诉追’‘执行’之检察机关，其所行使之职权，目的既亦在达成刑事司法之任务，则在此一范围内之国家作用，当应属广义司法之一。”更对台湾地区检察机关的司法属性作一最佳脚注。因此，台湾地区检察官基于司法机关之本质，其行使检察权，除受内部“检察一体”原则之拘束外，仍应与法院之审判权一般，必须独立行使，不受外部之干涉，只有在此情形下，审判独立才有可能真正实现。

近十余年来，由于检察官不愿受干涉的独立意识抬头，经过了十余年的基层检察改革运动，[②] 诉求确保检察官的司法官属性，使检察官独立办

---

① 但有学者则认为，将检察官二分法式的定位为行政官或司法官，并无法在“检察独立”与“检察一体”之间寻求出妥适而安定的解决问题的结论，因为过度强调行政官的属性，则“检察独立”的精神有可能荡然无存；而僵硬的拘泥于司法官的定位，则关于侦查及追诉，“检察一体”的防制滥权及统一方针的效益，难免有无法有效发挥之憾。详参陈运财：《检察独立与检察一体之分际》，载《月旦法学杂志》2005 年第 124 期。

② 1998 年一群基层检察官成立“检察官改革协会”，掀起了一波以维护检察官之司法官属性为主要诉求的检察改革运动。这是基层检察官有感于检察权独立性有被动摇的危险所产生对检察官司法官属性的追求而凝聚的改革运动，并持续由检察人事议题切入，直接诉求建立透明、民主化的检察人事制度，切断外部干预的管道，因此冲击了检察体系内部“检察一体”的上命下从伦理。

案的空间大增，检察官也因此得以在侦办高官权贵的弊案时，发挥强大的追诉火力，甚至连卸任“总统”涉嫌犯罪亦不手软。但却也因为检察官的强势行使职权，常常在侦办社会瞩目的重大案件时，面临社会的两极评价，尤其在政治对抗的氛围之下，检察官有时被指摘办案受政治力或上级的不当干预，不能中立公正地行使职权，因此有人就提倡要引进“独立检察官制度”，以确保检察权的独立行使；① 有时检察官则被指摘滥用权力、不受节制、侵犯人权，因此要求要贯彻“检察一体”的内部监督及外部评鉴，以确保程序的正当。检察官的同一作为有时也受到两种不同价值标准的检验与评价，都使得检察权的行使充满冲突及矛盾的性格。② 而此种矛盾的性格，其实正是检察权特质之所在，由于检察权兼具有司法及行政的双重性格，③ 因此，既要确保其公正、客观的独立行使，又要对其因主动积极性格所具有的侵略性加以节制，遂有“检察一体”原则的存在。

二、“检察一体”的意义

在本书第二编的第一章和第三章中，已分别论述检察官的司法官属性及其具有与一般行政机关迥然不同之独立性与中立性的特质，此一特质系基于检察权与审判权具有密不可分之关系，在刑事司法程序中，检察官控制着审判的入口，而具有强烈的司法性格使然。然而，行使检察权的检察机关另一方面却又扮演着追诉者的角色，无可避免地肩负达成刑事政策的行政任务，且检察机关在组织上也隶属于“行政院”，检察行政的主管机

---

① 每逢有敏感性政治案件发生时，外界就有倡议建立“独立检察官”制度，以排除政治干预的呼声，1998 年 5 月 2 日联合报社论即指出：“只要检察机关是行政体系的一环，就不可能要求检察官像法官一样的独立。如果审判独立在台湾就已是高难度的司法工程，实在不必幻想不是审判机关的检察官可以不受任何上级掣肘，独立办案。因此，要追究政治权贵的刑事责任，就必须要让追究刑事责任的人，独立在行政权以外，设置特别检察官的道理，正在于此”的观点。另类似主张，参见陈长文：《独立检察官之必要》，载《中国时报》2005 年 12 月 18 日。然而美国的独立检察官法已于 1999 年 6 月 30 日因国会未再延长其效期而自动失效，反对该制继续存在者，其主要理由不外是花费成本过高、欠缺监督的机制、检察官裁量权限过大等，其弊端不少，因此是否值得引进台湾地区，令人存疑。

② 例如 2004 年花莲地检署检察官李 × × 未经检察长同意，径行起诉花莲县长候选人游 × × 一案，即受到社会两极的评价，有人认为其勇于抗拒上级的干预，坚持个人法律上的意见，不畏权势，值得肯定；有人则认为其违反检察官的内部职务伦理，且起诉程序有瑕疵，应受惩处。

③ 因为审判是“不告不理”，有检察官的起诉才有法院的审判，可以说检察官控制了审判的入口，检察官系审判之钥匙，因此，检察权的行使关系着审判权的发动，无疑具有极强烈的司法性格。另一方面，由于检察机关在组织上隶属于行政体系，其亦担负实现刑罚权目的之政策任务，检察官追诉犯罪具有社会公益的政策权衡，又具有行政之性格。

关“法务部”系属内阁的部会之一，因此检察权亦具有审判权所无的行政性格。由于检察权兼具有司法及行政的双重性格，既确保其公正、客观地独立行使，又要对其因主动积极性格所具有的侵略性加以节制，乃必须承认“检察一体”原则。换句话说，“检察一体”原则是在承认检察官独立性的前提之下而建立的，这是为了防止检察权的行使遭立法权或检察权以外的行政权不当干预，而影响司法诉追的中立及公平；同时又考虑到检察官系追诉犯罪，检察权的行使必须有“全国”一致性，以免诉追标准不一，造成人民无所适从，故才有“检察一体”原则的设立。总之，“检察一体”除了使检察权的行使更具有效能的集中、发挥团队力量外，最主要的还是在于发挥内控及监督的功能，使检察权的行使具有一致性且不致滥用。

事实上“检察一体”一词，在法律上找不到依据，它应该是直接从日本学理上的“检察官同一体”原则翻译而来。日本“检察官同一体”原则的具体内涵是指各个作为独立官厅的检察官，以检察总长为顶点，通过检察总长及各级检察长的指挥监督权结合成金字塔型的机关，且可借由检察总长及各级检察长的事务移转权，将某个独立官厅检察官的事务，移转给其他检察官处理，并赋与相同的法律效果而言。也就是说，“检察官同一体”原则，系指检察官作为独立官厅时之职权行使的原则，是仅指有关检察事务方面的原则，至关于以上下层级权限依次分掌、上命下从为原则的行政事务，提出“同一体原则”，则毫无意义。一言以蔽之，“检察官同一体”原则系因承认检察官的独立性有以致之，系为防止检察权之行使遭立法权或检察权以外的行政权之不当干预，以免司法独立有名无实；同时对于关系民众基本权利义务之事，检察权的行使必须有一致性，故乃有“检察官同一体”原则之设立。①

也有论者认为：“检察一体”的概念、内涵应该来自德国法，虽然德国文献上已极少使用这个名词，但在 Löwe Rosenberg 的刑事诉讼法大注释书中，仍以“检察一体”之概念，对德国的检察制度与组织加以说明，按照氏之说法，“检察一体”（Grundsatz der Einheit der Staatsanwaltschaft）是移植法国法上所谓检察机关之不可分及一体性，它的内涵有四个主要特

---

① 参见伊藤荣树：《新版检察厅法逐条解说》，良书普及会，昭和61年8月5日版，第72页以下。依该书所载，“检察官同一体原则”一语，系从日本裁判所构成法时代开始，学者及法律实务界之间使用的用语，在裁判所构成法及检察厅法中并无该用语。

色：上级的指令权；检察首长之职务收取与移转权；检察官自主性；而检察机关为阶层性建构，有一般行政机关之性质，以首长为机关之对外代表，虽然如此，机关内个别检察官在处理检察事务时，系首长之代理人（代表人），亦代表机关对外为意思表示。[①] “检察一体”原则就是在这种依行政机关建构的组织下，上命下从，上级检察首长就下级检察官处理之检察事务，不但有指挥监督权，也有职务承继权及职务移转权；下级检察官则有相应的服从义务及报告义务。[②]

然而“检察一体”原则并非只是上命下从的内部指令关系而已，其内涵除上级的指令权及检察首长的职务移转与职务承继权之外，尚应包括检察官的自主性。就台湾地区而言，检察机关虽为阶层结构，由首长对外代表机关，但个别检察官有以自己名义对外为意思表示之权限，上述德国法检察权行使的首长代理制观念，并不能完全套用在台湾地区有关规定上。按台湾地区“刑事诉讼法”规定之体例与德国不尽相同，台湾地区“刑事诉讼法”上检察职权，原则上系以检察官为行使主体，[③] 因此在台湾地区诉讼法上，检察官实具有独立官署之地位，性质上与日本的检察官系属“独立官厅”较为类似。[④] 因此，“检察一体”与一般行政机关“行政一体”运作原则最大不同之处，乃在于在检察一体原则下，仍赋予个别检察官行使职权的独立性与自主性；而一般行政机关的成员则没有独立性，他们只不过是首长手脚的延伸而已。

三、台湾地区“检察一体”的相关规定

“检察一体”原则表现在台湾地区实定法者，主要为现行台湾地区“法院组织法”第63条（指挥监督权）、第64条（职务移转权及职务承继权），另“法官法”的检察官章及“检察官伦理规范”均有进一步之规范，兹析论如下：

---

① 参照林丽莹：《检察一体与检察官独立性之分际》，载《月旦法学杂志》2005年第124期。

② 参阅林钰雄：《检察官论》，作者自版，1999年4月，第115页。

③ 例外者仅关于侦查中通缉，依台湾地区“刑事诉讼法”第87条第3项须由检察长签署通缉书；关于再议声请之准驳，依同法第258条规定系由上级法院检察署检察长或检察总长为之；关于非常上诉之提起，依同法第441条规定仅有检察总长具此权限。

④ 相同见解，参见朱朝亮：《检察权之制衡》，载《律师杂志》1999年第236期；林丽莹：《检察一体与检察官独立性之分际》，载《月旦法学杂志》2005年第124期。

（一）台湾地区“法院组织法”

第63条（检察长之指挥监督权）

Ⅰ检察总长依本法及其它法律之规定，指挥监督该署检察官及高等法院以下各级法院及分院检察署检察官。

Ⅱ检察长依本法及其它法律之规定，指挥监督该署检察官及其所属检察署检察官。

Ⅲ检察官应服从前二项指挥监督长官之命令。

第64条（检察长之职务移转权及职务承继权）

检察总长、检察长得亲自处理所指挥监督之检察官之事务，并得将该事务移转于其所指挥监督之其它检察官处理之。

依台湾地区“法院组织法”第63条、第64条之规定，仅明定检察首长有指挥监督及职务移转、职务承继权，但并未规定检察首长行使上开权力之方式及界限，在“法官法”制定公布之前，检察一体指令权的界限争议一直都是造成检察体系内部紧张及冲突的主要原因。虽然在“检察官伦理规范”订颁之前，原“检察官守则”中有关于“检察一体”部分之规定，但内容亦十分简略，且仅从下对上的角度予以原则性的规定：“检察官应遵守检察一体之原则，服从‘检察总长’、上级检察长及所属检察长之指挥监督”并未具体指出所谓“指挥监督”的内涵及如何服从指挥监督之规范。至于上级对下级的“指令权”其行使方式及界限如何，则并未在“检察官守则”中规定。过去台湾“法务部”为厘清“检察一体”指令权的界限及其行使方式，曾于1998年11月20日颁布“检察一体制度透明化实施方案”，将“检察一体”原则指挥监督的运作制度化、透明化，除参考德国实务上指令权运作的惯例，明定检察首长行使“职务移转权”与“职务承继权”的具体条件外，并建立书面命令指挥的原则，同时重新厘清检察官协同办案的内涵及建立检察事务分配的原则，一方面使检察官办案在法律的基础上更具自主性及独立性，另一方面也可使检察长的指挥监督更明确、更透明，可以在阳光下更勇于负责，指挥监督所属，检察官与检察长彼此权责分明，各尽其职，对于“检察一体”原则的厘清，已有重要进展。①

然而上开规定终究只是行政规则，不具法律拘束力，实务上之实践亦

① 有关台湾“法务部”所研拟之“检察一体制度透明化实施方案”之具体内容，请参阅台湾“法务部”：《检察改革白皮书》，1999年，第23～30页。

未落实，“检察一体”指令权界限的纷扰未曾间断。直至 2011 年 7 月 6 日“法官法”制定公布，该法第十章（检察官章）第 92 条、第 93 条针对上开检察长之书面命令指挥原则及检察首长行使职务移转权及职务承继权之具体条件及其界限，均予以明确规定，将“检察一体”原则之具体内涵法制化，相信未来应能有助于解决长久以来检察首长行使“检察一体”权限因对内涵认知不同而与所属检察官时生争执之困扰。

（二）台湾地区“法官法”

第 92 条（指挥监督书面化）

Ⅰ检察官对法院组织法第 63 条第 1 项、第 2 项指挥监督长官之命令，除有违法之情事外，应服从之。

Ⅱ前项指挥监督命令涉及强制处分权之行使、犯罪事实之认定或法律之适用者，其命令应以书面附理由为之。检察官不同意该书面命令时，得以书面叙明理由，请求检察总长或检察长行使法院组织法第 64 条之权限，检察总长或检察长如未变更原命令者，应即依第 93 条规定处理。

第 93 条（职务承继权与职务移转权行使之界限）

Ⅰ检察总长、检察长于有下列各款情形之一者，得依法院组织法第 64 条亲自处理其所指挥监督之检察官之事务，并得将该事务移转于其所指挥监督之其它检察官处理：

一、为求法律适用之妥适或统一追诉标准，认有必要时。

二、有事实足认检察官执行职务违背法令、显有不当或有偏颇之虞时。

三、检察官不同意前条第二项之书面命令，经以书面陈述意见后，指挥监督长官维持原命令，其仍不遵从。

四、特殊复杂或专业之案件，原检察官无法胜任，认有移转予其它检察官处理之必要时。

Ⅱ前项情形，检察总长、检察长之命令应以书面附理由为之。

Ⅲ前二项指挥监督长官之命令，检察官应服从之，但得以书面陈述不同意见。

依据上开“法官法”第 92 条的规定，检察官对于其所属检察长所为之指挥监督命令，除该命令有违法情事者外，均有服从之义务；但为免检察长所为之命令是否合法妥适产生不必要之疑义，如其命令涉及强制处分权之行使、犯罪事实之认定或法律之适用者，即应以书面附理由为之，以示负责，并明责任；而检察官如不同意该书面命令时，亦得以书面叙明理由，请求“检察总长”或检察长行使职务移转权或职务承继权，以使该强制处分之决定或事实之认定名实相符，并维护检察官得以自己名义对外为独立意思表示的司法性格。因此，个别检察官即使对自己的法律见解、证据判断或强制处分实行与否之意见有本于法律确信之坚持，而不能同意检察长之指挥监督命令时，除非该命令违法，否则最终只能拒绝以自己名义作成违反自己法律确信之处分，而请求检察长将该案件移转由他人侦办或由检察长自行侦办。此种情形，检察长系被动地行使职务移转及职务承继权，且原则上不得拒绝检察官此项请求，其用意在保障检察官的独立及自主性格。

至于检察首长主动行使职务移转权和职务承继权之法定事由（即指令权之界限），依“法官法”第 93 条规定，仅限于：为求法律适用之妥适或统一追诉标准，认有必要时；有事实足认检察官执行职务违背法令、显有不当或有偏颇之虞时；检察官不同意前条第二项之书面命令，经以书面陈述意见后，指挥监督长官维持原命令，其仍不遵从；特殊复杂或专业之案件，原检察官无法胜任，认有移转予其他检察官处理之必要时。且行使此一权力时，必须以书面附理由为之，并给与受监督之检察官以书面陈述不同意见之机会，两者不同意见并附于卷内，目的在于可供未来检验以明责任，并避免徇私之弊。虽然，检察长的指令权行使书面化，可使“检察一体”的指挥监督过程透明化，减少内部猜忌及利于外部监督；然而，检察官与检察长间之不同意见如果事事均靠书面往来，不但不能有效沟通，反而容易造成内部关系紧张及指挥监督的僵局。毕竟，检察长的职务移转及职务承继权是极不得已之情形下才会动用，“检察一体”的目的并非在上下互相牵制权力，而是应彼此协力、互相支持，发挥整体力量才能有效打击犯罪、对抗外界不当干预。因此，当检察官与其监督长官有不同意见时，仍应尽可能面对面理性及充分沟通，用说理来争取对方支持才是最好的策略，而非动辄要求检察长行使职务移转及职务承继权。就此，“检察官伦理规范”对上开“检察一体”的运作即有进一步的延伸规定。

（三）台湾地区“检察官伦理规范”

第 4 条

检察总长、检察长应依法指挥监督所属检察官，共同维护检察职权之独立行使，不受政治力或其它不当外力之介入；检察官应于指挥监督长官之合法指挥监督下，妥速执行职务。

第 14 条

Ⅰ检察官于承办案件之意见与指挥监督长官不一致时，应向指挥监督长官说明其对案件事实及法律之确信。

Ⅱ指挥监督长官应听取检察官所为前项说明，于完全掌握案件情况前，不宜贸然行使职务移转或职务承继权。

由上开规定观之，可发现“检察官伦理规范”对于“检察一体”原则运作之诠释，较着重检察首长于行使指挥监督权时，应本于维护检察职权独立行使之立场为之，亦即，检察首长不能系基于变相的政治或行政干预而为指挥监督。事实上过去多年来“检察一体”所产生的内部紧张关系，多由于检察官不信任检察长为指挥监督的动机所造成，甚至怀疑检察首长系政治打手而起冲突。故这次新订的“检察官伦理规范”第 4 条乃特别强调检察长“应依法指挥监督所属检察官，共同维护检察职权之独立行使，不受政治力或其它不当外力之介入”之旨，在此目的下，检察首长之指挥监督才具有正当性而能获得所属检察官的信赖。

另外，对于受指挥监督的检察官而言，也不能老是无端怀疑检察长的指挥监督是否有政治或其他不当外力干预，因此，“检察官伦理规范”第 14 条规定：“（第 1 项）检察官对于承办案件之意见与指挥监督长官不一致时，应向指挥监督长官说明其对案件事实及法律之确信。”（第 2 项）“指挥监督长官应听取检察官所为前项说明，于完全掌握案件情况前，不宜贸然行使职务移转或职务承继权。”用意即在于要求检察官及检察长必须尽到充分沟通及说理之能事，而不要贸然启动职务移转及职务承继权。

（四）台湾“地方法院及其分院检察署处务规程”

台湾“法务部”依“法院组织法”第 78 条订定颁布之“地方法院及其分院检察署处务规程”（以下简称“处务规程”）关于“检察一体”之实务运作部分，亦有所规定，但如其他法令有特别规定者（如“法官法”或“检察官伦理规范”），则应依该特别规定处理（参见“处务规程”第 2 条）。“处务规程”与“检察一体”相关之规定如下：

第 25 条

Ⅰ检察官或主任检察官执行职务，应就重要事项随时以言词或书面向主任检察官或检察长提出报告，并听取指示。

Ⅱ检察长或其授权之主任检察官得命检察官报告处理事务之经过或调阅卷宗，检察官不得拒绝。

第26条

Ⅰ检察官或主任检察官对检察长之指示有意见时，得陈述之；但检察长不采纳者，仍应服从其命令。

Ⅱ主任检察官与检察官有不同意见时，应报请检察长核定之。

Ⅲ前二项情形，检察长之指示或核定，得以书面为之，其书面应附于卷内。

第27条

Ⅰ检察官执行职务撰拟之文件，应送请主任检察官核转检察长核定。主任检察官撰拟之文件，径送检察长核定。

Ⅱ前项检察官撰拟之文件，主任检察官得为修正或填具意见。

Ⅲ第一项文件，检察长得径为修正，或指示原则命重行撰拟后送核。

从以上“处务规程”之规定观之，其较着重于规范检察官→主任检察官→检察长间之阶层监督关系，由于主任检察官并非检察长，并无职务移转及职务承继权，但实际上却又是直接监督检察官之人，其在检察官与检察长之间扮演承上启下之关键角色，也是最可能直接与检察官因不同意见发生摩擦之人，其监督权限如何？如何协调及沟通不同意见？均至为重要。“处务规程”就此有较具体之规范，其规范之方向亦大致与“法官法”及“检察官伦理规范”相同，因此，在“法官法”所定之检察一体规范架构下，检察官、主任检察官及检察长均应遵守上开“处务规程”之规定。至“处务规程”中关于检察长为书面指示之规定部分并非强制规定一节，因与“法官法”之规定不符，此部分仍应依“法官法”之规定办理始为合法。

（五）“检察一体”与“检察独立”的冲突

如前所述，“检察一体”原则是在承认“检察独立”的前提下，为统一及节制检察权的行使所进行的内部控制机制，两者本来即是并存之状态。但过去多年来，“检察一体”原则在台湾地区的运用，屡屡被指涉为行政干预的黑手，社会大众对此原则迭有怀疑，部分基层检察官也对此原则抗拒，“检察一体”常被讥为“检察异体”，检察权究竟有无独立行使的空间，一直是外界争议的焦点。过去几件引起社会舆论批评的个案，由于社会大众对整个检察官僚体系的不信任及在一般反威权心理的大环境下，“检察一体”始终无法以健康的面貌取信于人。这样的结果，让“检察一体”原则缺少了积极面的意义，过去基层检察官自发的、有组织的进行对上级的“监督”（例如过去检察官改革协会曾举办评鉴检察长活动或透过舆论的挞伐），以抗拒不正当的办案干预，固然冲击着传统的检察首长领导统御模式，但也隐约形成检察内部“投鼠忌器”的跛脚监督，内部制衡机制几失其作用，甚至部分检察官个人不当行使职权，也因检察首长畏于舆论批评而袖手旁观，不愿介入，不但使得“检察一体”原来应有的功能无从发挥，更成为妨害司法独立的原罪，毋宁是新的隐忧。

就此问题，台湾“司法院大法官”释字第530号解释特别指出：在“检察一体”的指挥监督关系之下，检察官依“刑事诉讼法”执行职务，系受“检察总长”或其所属检察长之指挥监督，与法官之审判独立有间，意指检察官在内部关系上，并没有“检察独立”的观念，故检察官不能援引模拟审判独立之观念，来回避上级长官的指挥监督。该解释显然有意匡正过去十几年来渐成有名无实的“检察一体”原则，并揭明检察官在“检察一体”原则之下应遵守的职务伦理，以强化检察体系的内控机制。如今，又进一步借由“法官法”的明文规定及“检察官伦理规范”的补充，将“检察一体”的运作建立一个明确的游戏规则，使“检察一体”指令权的界限明确，权力行使的方式透明化，让“监督者”也可以被监督；同时受指挥监督者也可以有表达不同意见的管道及处理不同意见的程序，相信未来应该可以让“检察一体”原则朝更健康的方向发展。

四、横向的“检察一体”——协同办案

“检察一体”原则，除前述“纵向”的上命下从、指挥监督关系之外，尚有强化检察官分工合作效能、提升整体侦查战力的“横向”“检察一体”，这种“横向”的“检察一体”，其实才是真正体现检察官为一个整体、检察体系得以共同实现同一追诉目标的精神之所在。实务上所表现的最常见的“横向”“检察一体”模式，就是集合多数检察官共同办案的“协同办案”制度。

然而“协同办案”制度，在过去台湾地区检察实务上并非毫无争议，尤其在“检察一体”原则被强烈质疑是政治干预的黑手之际，检察首长如对某一个案（尤其是争议性案件）指定协办检察官参与共同办案，极易被质疑是借“协同办案”之名，行架空原承办检察官办案权责之实，也就是说，质疑检察长可借由案件的“指分权”来选择承办检察官，进而达到干预个案的目的。于是，本来可集合众人之力团队作战的案件，也因为“协同办案”被污名化，而流于个别检察官的单打独斗，削弱了检察机关的整体战力。

为此，台湾“法务部”曾于1998年1月6日订颁“地方法院检察署检察官协同办案实施要点”，让协同办案制度透明化，规定各地检署检察长对于违反“组织犯罪防制条例”、“洗钱防制法”、“惩治走私条例”、“贪污治罪条例”及其他重大刑案等案件，得指定所属主任检察官、检察官二人以上，组成协同办案小组协同侦办；同时规定：“侦查中之案件，以原承办检察官为主办检察官，其余为协办检察官。如将案件移由他检察官主办时，应依案件移转相关规定办理。”［要点三（二）］“检察长于指定协办检察官时，应征询主办检察官对于协办人选之意见，主办检察官于必要时，得请求检察长更换协办检察官。”（要点四）“检察官……认有协同办案之必要时，亦得提出协办检察官人选，签请检察长核可后协同侦办。”（要点五）由此可见，上开规定对于有采协同办案必要之情形，仍小心翼翼，深恐检察长陷于“剥夺检察官侦查权”的争议，而针对协同办案人选的产生程序作了许多规定，这也和纵向的“检察一体”一样，由于内部充满了许多不信任关系，使得检察团队力量无法充分发挥。

不过时至今日，团队办案已成检察系统的常态，大部分检察官体认到对于复杂的贪渎及经济犯罪，只靠检察官的单打独斗，根本无法与罪犯及庞大的律师团对抗，因此，这些年来，一审检察官办案，动辄出动大队人马，包括检察官、检察事务官都在数十人以上，兵分多路执行搜索、扣押及各项侦查行动，常造成震撼性的媒体效果，让检察官展现惊人的办案能量。基层检察官们现在对“协同办案”已司空见惯，不再有当年被剥夺侦查权的疑虑，分工合作的观念已普遍为基层检察官所接受，因此，极少再有因“协同办案”而产生内部冲突的问题。这对“检察一体”原则而言，应该是一个良性的发展。

五、“检察一体”与行政监督

“检察一体”的原则，系适用于检察官行使“法院组织法”所定的各项检察权时所依循的原则，而与司法行政监督系统无关。“检察一体”的指挥系统顶点是“检察总长”而不是“法务部”部长，“法务部”部长对于各级检察署的检察官在个案上并无指挥监督之权，而仅有对各级检察署的行政监督之权，①同时“法务部”部长也不能通过“检察总长”对具体

① 台湾地区“法院组织法”第111条规定：“各级法院检察署行政之监督，依左列之规定：一、法务部部长监督各级法院及分院检察署……”

个案为指挥命令。[①]“司法院大法官”释字第530号解释对有关“检察一体”与检察行政权之分际，即已揭明：“检察官侦查刑事案件之检察事务，依检察一体之原则，‘检察总长’及检察长有‘法院组织法’第六十三条及第六十四条所定检察事务指令权，是检察官依‘刑事诉讼法’执行职务，系受‘检察总长’或其所属检察长之指挥监督，与法官之审判独立尚属有间。关于各级法院检察署之行政监督，依‘法院组织法’第一百十一条第一款规定，‘法务部’部长监督各级法院及分院检察署，从而‘法务部’部长就检察行政监督发布命令，以贯彻刑事政策及迅速有效执行检察事务，亦非法所不许”之意旨。”

虽然“法务部”部长对个案无指挥命令之权，但却握有检察人事及检察行政权；而“检察总长”虽握有检察体系的个案指挥监督权，但没有检察人事权及检察行政权作后盾，常常必须仰赖“法务部”部长的支持才能有效指挥调度检察大军。因此，“法务部”部长与“检察总长”必须互相合作才能充分发挥检察效能，并有效执行“法务部”的检察政策，反之则会互相牵制，抵消检察战力。然而如果“法务部”部长和“检察总长”过于水乳交融，又不免引人行政介入个案之联想。因此，在现制之下，“法务部”部长和“检察总长”之间的关系及权责划分，的确存在许多矛盾。[②]

“法务部”部长与“检察总长”二者的职权看似并行不悖，然而在实务上，“法务部”部长对个案无权过问，却常须在“立法院”回答个案所引起之各项争议，“立法委员”通过质询部长来监督检察权，然而部长却只能一问三不知，因为个案不能干预。至于对个案有指挥权的“检察总长”，则除预算审查外，没有义务至“立法院”备询，[③]即使检察官办案有违失，引起人民不信赖，有司法官身份、受任期保障的“检察总长”也不必负政治责任。这在权力分立的设计上固然保障了检察权的独立行使，却也使民意对检察系统的监督机制出现盲点。究竟应该如何调和这些权

---

① 日本的检察一体指挥系统的顶点虽然也是检察总长，但法务部长可以透过检察总长指挥命令个案之侦办，参见日本《检察厅法》第14条规定：“法务大臣就有关第四条及第六条规定之检察官事务，得为一般性之指挥监督。但对于个别事件之调查或处分，仅得指挥检事总长。”

② 参见蔡碧玉：《司改十年的回顾与展望》，载《检察新论》2009年第6期。

③ 台湾地区“法院组织法”第63条之1第5项仅规定：“‘立法院’得于第1项第1款、第2款之案件侦查终结后，决议要求‘最高法院检察署检察总长’赴‘立法院’报告，此与质询之性质仍有不同。”

力，让彼此可以相互合作，又能受到监督制衡，应是未来检察改革的重要议题。

六、案例解说

案例一

【事实要旨】

前花莲地检署检察官李××于2004年间，因侦办游××违反选举罢免法案件，未向所属主任检察官及检察长报告即行传唤“总统”；又于起诉书送检察长核阅期间未依检察长之指示补充起诉书之立论基础（关于政策支票是否购成贿选罪部分），即私自以邮寄起诉书之方式径向法院起诉，引起社会哗然。当时台湾“法务部”及上级检察署均认该起诉程序违背送阅及公告手续且违反“检察一体”之指令权，其起诉应属无效。唯该案嗣经花莲地方法院审理，认起诉为有效，而进行实体审理，但最后仍判决被告无罪。

本件李检察官违反相关行政规定部分，经“法务部”以李检察官传唤“总统”未事先向所属主任检察官或检察长报告以及未依检察长指示补充起诉书立论基础送核，径行撰拟起诉书擅向法院起诉，并通知媒体发给起诉书类，破坏检察首长指挥监督、“检察一体”之制度及机关业务运作之秩序有违“刑事诉讼法”、“法院组织法”及依该法所订“地方法院及其分院检察署处务规程”之规定为由，移送“监察院”提出弹劾，嗣经“公务员惩戒委员会”议决降职改叙。①

【解析】

台湾“公务员惩戒委员会”2005年8月19日2005年度鉴字第10610号议决书之惩戒理由，引用“法院组织法”第63条、第64条规定及“司法院”释字第530号解释意旨，认为：

1.“法务部”部长，本于“法院组织法”第78条之授权，订颁各级法院检察署处务规程，苟其内容无违法律授权范围，亦系职权之合法行使，所属各级检察官即有遵行之义务。查“地方法院及其分院检察署处务规程”第25条第1项规定：“检察官或主任检察官执行职务，应就重要事项随时以言词或书面向主任检察官或检察长提出报告，并听取指示。”于

① 有关李检察官违法失职之理由，请参阅台湾“公务员惩戒委员会”2005年8月19日2005年度鉴字第10610号议决书。

此所称重要事项之报告对象，仍为有执行检察事务职权之主任检察官或检察长，此与“法院组织法”第63条、第64条有关“检察一体”制度之相关规定符合，并无所谓行政权侵夺检察官固有职权情事。被付惩戒人徒执己见，指摘该第25条规定之适法性，并资为解免违失咎责之论据，核无可取。

2. 按“总统”依法选举产生，受全民之付托，担当重责大任，对外代表台湾地区，于体制上应加尊重，倘轻率传唤之，难免有碍国政推展，故传唤现任“总统”，为检察事务之重要事项，洵无可疑，按诸前揭“检察一体”制度之相关规定，与该制度之设计精神，此项传唤自应报告于所属之主任检察官或检察长，以昭慎重。乃被付惩戒人为遂行其个人传唤现任“总统”到庭之目的，不惜破坏体制，以前述异常之做法，独断独行，规避监督，其执行职务之程序，显属可议。

3. 又其起诉游××违反选举罢免法一案，不待检察长核决，即径送法院起诉，亦同有不遵体制、违反检察一体原则之违失甚明……至所辩当初检察长只在借故拖延起诉之时程，并无行使案件承继权或案件移转权之意，伊始断然以前述方法提起公诉云云一节，观之“法务部”函送之刘××检察官所提访谈摘要报告，不难察见检察长郭××对于所谓政策买票，能否构成贿选，自始即抱持怀疑之态度，其所以迟未接掌该案，无非意在维持和睦，善尽沟通；况被付惩戒人将案卷径行投邮寄送法院，显已使检察长无从行使案件承继权或移转权……又该案起诉，固经初审法院裁示起诉程序合法，但此与被付惩戒人不遵体制，恣意擅权之违失系属两事，其执此申辩，亦不足以解免违失咎责。

综上所述，被付惩戒人之违法失职行为，堪予认定。核其所为，除违反上开法令及“刑事诉讼法”第52条关于制作起诉书之规定外，并违反“公务员服务法”第1条公务员应依法律命令所定执行职务，及第5条、第7条所定公务员应谨慎、执行职务应力求切实之旨。

案例二

【事实要旨】

日本及韩国，在过去都曾发生过法务部长对检察总长行使个案指挥权的争议：

1. 1954年1月间日本曾发生有名的“造船疑狱事件”，当时的法务大臣犬养健对检察总长发动指挥权，要求检方暂缓逮捕涉及造船业者贿赂疑案的自由党干事长佐藤荣作，当时部分负责侦办此案的东京地检特搜部检察官希望检察总长能以其职位作赌注，不理会法务大臣的指令，以继续原来的逮捕行动。但最后检察总长选择遵从法务大臣的指令，因而导致检方的侦查行动受挫。此一事件后来在国会引起在野政党大加挞伐，终于导致下达指令的犬养大臣辞职下台，对此一事件负起政治责任。

2.2005 年 10 月，韩国前任检察总长金钟彬因法务部部长千正培发布检察官不得拘提涉嫌违反国家安全法的康宗古教授的命令，其为维护检察中立及检察官的自主性，不愿遵从法务部长的命令，因而辞去检察总长一职。

【解析】

日本与韩国的法务部长均得就具体个案对检察总长为命令及指示（但不得直接对个别检察官为具体指示，只能通过检察总长为之），故检察总长如不遵从部长的命令，就只有辞职；否则就必须遵命行事。

上述日本的检察总长选择遵守职务伦理，虽然人民对于该案的侦查不满，但最后是由下指令的法务大臣负起政治责任辞职下台，为不当的指令付出代价。至于韩国的检察总长则选择辞职，以兼顾其职务伦理及对检察核心价值的坚持，建立了检察首长的伦理典范。

第六章　正当法律程序之遵守*

一、概　论

职务或业务上的行为准则，正如同任何职业人员的伦理规范般，构成“检察官伦理规范”不可或缺的重要部分。而检察官职司犯罪追诉，就其角色定位而言，一方面他和法官同样在个案上追求真实与正义，负有客观性义务且受法定原则之拘束，虽然并不职司审判，但德国联邦宪法法院认为检察机关为司法机关（Organ der Rechtspflege）系与法院共同完成司法任务，[1] 台湾地区“司法院大法官”释字第 392 号解释亦采同一看法，认为检察机关虽非法院，但为广义的司法机关；另一方面检察官执行犯罪侦查任务又具有主动积极性，组织上则上下一体，有受上级指令拘束之服从性，此又具有行政官之色彩，因此以下谈及检察官之职务上行为准则，基本上也受其司法、行政双重性质的影响。

就检察官的任务而言，依台湾地区“法院组织法”第 60 条第 1 款规定，检察官有实施侦查、提起并实施公诉之职权，对照台湾地区“刑事诉讼法”第 228 条之规定，检察官因告诉、告发、自首或其他情事知有犯罪嫌疑者，应即开始侦查；同法第 229 条至第 231 条，并参照“法院组织法”第 76 条及调度司法警察条例之相关规定，在刑事追诉任务上司法警察系受检察官之指挥监督，而侦查中之强制处分权诸如传唤、拘提、通缉、搜索、扣押等，系由检察官发动或甚至自行决定之，并得指挥司法警察执行；侦查终结时，依同法第 251 条之规定，检察官依侦查所得之证据，足认有犯罪嫌疑者，应提起公诉等。因之，检察官在台湾地区法制上，系主导侦查并为公诉之独占者，而检察官行使这些职权时，负有客观性义务，依“刑事诉讼法”第 2 条规定，检察官作为刑事诉讼上之公务员，对于被告有利、不利之点，均须一律注意，即进入审判后，检察官负

---

* 本章内容对应台湾地区“检察官伦理规范”第 8 条、第 9 条、第 10 条、第 13 条、第 19 条。

[1] BverfGE 38 105, 119.

责实施公诉，因前述客观性义务之要求，在诉讼上亦非单纯当事人一方，甚至认为有应不起诉或以不起诉为适当时，仍得撤回起诉（“刑事诉讼法”第269条），并得为被告之利益而上诉（“刑事诉讼法”第344条第4项）、提出再审（“刑事诉讼法”第247条第1款）等，综合上述这些相关规定说明可知，检察官身兼侦查主导、起诉独占、审判监督之多重任务，对检察官的期待，在知有犯罪即应主动发动侦查并主导程序之进行，监督执行侦查任务之警察合乎法律之正当程序的要求，在打击犯罪同时兼顾被告与被害人权利保障；当侦查结果发现有犯罪嫌疑时，即应提起公诉，开启司法裁判；之后在审判程序中，又负有协助并监督法院形成正确、妥适判决之责任。因此，无论是实体正义所揭橥的发现真实，还是维护公平审判的程序正义都是检察官必须兼顾的最高行为准则。尤其是现代追诉犯罪，都必须严格遵守相关法律，包括“宪法”、“刑事诉讼法”的规定，不得逾越法律规范，滥用权力恣意而为。

《公民权利和政治权利国际公约》多个条文涉及刑事法上相关权利保障，特别是该公约第7条禁止酷刑与不人道待遇，即包含了宣示刑求之禁止；第14条受公平审判之权利，则揭橥刑事诉讼的诸多重要基本原则，除裁判应经独立法院公开审判外，如无罪推定原则、不自证己罪原则、受实质辩护、语文通译之提供等被告权利保障，也都是检察官执行刑事诉追任务时，所必须注意遵守者。此外，检察权之行使，相较于法官审判的不告不理的被动性格，具有主动积极性，并使具体刑事案件从无到有，形成范围不受限制，更迥异于法官审判范围受到起诉范围及审判程序的限制，这些主动性格正是行政的特色。[①] 而检察官发动侦查及相关之侦查措施，除了要注意侦查作为的实效性外，因常常具有一定之社会效应，引起骚动，因此在各项侦查作为与终结案件的时机，又必须有合目的性的考虑，侦查的进行，检察官具有自由的形成空间（Die Freie Gestaltung des Ermittlungsverfahrens）[②]，而有侦查的策略或技巧运用，只要不违反法定原则，检察官即应妥适审酌司法利益及公共利益，求取最适平衡，因此检察官追诉犯罪，不仅为法的守护人，也是公益的代表人。

二、实体正义与程序正义必须兼顾

如上所述，追诉犯罪，必须兼顾真实发现的实体正义与公平审判要求

---

① Sarstedt, Gebundene Staatsanwaltschaft, NJW 1964, 1754.

② Schäfer, Die Praxis des Strafverfahrens, S. 138.

的程序正义。首先，依据事实才是正确适用刑罚的前提，检察官的工作有一大部分也是在搜集、评价证据以发现真相、认定犯罪事实。在认定犯罪事实时，检察官实体上要严格遵守罪刑法定，不得类推援引犯罪处罚规定，追诉法律所未规定处罚的行为；而在追诉犯罪的过程中，也要谨守刑事诉讼被告受无罪推定的基本原则，除积极搜集犯罪证据外，也注意有利被告证据之搜集，无充分证据证明被告罪嫌、未达起诉门坎时，即须为不起诉处分，不得以非法方法包括利诱取得被告自白，或强迫被告提出不利自己之证据，且应尊重被告接受辩护人协助之权利，特别是侦查中讯问被告时辩护人的在场权，不得随意剥夺。

另外，法律也赋予检察官有各种权限包括强制处分权的发动甚至是决定权，以便搜集犯罪证据确认犯罪嫌疑人与犯罪事实，但探求真实不能不择手段，各种取证方法必须依照法律规定，特别是涉及个人权利的部分，至少都有法律保留的要求，除了发动相关措施必须依照法律规定的要件、甚至相关措施实施的程序，都要严格依照法律规定的要求，例如检察官依照“刑事诉讼法”得拘提证人，但其要件为证人须先经合法传唤不到庭，才得拘提之（“刑事诉讼法”第178条第1项），而所谓合法传唤，又必须依照“刑事诉讼法”第71条各项规定，以书面记载法定事项制发传票，并依同法第55条以下相关文书送达之规定，合法送达于证人，而证人不依指定期日到庭后，才得依同法第178条第4项准用同法第77条以下签发拘票，其中，任何一个步骤未依规定，拘提即不合法。甚至有些涉及重要基本权利侵犯的强制处分权，例如限制人身自由的羁押、侵及个人隐私权的搜索，不仅为法律保留事项，尚且为严格法官保留，必须由法官依法签发押票、搜索票，凭票才得执行羁押或搜索。而刑事侦查上检察官多数情况依赖司法警察执行各项侦查作为，司法警察系受检察官之指挥监督，尤其应注意司法警察侦查作为之合法性，不得因为发现真相，无视警方违法取证，姑息采用，而应依法监督纠举，追究不法。

此外，公务员职务上的行为一般均在行政监督的范围内，机关内部均有对于各项职务工作的行政规则或命令，机关长官即透过职务监督对所属人员进行职务行使合规范性的督导。检察机关为司法机关，与一般行政机关的典型的科层性组织不同，但是司法机关内仍有司法行政领域，因此在不影响检察官职务独立性的前提下，为使检察官的职权行使，合法而始终一贯、具一致性，其职务上行为，机关长官仍应透过职务监督进行督导，[①]包括纠正不合规范的职务行使方式及督促检察官合规范并及时完成业务（Ordnungsgemäße, Unverzögerte Erledigung der Amtsgeschäfte）。容许职务监督范围内的行为准则，包括规范职务执行有关的各类行政规则，如分案原则、各类办案期限、勤务与值勤原则、各类诉讼法定期间等，均属提示检察官依法执行职务、避免弊端的内部规范。因内部行政规则种类繁多恐检察官疏漏，台湾“法务部”近年定期汇辑相关规定，编成“常用检察行政规定汇编”供检察官参考，其中，重要者如“检察机关办理刑事诉讼案件应行注意事项”、“检察案件编号计数分案报结实施要点”、“检察机关办案期限及防止稽延实施要点”、“检察机关实施搜索扣押应行注意事项”等，都与职务上处理刑事案件正当法律程序之遵守息息相关，如有违背，都属违反职务伦理，可能构成行政惩处事由，除一般法律外，检察官于执行职务时，对相关行政规则务必加以注意。

三、被告权利、被害人权利与公共利益的兼顾

从上述一的说明可以看出，为确保被告诉讼权利，必须在“刑事诉讼法”设定的相关限制与要件下才得进行犯罪追诉，“刑事诉讼法”可以说基本上是在保护被告受公平审判所定。但是检察官立于中立、客观的地位，行使的刑罚诉追权限，具有独占性，不仅排除私人（被害人）报复，也无其他机关可同享并行此权限，因犯罪而受害之被害人，虽非刑事诉讼上之主体，检察官仍应在程序上照顾其利益，而刑罚权的实现，本属公共利益之维护，故称检察官为公益代表人[②]，因此，检察官履行职务时，必须兼顾被告、被害人与公共利益，不偏废任何一方。

尤其，近期被害人保护思潮渐盛，提高被害人于刑事诉讼上之地位的各种见解与立法日增，如“性侵害犯罪防治法”，对所谓性侵害犯罪之被害人即增加许多诉讼程序上的保护措施，而在各个刑事诉讼阶段，被害人

---

① 就职务监督用语，无论在一般公务员或司法官，德文均使用 Dienstaufsicht 一词，但就行使主体而言，一般公务员的长官依照德国公务员法第 3 条的规定，可区分为行政长官（Vorgesetzter）、职务长官（Dienstvorgesetzter），后者系指对于下级部属具有公务员法上关于人事事项决定权的长官。虽然司法官之职务最核心是应独立不受行政干预，特别是法官的审判工作，应没有所谓长官，“职务”一词的用语容易引起误会，但是基于法官于司法行政领域，还是有长官监督问题，因此沿用公务员法职务监督之用语。

② 如联合国所制定的《检察官准则》第 11 点及欧盟制定的《检察官伦理与行为准则》均表彰检察官为公益代表人，此可详见本章下述“六、国际相关规范”之说明。

的参与及其意见的尊重，也成为检察官必须加以遵守的诫命。除了传统法定被害人权限，如犯罪之直接被害人得提起刑事告诉（“刑事诉讼法”第232条）、自诉（“刑事诉讼法”第319条第1项），对检察官不起诉处分，告诉人得不服声请再议（“刑事诉讼法”第256条第1项）、被害人及告诉人对判决不服，得请求检察官上诉（“刑事诉讼法”第344条第3项）等外，检察官在行使相关诉讼裁量权限时，法律或内部规范也多要求必须尊重被害人之意见，例如依照“法务部”订定之“检察机关办理缓起诉处分作业要点”：“三、缓起诉处分处理原则：遇有告诉人或被害人案件，检察官为缓起诉处分前，就缓起诉处分期间及指定被告遵守或履行‘刑事诉讼法’第253条之2第1项各款所列事项，宜先征询告诉人或被害人之意见。”又如检察官于实施公诉，进行协商程序时，依照“刑事诉讼法”第455条之2规定，案件有被害人时，检察官应于声请法院同意进行协商前，须征询被害人之意见。

就公共利益而言，刑事追诉本身即为公益之所在已如前述，而近期的台湾地区“刑事诉讼法”修正，为落实坚实的事实审，政策朝向筛减进入通常审理程序的案件，配合宽严并进的刑事政策，采取转向制度（Diversion），除对于轻微案件检察官具有职权不起诉处分权限外，对于非重罪之案件，“刑事诉讼法”引进缓起诉制度（“刑事诉讼法”第253条之1至之3），扩大检察官起诉裁量权限，渐次使检察官的追诉任务，从传统严格的法定原则，慢慢开放一定程度的便宜起诉、追诉的裁量空间。而检察官审酌是否为缓起诉处分时，依照“刑事诉讼法”第253条之1第1项，除要依“刑法”第57条考虑被告的罪责程度外，就是公共利益的审酌，亦即在个案上不追诉的利益高于追诉的利益时，例如如果坚持追诉，可能将花费浩大的诉讼资源、时间，而依法得对被告科处的刑罚非重，该刑罚之效果又得以相关命其履行一定条件代之，此时为缓起诉的决定才适当。我们也可以如此说，于行使相关裁量权限放弃追诉或限缩追诉时，除了被告、被害人的利益外，还有一项很重要的审酌要项就是追求最适公益。

四、公共利益的考虑与比例原则的遵守

检察官和法官同样职司刑事司法任务，但是检察官与法官不同之处，正如本章一开始所说明的，即主动性与形成性，纵然检察官负有依法追诉的法定义务，且“刑事诉讼法”虽然对于各项侦查权限，特别是强制处分权的行使，设定各种不同的要件规定，但侦查程序是从无到有形成具体追

诉对象（包括被告与犯罪事实），大部分过程是属于侦查者的自由形成空间，法律并未为规范，也无从规范，何时发动搜索、何时逮捕犯嫌，共犯间传唤、逮捕甚至羁押的顺序以至于起诉决定……也就是所谓检察官侦查的策略与侦查的布局，亦即对于各项侦查作为时间之选择、顺序之安排，系以求侦查有所成果为目的，只要相关作为符合法定要件，其发动可由侦查者自由裁量。然而在侦查阶段，各种侦查手段之发动，对外均具有一定之不可预期及侵略性，经常引发社会、政治敏感性或心理效应，而造成刑事追诉以外的效果，且往往远大于被动的法院审判所会引发的效果，进一步说，检察官的侦查动作小则影响相关家庭、公司、机关，大则有的影响金融市场、政治人事布局。如上所述，检察官侦查之作为享有极大的主动性以及裁量自由，而同时又具有强大的外部影响，因此检察官被期待不仅仅要依照法律相关要件行使职权，许多时候更必须审时度势以采取适当作为，避免因为追诉犯罪却造成其他公益的损害。总言之，检察官具有使刑事案件具体从无到有，形成范围不受限制，其各项侦查作为与终结案件的时机，必须有合目的性的考虑，并尽可能使非司法的外部影响降到最低，诸此种种，均属于公共利益的衡量。

除了公共利益的考虑外，采取的各项作为，也必须注意比例原则，意即为达成目的与所采取手段之间，应有合理比例关系，不得过度，① 此原则已成为防止权力滥用之重要原则之一。检察官为遂行犯罪追诉任务，前述亦已提及，其职务相较其他公权力的作为更具侵略性，不论侦查或执行阶段，均享有对人、对物的相关权限，甚至是强制处分权的发动或决定

---

① 有关比例原则之意义，从释字第436号解释起，“大法官”开始在解释文中明白提到“宪法”第23条的“比例原则”，之后的释字第452、462、471、476、487、490、507、510、515、528号也都接续援引“比例原则”的用语。对于比例原则之内涵，释字第476号具体提出目的正当性、手段必要性、限制妥当性之审查：人民身体之自由与生存权应予保障，固为“宪法”第8条、第15条所明定；唯刑罚权之实现，对于特定事项而以特别刑法规定特别之罪刑所为之规范，倘与“宪法”第23条所要求之目的正当性、手段必要性、限制妥当性符合，即无悖于比例原则。学说上普遍认为之比例原则内涵有三：（1）适当性原则（Prinzip der Geeignetheit）。其意指所采取之手段必须适合其所追求之目的，始得谓之正当，而具有适当性。以法律为手段而限制人民权利，可达到维护公益之目的时，其立法手段始具有适当性。（2）最小侵害原则（Erforderlichkeit）。意指在达成立法目的有各项手段时，应选择对人民权利侵害最小之手段，其手段始具有必要性，亦称为必要性原则。（3）比例性原则（Verhaeltnismaessigkeit in engerem Sinne）意指欲达成一定目的所采取手段之限制程度，不得与达成目的之需要程度不成比例，亦即必须符合一定比例关系始可。申言之，公权力之手段虽可达成立法目的，惟其法益权衡结果，仍不可给予人民过度之负担，造成人民权利过度之损失，Vgl. Dieter Schmalz, Allgemeines Verwaltungsrecht, 3. Aufl., 1998, S. 136 ff。

权，对于个人的基本权利造成不同强度的侵犯，这些均是为达成刑事司法目的的手段，在具体个案中，如果可以以不侵害权利或有较小侵害的方式达到目的，就不应选择较大侵害的方式完成，例如可以以调阅文件的方式取得资料，就无须动辄发动搜索，可以具保或限制出境的方式防止被告逃亡，就无须动用羁押手段。以“刑事诉讼法”第 101 条之 1 第 1 项羁押要件之规定为例，明文指出除被告犯罪嫌疑重大，具有该项各款情形之一者，尚必须有羁押之必要时，才可羁押，配合同法第 101 条之 2 规定，如可以具保、责付或限制住居代替羁押，即不应决定羁押，此即比例原则的明文要件化。纵然并非所有权限之法定要件，均明文提示比例原则，但比例原则既已是拘束权力行使的基本原则，则检察官在行使各项职权时，都必须注意遵守此一原则，否则即有违反职务伦理之虞。

五、台湾地区相关规定

（一）台湾地区“法官法”

第 86 条第 1 项

检察官代表国家依法追诉处罚犯罪，为维护社会秩序之公益代表人。检察官须超出党派以外，维护宪法及法律保护之公共利益，公正超然、勤慎执行检察职务。

（二）台湾地区“法院组织法”

第 60 条

检察官之职权如左：

一、实施侦查、提起公诉、实行公诉、协助自诉、担当自诉及指挥刑事裁判之执行。

二、其它法令所定职务之执行。

第 61 条

检察官对于法院，独立行使职权。

第 62 条

检察官于其所属检察署管辖区域内执行职务。但遇有紧急情形或法律另有规定者，不在此限。

第 76 条第 1 项前段

检察官得调度司法警察。

（三）台湾地区“检察官伦理规范”

第2条

检察官为法治国之守护人及公益代表人，应恪遵宪法、依据法律，本于良知，公正、客观、超然、独立、勤慎执行职务。

第3条

检察官应以保障人权、维护社会秩序、实现公平正义、增进公共利益、健全司法制度发展为使命。

第6条

Ⅰ检察官执行职务时，应不受任何个人、团体、公众或媒体压力之影响。

Ⅱ检察官应本于法律之前人人平等之价值理念，不得因性别、种族、地域、宗教、国籍、年龄、性倾向、婚姻状态、社会经济地位、政治关系、文化背景、身心状况或其它事项，而有偏见、歧视或不当之差别待遇。

第8条

检察官办理刑事案件时，应致力于真实发现，兼顾被告、被害人及其它诉讼关系人参与刑事诉讼之权益，并维护公共利益与个人权益之平衡，以实现正义。

第9条

检察官办理刑事案件，应严守罪刑法定及无罪推定原则，非以使被告定罪为唯一目的。对被告有利及不利之事证，均应详加搜集、调查及斟酌。

第10条

检察官行使职权应遵守法定程序及比例原则，妥适运用强制处分权。

第12条第1项

检察官执行职务，除应依刑事诉讼法之规定回避外，并应注意避免执行职务之公正受怀疑。

第13条

Ⅰ检察官执行职务，应本于合宜之专业态度。

Ⅱ检察官行讯问时，应出以恳切之态度，不得用强暴、胁迫、利诱、诈欺、疲劳讯问或其它不正方法，亦不得有笑谑、怒骂或歧视之情形。

第19条

检察官应督促受其指挥之检察事务官、司法警察（官）本于人权保障及正当法律程序之精神，公正、客观依法执行职务，以实现司法正义。

第 24 条

检察官应审慎监督裁判之合法与妥当。经详阅卷证及裁判后，有相当理由认裁判有违法或不当者，应以书状详述不服之理由请求救济。

六、国际相关规范

（一）联合国制定的《检察官准则》（Guidelines on the Role of Prosecutors）

第 10 点

检察官应依法公正的、始终一贯及迅速的履行职责，尊重和保护人的尊严，维护人权，从而有助于正当法律程序的确保和刑事司法的顺利运作。

第 11 点

检察官应在刑事诉讼中扮演积极角色，包括提出追诉，而身为公益代表人，在调查犯罪时，应依法律授权或当地惯例，监督调查的合法性，监督法院判决的执行和其它权能的行使。

第 13 点（a、b、d）

a. 检察官应中立的执行其职务，避免政治、宗教、种族、文化、性别及其它任何种类的歧视。

b. 应维护公共利益，客观行事，兼顾被害人与被告之立场，对于被告有利、不利之情况均须注意。

d. 当被害人的个人利益受到影响时，应考虑其意见及其关切之点，并依照“犯罪及权力滥用受害之被害人的司法基本原则宣言”，使受害者知悉其权利。

第 14 点

当客观调查的结果，显示追诉是不适当的，检察官不应发动、坚持或企图继续追诉。

第 16 点

当检察官知道或可合理相信其所取得对犯罪嫌疑人之证据，系经由严重侵犯犯罪嫌疑人的人权之非法方法取得，尤其是涉及酷刑或残忍，不人道或有辱人格的待遇或处罚，或其它侵犯人权的行为，除用以追究以此方式取得证据之人外，应拒绝使用此类证据追诉任何人，或告知法院，并应采取一切必要措施，以确保那些使用这种方法有责之人受到制裁。

第 18 点

检察官应依照国家法律，适当考虑使用不予起诉、有条件或无条件地中止追诉，或将刑事案件从正式的诉讼程序转向的权限，充分尊重犯罪嫌疑人与受害人的权利。为此，各国应充分发掘提供转向机制，除有减轻法院过重负担的可能性，也避免审前羁押，起诉、定罪的羞辱以及监禁可能带来的负面影响。

（二）欧洲联盟制定的《检察官伦理与行为准则》（European Guidelines on Ethics and Conduct for Public Prosecutors/The Budapest Guidelines）

Ⅰ基本义务（节录相关部分）

检察官在任何状况下均应时时：

尊重、保护并坚持人性尊严及人权，

虑及其系本于社会与公共利益的代表而作为，

努力在社会一般利益与个人之权利与利益间取得合理平衡。

Ⅲ检察官在刑事诉讼架构下的职业行为

a. 必须严守《欧洲人权公约》第 6 条所规定及欧洲人权法院判决先例所体现的公平审判原则。

b. 中立、客观并公平的执行职务，并在法律规定的框架下，独立地行使职权。

c. 确保刑事司法能符合司法利益地迅速运作。

d. 尊重无罪推定原则。

e. 确保为起诉或不起诉及其它足以影响司法之决定前，必要且合理的调查及要求均已履践。

f. 对于所有状况不论是对嫌疑人有利或不利之情况均须注意。

g. 当客观调查的结果，显示追诉是不适当的，检察官不应发动或坚持继续追诉。

h. 追诉犯罪必须坚定、公正且完全依照证据所显示而不过度。

i. 视案件的相关证据，是否系合法取得。

j. 拒绝使用以严重伤害嫌疑人或他人权利之非法方式取得的证据，除非是用以追究以此方式取得证据之人。

k. 确保以上开方式取证可责之人受到应有之处分。

l. 遵守武器平等原则，特别是在开示相关信息与被告或其律师时，以符合法律及公平审判原则的要求。

m. 适当照顾被害人的利益。

n. 协助法院达成符合正义的判决。

o. 做决定必须本于现有证据的中立、专业评断。

（三）国际检察官协会（IAP）所提出的《检察官专业责任与权利义务准则》（Standards of Professional Responsibility and Statement of the Essential Duties and Rights of Prosecutors）

第4点 关于检察官在刑事诉讼的角色

4.1 检察官应依法公正的、始终一贯及迅速的履行职责。

4.2 检察官应在刑事诉讼中扮演积极角色：

a. 依照法律授权或惯例，在参与犯罪调查时，或指挥警察及其它侦查人员时，应本于客观，公正和专业的态度。

b. 监督犯罪调查时，检察官应确保调查人员尊重法律和基本人权，在提出建议时，应注意保持公正，客观。

c. 在刑事诉讼中，检察官只有在案件是建立在证据上有理由相信是可靠的和合法可成立的情况下才会提起公诉，否则将停止追诉，惟一旦起诉将坚定而公平的贯彻整个程序，且完全依照而不会超越证据所显示的。

d. 当依照当地法律和惯例，对有关法院判决或其它非检察职能之执行行使监督职权时，必须时时以公共利益为依归。

4.3 进一步地，检察官应保守职务秘密；当被害人或证人的个人受到影响或可能受到影响时，按照当地法律、惯例及公平审判的要求，将其等之意见及关切之点纳入考虑，并努力使被害人和证人受到权利告知之确保。并也同样努力使受到损害的人获取有关向更高机构/法院请求追偿可能性的信息。在与法院和其它相关机构共同作业时，应维护被告的权利；

依法律或公平审判的要求，在合理可能的情况下，应及早向被告揭露相关不利及有益的讯息。

应检视相关证据是以符合法律及合宪方式所取得。

如合理相信所取得之证据，系经由严重侵犯犯罪嫌疑人的人权之非法方法取得，尤其是涉及刑求或残忍对待者，应拒绝使用此等证据；

并确保对使用这种方法而有责之人采取应有之处分。

检察官应依照当地法律及公平审判要求，在充分尊重犯罪嫌疑人与被害人的权利下，而认为适当者，考虑使用不予起诉、有条件或无条件地中止追诉，或将刑事案件从一般刑事程序转向的权限，特别是被告为年轻者。

七、检察官未遵守正当法律程序要求的违反伦理规范效果与诉讼效果

检察官执行职务，未遵守正当程序，除了有违职务伦理规范外，如涉及侦查中的取证程序，则可能直接对于案件本身产生影响。现代刑事诉讼证据法上，均有所谓证据禁止的原则，就在于处理侦查人员违法取证的效果，避免调查犯罪者为追求事实、查缉犯罪的目的，不依法律规定，不计代价，以违法侵害相关人之权利来达到目的，纵然目的正当，也违反程序正义，除了有违反职务伦理构成评鉴或行政惩处事由①外，如有严重侵害权利者，如仍允许以此取得之证据来证明犯罪而处罚之，反而害及实体正义，因此禁止使用此种违法而严重侵害人权方式取得之证据。例如，依照“刑事诉讼法”第156条规定之解释，被告之自白如系以强暴、胁迫、利诱、诈欺、疲劳讯问方式取得，不得作为证据，此即为刑求与非法取供之绝对禁止，一有此情形，不问情节，自白一概不得使用。如果检察官有此非法取供作为，就不单单只是违反职务伦理，诉讼上更发生证据禁止之效果，如果手段严重，例如伤害刑求、胁迫达到恐吓程度等，则尚有刑事责任。

八、案例解说

案例一②

【事实要旨】

台湾××地方法院检察署检察官甲明知警察未依规定备具声请书叙明具体理由，所检附之资料亦不完整，不足以判断搜索对象有搜索之必要，搜索之处所除A、B（合开1张搜索票）属该署辖区外，其余则在其他检察署辖区，渠又非当日内勤检察官，搜索对象与其侦办中之案件亦无关联性，依规定不得依职权核发搜索票，竟因与该警及其主管相识，而无视法令规定，滥用职权，便宜行事擅自签发X张搜索票，交由司法警察在辖区外执行搜索；且搜索票签发日期与限定搜索日期仅填载××年，月与日部分则空白未填载，并冠以无关联之××年度××字第×××号案案号；又未循规定程序送陈核阅；亦未留存司法警察请领搜索票之相关资料致无从稽考

---

① 检察官违反职务伦理之效果，可参见本书“检察官之评鉴与惩戒”章。

② 本案例选节自台湾“公务员惩戒委员会”2001年度鉴字第9498号议决书，参见台湾“司法院”编印：《公务员惩戒委员会议决书——法官、检察官受议决案例选辑》，2010年8月，第421页以下。

其核发情形；因上述多层之疏忽失察，事后亦无从追踪稽考，衍生管辖区域外之司法警察借机索贿弊端尚不自知，嗣因警察索贿遭查获后，检察官甲虽急赴派出所收回搜索票，后复遗失司法警察缴回之Z张搜索票。

【解析】

搜索系对于被告或犯罪嫌疑人之身体、住宅、物件等或其他处所于“必要时”施以搜查之强制处分，对于第三人之身体、住宅、物件等或其他处所则以有“相当理由”可信为被告或犯罪嫌疑人或应扣押之物件存在时为限始得搜索（“刑事诉讼法”第122条）。又法院因“发见真实之必要”或遇有“急迫情形”时，始得于管辖区域外行其职务，此项规定于检察官行侦查时准用之（同法第13条、第16条）。故检察官于其所任职之管辖区域外执行搜索或签发搜索票，须依据具体资料，就事实上客观判断认有犯罪证据存在，必须施以搜查之强制处分，以资发现或予以扣押之情形，且因有发见真实之必要性或急迫性，必须越区搜索者而言。本案搜索票检察官A系依职权核发，其在“监察院”陈明：“依据前科资料、户籍资料等核发”，但始终无法提出足以判断各该搜索对象可能涉有犯罪情形有搜索必要之具体资料，A且表示：有前科、户籍资料等，但也不完整，只是部分。自系仅凭不完整之部分资料，即予核发。又搜索票搜索对象与A侦办中之××年度××字第×××号案件无关联性。而该搜索票未限定搜索日期，要无因办理该案件而须越区搜索以发见真实之必要性或急迫性可言，A且始终无法提出确有越区搜索之必要性、急迫性之依据，自不能仅凭信赖辖区外警察之声请。况其更应着警员依法向管辖检察署检察官声请，则其显系因私自与该警员及其主管相识乃便宜行事。再其非仅未着该警应依法定程序，备具声请书，叙明声请搜索之具体事由、目的等，并检附相关资料，向该管内勤检察官声请核发，并另分案办理，反而滥用职权擅自核发，又未书明签发日期及限定搜索日期之搜索票8张，并冠以无关联上开案号，俱见其有亏职守，已甚显然。

复查搜索乃为发见被告或犯罪证据，对于被告或第三人之身体、住宅、物件或其他处所施以搜查之强制处分，故搜索票签发日期与搜索日期间，应具相当之合理性，而本件搜索票签发日期及限定搜索日期，除填写“××年”外，月与日部分均未填写，无异授权司法警察在××年年底前可自行择期执行搜索，予执行人员法外之便利与信赖，致遭外界质疑为空白搜索票，则置保障人权观念于何地？而依台湾“法务部”订颁之“检察官实施搜索、扣押应行注意事项”第8点规定，检察官于侦办案件认有必要实施搜索时，其签发之搜索票应送陈主任检察官、检察长核阅，各检察署应设置实施搜索登记簿，交由各股检察官自行登簿送阅；A核发本件搜索票，未依该行政手续登簿送陈核阅；在A核发本案搜索票后，对警方所检附之前述资料，竟未留存或制作笔录附卷，亦未将欲搜索之事项批示于办案进行单上，仅于上开无关联之案件办案进行单上批示："××分局警察来署报告，称本案有其它共犯须扩大追查，请发搜索票，准签发。"数语，且未填载日期及命书记官登簿，因多层之疏忽失察，事后亦无从追踪稽考，衍生其管辖区域外之司法警察借机索贿弊端尚不自知。又A就其职务上所保管如此重要之公文书搜索票未妥加保管而遗失Z张，其执行职务有欠谨慎切实，均至为明显。所辩查缉黑金有功，曾办大案及信赖警员云云，尚难据以免责，应依法议处。

案例二①

【事实要旨】

台湾××地方法院检察署检察官乙侦办××年度×字第×××号案件：于××年××月××日，以被告所犯为重罪，并有共犯C及枪枝来源之D未到案，有串证之虞之理由，声请将A、B羁押并禁止接见及通信获准。羁押后，案件均未进行，于2个月羁押期间届满前，再声请法院延长羁押，遭法院驳回。法院驳回理由之一为：自羁押后，未见检察官传讯C等人，实难以C等未到案，而认被告与C等间，有何勾串之虞之事实。因法院驳回延长羁押之声请，而检察官又未及时注意被告之羁押期间，致于××年××月××日收受法院驳回裁定时，始将被告释放，已逾期2日。

【解析】

本件检察官乙虽辩称类此案件，应由驳回延长羁押声请之法院负责释放被告，不应归责于检察官，唯纵该案裁定送达有所延误，非无可议之处，但仍不能因此即可完全解免检察官违失咎责。又本件归责之原因，在于乙逾期释放被告及案件迟未进行两者，至于该案驳回延长羁押声请所持理由是否全然无瑕，与上开归责原因并无相当关联，自不能仅以裁定理由仍有瑕疵，资为免责之论据。检察官乙此部分行为，除违反台湾地区"刑事诉讼法"关于羁押期间之规定外，并违反台湾地区"公务员服务法"第7条公务员执行职务应力求切实，不得无故稽延之规定。

---

① 本案例选节自台湾"公务员惩戒委员会"2003年度鉴字第10119号议决书，参见台湾"司法院"编印：《公务员惩戒委员会议决书——法官、检察官受议决案例选辑》，2010年8月，第503页。

第七章　侦查不公开与检察官的公开言论*

一、引　言

检察官行使检察权，身份地位独特，其公开言论不管是否与职务有关，向来被认为比一般社会大众更具有影响力与公信力，正因为动见观瞻，检察官自应谨言慎行，以维持公正超然形象。然而，检察官与其他人相同，亦享有宪法明定之言论自由，如完全剥夺其宪法上权利，自非得宜，因此，如何在检察权的公正行使与检察官的言论自由之间权衡取舍，就是一个深值探讨的问题。

其实，在检察官言论的范畴里，"侦查不公开"攸关当事人的权益、社会的期待以及检察官与媒体的互动，实至为重要，自不能不加重视；除了"侦查不公开"之外，检察官的公开言论可能触及其他侦查或审判之个案，或者是非关检察官职务的公共议题，其言论之界限为何，亦值研求。例如，承办检察官于案件侦查终结起诉后，对于外界的评论，是否只能在法院公开审理时，加以回应？又侦查结果是不起诉处分时，能否本于职务需要对外说明，而与案件起诉时之因应作法不同？另外，就非承办检察官而言，对于他人承办中之侦查个案发表言论，虽然不属于"侦查不公开"范畴，唯此是否即无限制？如对于侦查终结或在审理中之案件发表言论，是否亦同？又检察官身为公民社会成员，对于公共议题表示意见固无可厚非，唯应如何适切表示，以避免有不当或易被认为损及司法形象之行为，对于检察官而言，都是有待学习的重要课题，自须加以廓清，严谨因应，以期妥适。

二、侦查不公开

（一）侦查不公开的意义

台湾地区"刑事诉讼法"第 245 条第 1 项规定："侦查，不公开之。"其主要目的系基于无罪推定原则，为维护侦查程序之顺利进行及真实发

---

* 本章内容对应台湾地区"检察官伦理规范"第 5 条、第 17 条、第 18 条。

现，兼顾保障被告、犯罪嫌疑人、被害人或其他利害关系人之名誉、隐私、安全。[①] 尤其是后者，更为社会各界所关切，此从2000年台湾“立法院”、“立法委员”联署“刑事诉讼法”第245条修正草案之提案案由“……执法人员在刑案侦查过程中动辄将案情公诸于世，形同人民公审，不仅严重侵害当事人之名誉、隐私，更将影响法官审理之心证……”[②] 及该条修法审查会中说明：“……少数执法人员，于侦查程序开始后，或主动联系新闻媒体，或被动揭露侦查内容，其行为不但违反无罪推定原则，抑且严重侵犯人权，实不足取。”[③] 即明其道理。就检察官而言，侦查不公开的遵守格外重要，因为在侦查程序中，检察官是侦查主体，拥有最多的侦查信息，对于案件能否顺利侦办以及侦查信息的保密，都必须负重大及最终责任，这也就是“刑事诉讼法”第245条第3项之规范对象并非仅有检察官，但社会各界却把侦查不公开的责任归属聚焦在检察官身上，其理由为何，实不言自明。

（二）相关规定

1.“刑事诉讼法”第245条

该条第1项、第3项、第5项分别规定：“侦查，不公开之。”“检察官、检察事务官、司法警察官、司法警察、辩护人、告诉代理人或其它于侦查程序依法执行职务之人员，除依法令或为维护公共利益或保护合法权益有必要者外，侦查中因执行职务知悉之事项，不得公开或揭露予执行法定职务必要范围以外之人员。”“第一项侦查不公开作业办法，由‘司法院’会同‘行政院’定之。”是上开侦查不公开规定系采“原则禁止，例外公开”之原则。其实“刑事诉讼法”自1935年公布施行后，有关侦查不公开的规定都是绝对禁止公开，迄至2000年始因“立法院”认“刑事案件侦办过程中，有关侦查之信息若完全封锁，则于澄清视听、安定民心、维护社会秩序等社会公共利益，可能反有不利影响”，[④] 而改采“原则禁止，例外公开”原则，嗣再因“……二、基于‘不得公开揭露’定义不明，各检调人员或告诉代理人等解读各异，造成当事者被围堵、公开批判、错误讯息影响相关人权益，甚至危及性命，建议修正第三项，明定不

① 台湾地区“侦查不公开作业办法”第2条。

② 台湾“立法院”公报，89卷39期，2000年7月，第443页。

③ 台湾“立法院”公报，89卷39期，2000年7月，第448页。

④ 台湾“立法院”公报，89卷39期，2000年7月，第447、449页。

得公开或揭露予执行法定职务必要范围以外之人员。三、另增订第五项，授权订定侦查不公开作业办法，以资明确，且符合法律保留原则。”[①] 之理由而将原第245条第3项：“检察官、检察事务官、司法警察官、司法警察、辩护人、告诉代理人或其它于侦查程序依法执行职务之人员，除依法令或为维护公共利益或保护合法权益有必要者外，不得公开揭露侦查中因执行职务知悉之事项。”予以修正，并增订授权订定“侦查不公开作业办法”之法律依据，而成为现行第245条第3项、第5项条文，并于2012年6月13日公布施行。

由于“刑事诉讼法”第245条第3项之适用对象仅止于侦查程序依法执行职务之人员，并不包括新闻媒体，因此，如有办案人员或当事人与之结合，私下提供消息，即可能形成侦查不公开的漏洞，致使规范实效大打折扣；又例外得以公开之要件“维护公共利益或保护合法权益”，其主要考虑在于是否有利于澄清视听，安定民心及维护社会秩序，但该要件似仍不够明确、具体，因此在个案的处理上，就可能产生认知的差异，甚至产生“假维护公共利益或保护合法权益之名，行违反侦查不公开之实”的疑虑，故实应从严解释“维护公共利益或保护合法权益有必要者”，以免将例外变成原则，致侦查不公开原则荡然无存。

2. “侦查不公开作业办法”

该办法系依“刑事诉讼法”第245条第5项之授权订定，于2012年12月5日发布施行，其重点计有侦查程序及侦查内容之定义、应遵循侦查不公开之规范主体及相关配合之人员、侦查不公开之规范客体及行为、侦查不公开之例示事项、侦查不公开之规范主体得适度公开或揭露之事项、违反侦查不公开应负责任者，由权责机关依法定程序调查、处理。

该办法第5条规定应遵循侦查不公开原则之人员，除检察官、检察事务官、司法警察官、司法警察、辩护人、告诉代理人之外，还包括于侦查程序讯问或询问被告、犯罪嫌疑人、被害人或其他利害关系人，或实施搜索或扣押，勘验、相验，命为鉴定或通译时，依法执行职务之书记官、庭务员、法医师、检验员、鉴定人、通译、法警等于侦查程序为诉讼行为或从事辅助工作之相关人员，以及法院于侦查程序办理羁押、延长羁押、停止或撤销羁押，核发搜索票、通讯监察书、限制书、鉴定留置票等令状声请案件，依法执行职务之法官、书记官、通译、庭务员、法警及相关辅助

---

① 台湾地区“侦查不公开作业办法”总说明。

工作人员等。[①]

该办法第4条规定侦查不公开范围，包括侦查程序及内容均不得公开。所谓侦查程序，指侦查机关或侦查辅助机关因告诉、告发、自首或其他情事知有犯罪嫌疑开始侦查起，于侦查中，对被告、犯罪嫌疑人、被害人或其他利害关系人所为之侦查活动及计划；侦查内容，指因侦查活动而搜集、取得之被告、犯罪嫌疑人、被害人或其他利害关系人个人资料或相关之证据资料。而侦查活动及计划则在该办法第8条加以例示说明，该条规定："（一）被告、少年或犯罪嫌疑人之供述及是否自首或自白。（二）有关传唤、通知、讯问、询问、通讯监察、拘提、逮捕、羁押、搜索、扣押、勘验、现场模拟、鉴定、限制出境、资金清查等，尚未实施或应继续实施等侦查方法或计划。（三）实施侦查之方向、进度、技巧、具体内容及所得心证。（四）足使被告或犯罪嫌疑人逃亡，或有湮灭、伪造、变造证据或勾串共犯或证人之虞。（五）被害人被挟持中尚未脱险，安全堪虞者。（六）侦查中之卷宗、笔录、录音带、录像带、照片、电磁纪录或其它重要文件或物品。（七）犯罪情节攸关被告、犯罪嫌疑人或其亲属、配偶之隐私与名誉。（八）有关被害人之隐私、名誉或性侵害案件被害人之照片、姓名或其它足以识别其身分之信息。（九）有关少年之照片、姓名、居住处所、就读学校、家长、家属姓名及其案件之内容，或其它足以识别其身分之信息。（十）检举人或证人之姓名、身分资料、居住处所、电话及其陈述之内容或所提出之证据。（十一）搜证之录像、录音。（十二）其它足以影响侦查不公开之事项。"均不得公开或揭露。

该办法第9条规定，在审酌公共利益之维护或合法权益之保护，认有必要时，得适度公开或揭露："（一）现行犯或准现行犯，已经逮捕，其犯罪事实查证明确。（二）越狱脱逃之人犯或通缉犯，经缉获归案。（三）对于社会治安有重大影响或重大经济、民生犯罪之案件，被告或犯罪嫌疑人于侦查中之自白或自首，经调查与事实相符，且无勾串共犯或证人之虞。（四）侦办之案件，依据共犯或有关告诉人、告发人、被害人、证人之陈述及物证，足认行为人涉嫌犯罪，对于侦查已无妨碍。（五）影响社会大众生命、身体、自由、财产之安全，有告知民众注意防范之必要。（六）对于社会治安有重大影响之案件，依据查证，足认为犯罪嫌疑人，而有告知民众注意防范或有吁请民众协助指认之必要时，得发布犯罪

① 台湾地区"侦查不公开作业办法"逐条说明第5条。

嫌疑人声音、面貌之图画、相片、影像或其它类似之讯息资料。（七）对于社会治安有重大影响之案件，因被告或犯罪嫌疑人逃亡、藏匿或不详，为期早日查获或防止再犯，吁请社会大众协助提供侦查之线索及证物，或悬赏缉捕。（八）对于媒体报导与侦查案件事实不符之澄清。（九）对于现时难以取得或调查之证据，为被告、犯罪嫌疑人行使防御权之必要，而请求社会大众协助提供证据或信息等事项。”虽然本办法第 9 条容许适度公开或揭露事项之内容，但对于犯罪行为则严格要求不得加入个人评论。

“侦查不公开作业办法”已详列受规范主体、客体及得以公开或揭露之事项，唯因新闻媒体不会透露消息来源的伦理要求，使受规范主体范围即使订得再广，亦可能无法收到预期效果；又该办法第 8 条所定“侦查中因执行职务知悉之事项”相当详尽，如毫无例外地完全不公开或揭露，应该可以彻底发挥侦查不公开实效，但可能也因此无法达到“澄清视听、安定民心、维护社会秩序”的功能，为补其不足，该办法第 9 条容许适度公开或揭露，唯该条“审酌公共利益之维护或合法权益之保护，认有必要时”之条件则不够明确，如认定过松，可能造成侦查不公开例外的滥用，如认定过严，检察署的新闻发布，可能都只是“不予评论”、“恕难奉告”等官式回应，毫无新闻价值，并且会与新闻媒体互动紧张，亦不能满足民众知的权利。因此如何妥当审慎操作，仍须在具体个案加以观察，进而类型化后，以供遵循，方不至于进退失据。

3. “检察、警察、调查暨廉政机关侦查刑事案件新闻处理注意要点”（以下简称“新闻处理要点”）

在“侦查不公开作业办法”施行之前，台湾“最高法院检察署”为期侦查刑事案件慎重处理新闻，以符合“刑事诉讼法”侦查不公开原则，避免发言不当，并兼顾被告或犯罪嫌疑人及相关人士之隐私与名誉，以便利媒体之采访，就相关侦查不公开应行注意事项订颁要点，以供遵循。两相对照“侦查不公开作业办法”及上开“新闻处理要点”，内容大致相同，而“侦查不公开作业办法”又有法律授权，因此自应优先适用。

4. “检察官伦理规范”

相对于法官伦理、律师伦理，侦查不公开对于检察官伦理的要求，有其重要性，因此，在“检察官伦理规范”第 17 条及第 18 条特别规定：“检察官侦查犯罪应依法令规定，严守侦查不公开原则。但经机关首长授权而对侦查中案件为必要说明者，不在此限。”“检察官不得泄漏或违法使用职务上所知悉之秘密。”当然，即使经过首长授权说明者，仍须符合

"刑事诉讼法"第245条及"侦查不公开作业办法"的规定。

（三）检察机关发布侦查案件新闻

1. 依新闻处理要点规定，由发言人发布新闻

依台湾地区"刑事诉讼法"第245条第3项，检察官于依法令或为维护公共利益或保护合法权益有必要者时，得公开或揭露侦查中因执行职务知悉之事项，而其公开或揭露必须依"侦查不公开作业办法"及"新闻处理要点"的规定来办理。其实，就承办检察官而言，在案件侦查中，当然希望新闻媒体报道越少越好，甚至于不要报道，以确保侦查顺遂，并维护当事人权益。然而，期待新闻媒体不要报道侦查中的案件，于理论与实务皆不可能，因为检察官的侦查犯罪本来就具有高度新闻价值，为免承办检察官的困扰，并落实侦查不公开原则，以及兼顾新闻媒体的需求，"新闻处理要点"第5点第2项严格要求检察官等办案人员不得私下透露侦查内容予媒体，亦不宜任意与办案无关之人员谈论或透露与案情有关之讯息外，并于第2点第3项规定检察机关对侦查中之案件，只有发言人始得发布新闻，另外，对于不实报道的澄清，第6点第4项规定得以发布新闻稿、召开记者会、去函或以传真稿传真电子媒体更正等方式为之，唯不宜以参加谈话性节目、电视Call-in方式为之。

2. 发布新闻与个人资料的保护

虽然检察机关依法得发布有关侦查案件的新闻，唯侦查案件难免涉及被告、被害人、证人等之个人资料，故在"个人资料保护法"施行后，如何因应即格外重要。就此，台湾"法务部"曾召集所属检察机关研商发布新闻之因应，就侦办中的案件如何发布新闻，除重申不得违反侦查不公开原则，并应依"新闻处理要点"相关规定办理外，更于2012年10月23日函示各检察署，进一步要求：新闻稿对于个人资料之利用，属"特定目的外之利用"，应衡酌是否符合"个人资料保护法"第16条所定"为维护国家安全或增进公共利益、为免除当事人生命、身体、自由或财产上之危险、为防止他人权益之重大危害"等情形，始得为之，并应注意同法第5条有关利用个人资料应尊重当事人权益，且不得逾越特定目的之必要范围之规定，以及"政府信息公开法"第18条第1项第6款之规定，也就是政府信息之公开或提供有侵害个人隐私、职业上秘密或著作权人之公开发表权者，应限制公开或不予提供，但有公益上之必要或为保护人民生命、身体、健康有必要或经当事人同意者，不在此限。另外，法律规定应保密或不得揭露之事项，如"国家机密保护法"、"证人保护法"第11条、

第 15 条、“性侵害犯罪防治法”第 12 条、“人口贩运防制法”第 21 条、“组织犯罪防制条例”第 11 条、“少年事件处理法”第 83 条、“儿童及少年福利与权益保障法”第 69 条等，均不得于新闻稿中揭露。至于被告之姓名等部分应否遮隐，则应依前开“个人资料保护法”及“政府信息公开法”之规定加以判断，如有增进公共利益或防止他人权益重大危害之必要时，可以适度公开；而其他如告诉人、证人、被害人、鉴定人等姓名，为保障其个人隐私，原则上不宜于新闻稿中揭露，相关犯罪行为亦不宜为深刻详细之描述。[①]

（四）违反侦查不公开之责任

侦查中因执行职务知悉之事项，除依法令或有维护公共利益或保护合法权益之必要情形而得以揭露之外，当然属于应秘密事项，依“检察官伦理规范”第 18 条规定“检察官不得泄漏或违法使用职务上所知悉之秘密”，检察官自应严格遵守侦查不公开，不应擅自泄漏或违法使用，如有违反者，依“侦查不公开作业办法”第 10 条及“新闻处闻要点”第 8 点第 1 项规定，则由权责机关依法定程序调查、处理，并按情节轻重予以申诫、记过或记大过之处分。另外，由于侦查信息与“刑法”第 132 条所定之“泄露国防以外应秘密之文书、图画、消息或物品”相当，因此检察官如因违反侦查不公开而有泄漏或交付侦查秘密情形者，将依故意或过失情形，而可能构成“刑法”第 132 条第 1 项或第 2 项之罪责。

（五）案例解析

【事实要旨】

台湾彰化地方法院检察署检察官甲于 1999 年间侦办“食品卫生管理法”案件，因鉴定需要，须动支经费，由于会计室主任乙向检察官甲说明须先签报检察长核准，检察官甲认乙置检察官命令于不顾，又认乙经署内同仁反映涉嫌浮报加班费，检察长置之不理，遂以违反“食品卫生管理法”案件之案号、案由签发传票，传讯乙，并另指派调查员至乙办公室及宿舍实施搜索。之后，检察官甲又自行召开记者会，并散发新闻稿，公开叙述已经进行之侦办动作。

---

① 台湾“法务部”2012 年 10 月 8 日“研商个人资料保护法施行后检察机关发布新闻之因应会议”会议纪录，参阅“法务部”2012 年 10 月 23 日法检字第 10104158660 函及其附件；另“侦查不公开作业办法”于“法务部”召开前开会议时，尚未公布施行，检察机关于该办法施行后，当然也需要并同遵守。

【解析】

关于检察官甲违反侦查不公开部分，台湾“公务员惩戒委员会”之议决理由，认为检察官甲召开记者会并散发新闻稿时，公然叙述已进行之侦办动作，诸如传讯乙之动机、理由、犯罪嫌疑，率领并指派调查员实施搜索，查扣相关账册、单据，并已签分他案另行侦办等，与侦查有关。所辩并未违反侦查不公开之原则云云，显系遁词。检察官甲此部分之行为除违反侦查不公开之原则外，另违反“公务员服务法”第4条第2项“公务员未得长官许可，不得以私人名义，任意发表有关职务之谈话”之规定。[①]

按本案系发生于1999年间，依当时之侦查不公开规定，系采绝对禁止原则，[②] 因此检察官甲于承办案件后径行发布新闻，自与当时施行之规定不符，即使认为过严，而依现行之“原则禁止，例外公开”之规定来处理，台湾“公务员惩戒委员会”之议决理由，似乎亦不认为与“维护公共利益或保护合法权益之必要情形”之侦查不公开例外情形相符。

三、检察官对于侦、审案件的评论

侦查不公开系规范承办检察官不得公开本身侦查中案件之程序及内容，但对于非承办检察官或案件已经侦查终结后，检察官就侦查或审判案件的公开言论是否即不受节制？答案当然不是，因为关系着检察权的公正行使、审判程序的顺利进行、当事人的权益保护与人民对于司法的信赖，所以为避免对于司法利益造成危害，检察官仍应谨言慎行。关于检察官对于侦查与审判案件的评论，包括承办检察官于案件侦查终结时，对于该个案的评论，以及针对外界意见的回应，此外也包括非承办检察官对于他人侦查或审理中个案之评论。这个问题的探讨当然要考虑评论侦审个案是否真的会影响检察官、法官的侦查与审判？如果没有影响，似乎不必要在意这个问题，唯如果确有影响，则限制检察官评论侦审个案的判断标准又在

---

① 台湾“公务员惩戒委员会”1999年度鉴字第8989号议决书，引自台湾“司法院”编印：《公务员惩戒委员会议决书——法官、检察官受议决案例选辑》2010年8月，第304～310页。

② “刑事诉讼法”第245条于1982年8月4日修正后，迄至2000年7月19日再修正。1982年8月4日修正之法条文字为“（第1项）侦查，不得公开之。（第2项）被告或犯罪嫌疑人之辩护人，得于检察官、司法警察官或司法警察讯问该被告或犯罪嫌疑人时在场。但有事实足认其在场有妨害……机密或有湮灭、伪造、变造证据或勾串共犯或证人或妨害他人名誉之虞，或其行为不当足以影响侦查秩序者，得限制或禁止之。（第3项）辩护人因侦查中执行职务所知悉之事项，不得泄露。（第4项）侦查中讯问被告或犯罪嫌疑人时，应将讯问之日、时及处所通知辩护人。但情形急迫者，不在此限。”

哪里？对此，国际间有关司法人员之伦理规范似乎并无一刀两断式的明确规范，而多是提出处理原则，留待在具体个案讨论。

（一）评论案件的影响

在英美法系国家的审判制度，陪审员扮演着重要角色，唯其并非法律专业人士，较易受到影响，尤其是法官、检察官秉其法律专业的评论，其影响力之大，自无须赘言，所以强调“司法不语”。唯在大陆法系国家系由专业法官负责审判，理论上应不致受舆论影响，且法官自我要求“我心如秤”，不受外界任何干扰，即使在侦查阶段的检察官，亦复如此自我期许，果若如此，似无须限制司法官评论他人承办之已系属或将系属的案件，尤其是限制检察官的司法外陈述，更有认为“无异是欲加之罪而指鹿为马，对于‘言论自由’戕害过甚”① 者。唯法官、检察官之审判、侦查案件果真不会受到外界评论的影响吗？其实不管在新闻理论及实务的研究探讨，似乎都显示出媒体报道可能误导审判，② 而台湾地区新闻学界曾以问卷调查方式调查“现今媒体的新闻报道内容之方式，会直接影响到检察官或法官对审判案件为公正性的判定?”，接受调查的 101 位法官中，回答非常同意者为 13 位，占 12.9%；同意者为 33 位，占 32.6%；普通者为 17 位，占 16.8%；不同意者 25 位，占 24.8%；非常不同意者 13 位，占 12.9%，即足显示媒体报道仍极有可能影响法官审判，③ 而媒体报道都已可能影响案件之审判与侦查，更何况具有法律专业之检察官所为之公开评论，其影响力如何实不言可喻。

（二）检察官评论侦查、审判个案的判断标准

因为媒体评论对于侦查或审判中的个案可能造成影响，因此“报业道德规范”、“电视道德规范”均明白揭示“对于审讯中之案件，不得评论。”“对于正在法院审理中之案件不得评论，以免影响审判。”④ 又“广播电视法”第 22 条规定：“广播、电视节目对于尚在侦查或审判中之诉讼事件，或承办该事件之司法人员或有关之诉讼关系人，不得评论；并不得

---

① 张升星：《检察官“司法外陈述”——以美国法为重心》，载《法学新论》2011 年第 32 期。

② 彭文正、萧宪文：《犯罪新闻报导对于司法官“认知”、“追诉”及“判决”的影响》，载《台湾大学法学论丛》2006 年第 35 卷第 3 期。

③ 林承宇：《新闻报导自由与公平审判之关联性分析》，纪振清博士指导，“国科会”大专学生参与专题研究计划成果报告，1999 年，第 41 页，转引自林恒志：《新闻报导自由与侦查不公开原则冲突之研究（下）》，载《军法专刊》第 48 卷第 7 期。

④ “报业道德规范”：“四、新闻评论”；“电视道德规范”：“四、新闻节目”。

报导禁止公开诉讼事件之辩论。”违反该条规定者，该法第41条、第43条亦定有罚则，用以规范。[①] 按媒体都已借由自律或他律方式要求给予法官及检察官纯净的办案空间，法官与检察官系法律专业人士，其在法律领域内之影响力，更甚于媒体，怎能限制媒体评论而另广开大门，反任法官、检察官不受限制地评论侦审案件？唯如果完全限制，则无异剥夺司法官之言论自由，是否过苛？其尺度究应如何拿捏？对此，国际间似无专门规范检察官评论侦审案件之行为准则，反而是针对法官之评论，则有联合国2002年通过的《司法行为的班加罗尔原则》（The Bangalore Principles of Judicial Conduct）2.4条、美国法曹协会《司法行为准则》，可供参考。以美国法曹协会《司法行为准则》为例，该准则2011年版2.10（A）（D）（E）规定：“法官不应就已系属或将系属于任何法院之案件为公开评论，致使被认为可能合理地影响诉讼结果或伤害审判公正，或为任何非公开评论而可能实质干扰公平审判或开庭。”“虽然2.10（A）限制法官公开评论，惟对于法官基于职权所为公开说明、解释法院程序以及法官本身为诉讼当事人之一造时之评论，则不在此限。”“在不违反2.10（A）之规定下，对于在媒体或其它处所有关法官行为之指控，得直接或透过第三人予以回应。”[②]

虽然检察官职务与法官不同，但检察权的公正行使是确保独立审判的基础，而且检察官与法官向来被认为同是司法官，社会各界对于检察官之伦理要求也与法官伦理要求同样严格。因此，适用于法官之伦理要求，自应同样适用于检察官。台湾地区“法官伦理规范”第17条规定：“法官对于系属中或即将系属之案件，不得公开发表可能影响裁判或程序公正之言论。但依合理之预期，不足以影响裁判或程序公正，或本于职务上所必要之公开解说者，不在此限。”在在都严格要求法官不得恣意评论已系属或将系属之案件。故台湾地区“检察官伦理规范”于研拟时，即基于“‘宪法’第十一条明定人民有言论自由，检察官亦为人民，自应同享宪法言论自由之保障。惟‘公务人员服务法’第四条第二项规定：公务员未得长官

① 虽然新闻伦理规范及相关法令规范媒体不得评论侦审中之案件，但实务上却仍常常上演媒体办案的戏码，甚至谈话性节目经常公开批评检察官或法官的具体侦审作为，均不见有任何媒体受到主管机关的裁罚，此一现象事实上已对司法实务具体个案的侦审造成严重的干扰。

② 美国法曹协会《司法行为准则》2011年版2.10（A）（D）（E）。参阅 http：// www. americanbar. org/content/dam/aba/administrative/professional_ responsibility/2011_ mcjc_ rule2_ 10. authcheckdam. pdf，访问日期：2013年3月20日。

许可，不得以私人或代表机关名义，任意发表有关职务之谈话。有鉴于检察官职务之公益代表性及其司法属性，避免侦查、审判尚未确定之案件，因检察官对外公开发表评论而影响检察官职位尊严、检察机关形象及司法公正，而认检察官之言论自由须受到其职业伦理之规范……”之理由，而于草案第20条规定：“检察官对于侦查、审判尚未确定之案件，不得对外公开发表评论。但本于职务所必要之公开解说，不在此限。”[①] 虽然该草案条文后来并未规定在“检察官伦理规范”内，其理由为何，不得而知，或许是与检察官之言论自由有关，唯检察官对于侦审中个案之言论自由限制理应与“法官伦理规范”做相同要求为妥。况且“检察官伦理规范”第5条已明确要求“检察官应廉洁自持，谨言慎行”，再参以同样适用于检察官之美国法曹协会《专业行为规则》第3条第6项第1款规定：“律师就其正在参与或已参与之调查或诉讼，明知或合理应知其司法外陈述将会经由公众传播而公开，而且将会相当可能对于审判程序造成重要偏颇，则不得为之。”[②] 是检察官之公开评论侦审中案件自应低调内敛，采取与媒体、法官相同之规范标准，方不至于影响检察官职位尊严、检察机关形象及司法公正。换言之，检察官的言论自由于案件侦查或审判时仍应受到限制，也就是检察官对于侦查或审判中的案件，不论是否曾经承办过，应不得公开评论。唯为保障言论自由，应可采取如“法官伦理规范”所附加之“可能影响裁判或程序公正之言论”之条件，以及“依合理之预期，不足以影响裁判或程序公正”之例外规定，以期周延并得兼顾。至于检察官本于职务所必要之公开解说，参考前开美国法曹协会《司法行为准则》及《法官伦理规范》，应容许为之。依此，检察机关发言人或承办检察官于案件侦查终结后，不管起诉或不起诉处分，除非基于职权所为之公开说明，实不应再评论该案件；又对于外界质疑所为之回应，应该非属评论范畴，而系本于职务之说明，自无限制必要。此外在参与学术讨论或在法律教育课程时，原则应亦不受限制，但如果是对于自己承办的案件的任何问题，包括

---

① 台湾“法务部”2011年12月7日法检字第10008082050号开会通知所附检察官伦理规范草案。

② 美国法曹协会《专业行为规则》第3条第6项第1款，参阅 http：//www. americanbar. org/groups/professional_ responsibility/publications/modelrules_ of_ _ professional_ conduct/rule_ 3_ 6_ trial_ publicity. html，访问日期：2013年3月20日。

法律问题，以及任何仍在审判中的案件，均不宜参与，[①] 不过也有认为并非完全不能参与学术讨论，特别是涉及法律争议的部分，有时通过问题的设计，适当公开心证，也有助于当事人了解争点所在。[②] 这部分问题仍有讨论空间，未来尚有待通过具体个案之不同情节，建立可被遵循的伦理原则。

（三）案例解析

【事实要旨】

前台湾花莲地方法院检察署李姓检察官，自 1996 年年初上电子媒体 2100 节目开讲，在节目上发表各种言论，虽台湾花莲地方法院检察署之主管长官告知应谨言慎行，以免影响机关形象，然其为坚持其理念，依然如故上电视节目，不听从长官劝导。

【解析】

本案中之检察官在参加电视台的谈话性节目时，评论侦查中案件的侦查作为，而被移送惩处，虽然涉案检察官主张“其言行攸关公义，具正当性，属言论自由保障范围”，唯“公务员惩戒委员会”仍认“……按检察官代表国家行使检察权，身分地位独特，动见观瞻，故纵非执行职务，仍应谨言慎行，以维公正超然形象，尤应避免评论侦、审中之个案，如有所论述，亦不宜损及机关、团体或个人信誉，否则即属未尽其保持品位之义务，而违‘公务员服务法’第 5 条所定，公务员应谨慎之旨。查被付惩戒人就检调侦办高捷案而传讯时任‘行政院’院长之谢长廷一事，因承办检察官透过检察行政体系，使应讯者得免于外在干扰，而以秘密方式行之，以及前此检调执行搜索之举措一事，即遽对该项侦讯评称‘没有一个动作是他（们）自己要独立办这个案子而来进行的’并进而对该传讯解读为‘检察官的传唤、检察官要怎么问、检察官要在什么地方问、问些什么内容，都是被控制的。’继又断言‘侦查动作只有一个目的，就是将用来跟上层作交易用的。’等语，所为评论，已损及检察同仁形象，自有失谨慎……”[③] 观

---

① 林丽莹：《试论司法官的伦理规范体系——以国际组织研究意见及德国法为中心的探讨》，载《检察新论》2007 年第 2 期；Brian Kennedy：《世纪大审判：法庭外言论的法律伦理（The Legal Ethics of Trial Publicity）——兼论李曾文惠自诉冯沪祥、谢启大诽谤案之判决傍论》，载《全国律师》2002 年第 6 卷第 5 期。

② 林丽莹：《试论司法官的伦理规范体系——以国际组织研究意见及德国法为中心的探讨》，载《检察新论》2007 年第 2 期。

③ 台湾“公务员惩戒委员会”2007 年度鉴字第 10972 号议决书，引自台湾“司法院”编印：《公务员惩戒委员会议决书——法官、检察官受议决案例选辑》2010 年 8 月，第 614 ~ 617 页。

之该案“公务员惩戒委员会”议决书理由，显然认为检察官应避免评论侦查或审判中的个案，且涉案检察官之言论已经“损及机关、团体或个人信誉”，但比较可惜的是该议决书理由并未就言论自由之答辩以及有无“可能影响裁判或程序公正”加以论驳，致无法归纳出评论侦审个案的适用标准，所以可以预见将来如果发生类似检察官评论个案之情形时，恐怕仍有争议而无定论。

四、检察官非关职务的公开言论

相对于侦查不公开与评论侦审中案件之受到限制，检察官非关职务的公开言论，应该要得到比较多的尊重与保障。联合国 1990 年颁布之《检察官准则》（Guidelines on the Role of Prosecutors）第 8 条规定：“检察官与其它公民相同享有言论、信仰、结社及集会之自由。尤其是检察官应有权参与有关法律、司法行政及促进暨保护人权问题之公开讨论，并参加或组成地方、全国性或国际组织及参加其会议，而不因其合法行为或为合法组织成员的身分而蒙受职业上之不利益。唯检察官于行使该权利时，必须符合法律规定，以及注意职务规范及职业伦理。”以及第 9 条：“检察官有权组织和参加职业团体或其它代表其利益的团体，以提升其专业训练及地位保障。”[①] 又与该准则规定相类似之欧盟部长理事会《〔2000〕19 号建议》第 6 号建议并进一步建议会员国应采取措施以确保检察官的言论、信仰、结社及集会自由，且指出该自由如被侵犯时，应该享有有效的救济办法，[②] 均明白揭示检察官的意见表达应得到充分保障。唯考虑检察官对于社会大众具有相当的影响力，即使是非关职务的意见表达，仍有可能引起对其职务与身份的联想，甚至连带影响检察官的中立超然性。因此检察官仍应谨言慎行，依据法律规定及公认之职务规范、职务伦理行事，以免抵触检察官专业形象及公众对于检察官之信心。

（一）非关职务意见表达的几个参考标准

检察官非关职务的公开言论，原则应予保障，例外始予限制，此与侦查不公开及评论侦审个案的限制正好相反。解释上仍以未符法律规定及公

---

① 联合国 1990 年检察官准则（Guidelines on the Role of Prosecutors）第 8 条、第 9 条，参阅 http：//www. unrol. org/files/Guidelines% 20on% 20the% 20 – Role% 20of% 20Prosecutors% 20. pdf，访问日期：2013 年 3 月 20 日。

② 欧盟部长理事会《〔2000〕19 号建议》第 6 号建议，参阅 http：//www. – unhcr. org/refworld/category，LEGAL，COEMINISTERS，43f5c8694，0. html，访问日期：2013 年 3 月 20 日。

认之职务规范、职务伦理时，始例外加以限制。

1. 不应从事政治活动的言论

在检察官非关职务的言论中，法有明文严格禁止且最常被提及者，为从事政治活动的公开言论。在“检察官伦理规范”第25条第1项规定：“检察官应避免从事与检察公正、廉洁形象不兼容或足以影响司法尊严之社交活动。”用以规范检察官“执行职务以外行为。”第26条第1项更规定：“检察官于任职期间不得从事下列政治活动：一、为政党、政治团体、组织、其内部候选人或公职候选人公开发言或发表演说。二、公开支持、反对或评论任一政党、政治团体、组织、其内部候选人或公职候选人。三、为政党、政治团体、组织、其内部候选人或公职候选人募款或利用行政资源为其它协助。”即明确禁止检察官从事政治活动的公开言论。过去曾发生检察官参与候选人选举造势晚会，并公开助讲而被惩处的案例，在该案“公务员惩戒委员会”议决书理由明白指出：“各级检察官既负有各项违反公职人员选举罢免法行为之查察职责，自应严守中立，不偏任何党派，方能秉持超然立场执行职务，获得国民之信赖。……姑不论其动机如何，实质上已达助选之程度，无论其系为任何党派助选，皆与检察官之职位显不相当。”“按检察官代表国家独立行使职权，地位崇高、责任重大，其言行自应格外谨慎，无论是否在其职务范围内，均应维持受人尊重、信赖之良好形象。如此要求乃司法之使命、本质所当然，而非得假藉一般国民宪法上言论、意见自由及选举权保障之范畴等语以资搪塞、卸责。被付惩戒人违反‘公务员服务法’第五条公务员应谨慎之规定，事证已臻明确……”[①] 前开为政党助选的案例，于过去及现在，均被认为应严格禁止，要无疑义，但有关政治活动的范围，有时在界定上可能产生困难，因为多数人提出共同诉求并付诸实现诉求的行动，纵算没有成立政党，均可视为政治团体，其活动也是广义的政治活动。例如，环保的要求、教育制度的改革、税赋制度的变革、为弱势家庭请愿[②]以及反核、拥核诉求等，检察官是否适合对于该相关议题发表公开言论，社会大众意见未必相同。例如，有关澎湖是否开放设立赌场，攸关当地住民权益，就有检察官对此非关职务之公共议题投书发表个人意见，并代表反赌联盟参与博弈公投辩

---

① 台湾“公务员惩戒委员会”1999年度鉴字第8812号议决书，引自台湾“司法院”编印：《公务员惩戒委员会议决书——法官、检察官受议决案例选辑》2010年8月，第293~296页。

② 王惠光：《法律伦理学讲义》2012年7月，第302~303页。

论，该发表公开言论行为曾引起“立法委员”质询，并被当时的台湾“法务部”部长认为不妥当，[①] 唯该检察官并未被惩处。

2. 不宜凸显身份发表公开言论

检察官以公民社会成员身份就非关职务之公共议题发表言论，本受宪法保障，唯如为使其意见更加受到瞩目或宣扬，而凸显检察官身份或滥用与检察官职务相连结之威望与信赖，就可能属于违反检察官应谨言慎行诫命的不当行为，[②] 而被认为违反检察官伦理。在德国，就曾有法官对于具有共产党党员身份者被拒绝进入公职，而以其职衔具名签署“对××不应有职业禁止”的呼吁而被惩处的案例；另外，德国闾北克的法官、检察官因反对设置飞弹，而以职衔具名在日报刊登标题为“35位闾北克地方法院的法官及检察官反对设置飞弹”的宣言，该行为最后亦被德国宪法法院认为已构成职务非行，而被惩处。[③] 其实，检察官在发表公开言论时虽未刻意凸显身份，唯仍有可能因其身份特殊，或因承办重大瞩目案件，或因发表言论之公共议题广受社会重视，而为社会熟知其检察官身份，因此检察官即使以个人身份为公开言论，社会大众仍不免会将该言论与检察官身份、职务连结。2012年6月间，就有检察官认为台湾“最高法院”2012年第二次刑事庭会议决议与法理不符，而以个人身份前往台湾“最高法院”静坐抗议，唯仍遭议论。[④]

另目前网络社群平台盛行，许多司法官也拥有自己的部落格、脸书等，法官、检察官在脸书上对公共议题所发表之公开言论，是否应受到限制，亦是一可讨论的议题。韩国即发生过一具体实例：2011年11月22日韩国仁川地方法院一名徐基镐（Seo Ki－Ho）法官因为不满韩国国会通过与美国签署之自由贸易协议，而在其个人脸书上批评时任总统李明博及相关经贸官员丧权辱国，遭舆论质疑该法官之行为违反政治中立之义务，并

---

① 吴巡龙：《王部长，有话好说？——检察官吴巡龙致法务部长王清峰的公开信》，参阅《自由电子报》，2009年9月22日，http：//www.libertytimes.com.tw/2009/new/sep/22/today－o1.htm，访问日期：2013年2月28日。

② 蔡新毅：《法官伦理》，载东吴大学法学院主编：《法律伦理学》，2009年6月，第424页。

③ 林丽莹：《试论司法官的伦理规范体系——以国际组织研究意见及德国法为中心的探讨》，载《检察新论》2007年第2期。

④ 罗秉成：《检察官“六四静坐”的正当性？》，2012年6月7日。该文即提出“……虽然强调静坐抗议纯属个人行为，但吴检察官的发言位置与内容，及其所引起检察官群情义愤式的后续影响，已难切割究是‘吴巡龙’个人名义，或是‘吴检察官’名义前去法院静坐抗议的客观现实”的质疑；参阅http：//www.jrf.org.tw/newjrf/RTE/myform_ －detail.asp？id＝3628，访问日期：2013年2月19日。

建议最高法院予以惩处。嗣韩国最高法院公务员伦理委员会于2011年11月29日作成决议，表示脸书社群网站系公共空间，并向最高法院建议："法官不该站在社会争议的中心或给人留下今后可能影响公正审判的印象。有必要确立法官使用Facebook等社交网络服务（SNS）的标准。"最高法院亦从善如流，准备订立相关规范。嗣韩国最高法院在办理例行性法官适任审查时，又因该法官在脸书上张贴有失法官身份之言论，而于2012年2月9日决议该法官不适任，必须免职，此一决议引起韩国基层法官严厉抨击。[①]

3. 不宜着法袍发表公开言论

在德国，对于司法官从事政治活动的限制，最为禁忌者是在公开场合着法袍出现，以免一般人将司法官之公职身份与政治活动相连结，而损及公众对其独立性的信赖。[②] 其实不只在参与政治活动有此限制，其他非关职务之活动，亦当如此，此观之"法院组织法"第96条第1项规定："法官及书记官在法庭执行职务时，应服制服，检察官、公设辩护人及律师在法庭执行职务时，亦同。"即明，是检察官只有在执行检察官职务时才可穿着法袍，所以无论如何，检察官均不宜着法袍进行任何活动、诉求或发表言论。

4. 解决标准不一的可能做法——设立咨询委员会

不管是联合国《检察官准则》或是欧盟部长理事会《〔2000〕19号建议》，虽然都指出检察官非关职务之意见表达，必须符合法律规定，以及注意职务规范及职业伦理，也就是仍须"谨言慎行"，唯为免失之过严，其实应该从法律保留原则、比例原则出发，在确保司法功能的充分发挥及维护检察官职位尊严、检察机关形象及司法公正之意旨下，将所规范之行为、言论具体化及类型化，并定出可以参与或不可参与之规范，可能才是比较可行的做法。[③] 虽然如此，到底检察官非关职务的公开言论应如何行事，才算"谨言慎行"而不至于抵触其专业形象及公众对于检察官之信心？这当然涉及不同国家的文化背景、道德观，如何建立适当的标准，前开国际间案例固具有参考价值，但是否可以完全适用，其实应该可以在检

① 关于本案例之相关资料，转引自洪光煊：《南韩法官在网络抨击时政引发争议》，载《检协会讯》2012年第77期。

② 林丽莹：《试论司法官的伦理规范体系——以国际组织研究意见及德国法为中心的探讨》，载《检察新论》2007年第2期。

③ 蔡新毅：《法官伦理》，载东吴大学法学院主编：《法律伦理学》2009年6月，第430页。

察官内部建立咨询组织，[①] 例如落实“检察官伦理规范”第29条的规定，通过“法务部”设立的咨询委员会来咨询、研议及讨论规范适用疑义，俾以建立可资遵循的准则，方不至于人言言殊，莫衷一是。

（二）案例解析

案例一

【事实要旨】

台湾花莲地方法院检察署李姓检察官于2006年4月11日请假北上赴“立法院”前广场，与“立法委员”、政论家等人登上宣传车，以行动及发表言论方式声援民众反对“立法院”对“检察总长”之人事任命案。

【解析】

本案李姓检察官的行为虽系就非关职务行为发表言论，唯“公务员惩戒委员会”并不赞同该行为应受言论自由保障的答辩，而认定“其参与‘总统府’前由政党发起之政治性活动、赴‘立法院’前为首声援民众反对检察总长人事任命案，及参与倒扁静坐等各项活动，业已损及检察官中立、公正形象，行为亦属可议。综上各情，被付惩戒人所为，实违‘公务员服务法’第5条所定公务员应谨慎之义务……”[②]

案例二

【事实要旨】

台湾彰化地方法院法官无具体事证，却于1999年9月28日在法官论坛——聊天室发表“李××法官还适合作院长吗?”一文，批评李××院长“……在彰化地方法院任内即已弊端丛生，法院已陷入无政府状态”等语，影响司法形象。

【解析】

本件被移送惩戒法官主张其行为系适度评论，唯公务员惩戒委员则认为系未指明具体事实的发表言论，且非适度评论，并认“……以浮夸耸动之词批评其‘在彰化地院任内即已弊端丛生，法院已陷入无政府状态’等语，已非适度评论，且‘司法院’网站法官论坛，持有通行密码之司法同仁均可进入该系统阅览，影响司法形象，核被付惩戒人所为，有违‘公务

---

① 林丽莹：《试论司法官的伦理规范体系——以国际组织研究意见及德国法为中心的探讨》，载《检察新论》2007年第2期。

② 台湾“公务员惩戒委员会”2007年度鉴字第10972号议决书，引自台湾“司法院”编印：《公务员惩戒委员会议决书——法官、检察官受议决案例选辑》2010年8月，第614~617页。

员服务法’第五条公务员应谨慎之规定……”[①] 依此议决书理由，即使在内部法官论坛或检察官论坛发表影响机关声誉之言论仍会被认定违反谨言慎行原则，足供参考。

---

① 台湾“公务员惩戒委员会”2001 年度鉴字第 9391 号议决书，转引自台湾“司法院”编印：《公务员惩戒委员会议决书——法官、检察官受议决案例选辑》2010 年 8 月，第 411 ~ 417 页。

第八章　利益冲突与回避*

一、"利益冲突与回避"的意义

检察官代表国家伸张社会正义，保障基本人权，比其他公务员更应恪遵法律、尽忠职守，坚持公正超然的立场，以维护司法公信力。无论台湾地区"检察官伦理规范"、联合国1990年《检察官准则》（Guideline on the Role of Prosecutors）、欧盟2005年《检察官伦理及行为准则》（European Guidelines on Ethics and Conduct for Public Prosecutors）或国际检察官协会（International Association of Prosecutors）《检察官的专业责任与权利义务准则》（Standards of Professional Responsibility and Statement of the Essential Duties and Rights of Prosecutors），均一再强调检察官应公正执行其职务（Perform Their Duties Fairly）。① 为了确保检察官能公正执行其职务，避免"瓜田李下"之嫌，如何回避利益冲突，应属检察伦理中相当重要的一个环节。

所谓利益冲突，依"公职人员利益冲突回避法"第5条规定，系指包括检察官在内之公职人员执行职务时，得因其作为或不作为，直接或间接使本人或其关系人获取利益者而言。公职人员知有利益冲突者，应即自行回避，同法第6条亦定有明文。由于检察官不但为公职人员，且具有司法官属性，与法官同样必须公正中立，不得偏颇，如果在执行职务过程中，有事证足以怀疑检察官的公正性及中立性无法获得确保时，即应予回避或设法排除，避免遭物议质疑，以维护检察官公正中立的超然形象。

二、"利益冲突与回避"之事由

利益冲突向为法律专业人员的核心伦理问题，其本质系一种事前的预

---

* 本章内容对应台湾地区"检察官伦理规范"第12条、第27条。

① 台湾地区"检察官伦理规范"第2条："检察官为……之守护人及公益代表人，应恪遵宪法，依据法律，本于良知，公正、客观、超然、独立、勤慎执行职务。"《联合国检察官准则》第12条："Prosecutors shall, in accordance with the law, perform their duties fairly ..."《欧盟检察官伦理及行为准则》第Ⅱ条（g）："Public prosecutors should at all times adhere to the highest professional standards and perform their duties fairly ..."《国际检察官协会检察官专业责任与权利义务准则》第4.1条："Prosecutors shall perform their duties fairly ..."

防性规则，而非事后的救济规则。[①] 美国为最重视法律伦理的国家，除了极少数例外情形，美国法官与检察官均为美国法曹协会（American Bar Association，ABA）的成员，则该协会所订之伦理规范亦适用于检察官，自不待言。检察官既为公务员，执行公权力，在执行职务过程中，与法官、被告、律师、证人等诉讼当事人或关系人之互动关系，往往影响刑事诉讼程序的有效运作，甚且攸关检察官公正形象，因此美国对检察官伦理的要求通常均高于律师。[②]

兹根据台湾地区现行法律，并参考其他国家及地区相关伦理规范及其实务，以下情形应可认定检察官于执行职务时，会有利益冲突疑虑，以极力回避其职务之执行为宜，避免影响检察官公正形象：

（一）检察官与被告或被害人有特定亲属或法定代理人之关系

检察官现为或曾为被告或被害人之配偶、八亲等内之血亲、五亲等内之姻亲、与被告或被害人订有婚约、或家长、家属者，台湾地区“刑事诉讼法”第17条第2款至第4款明定为回避事由。如符合“公职人员利益冲突回避法”之规定者，其亲属范围包括检察官之配偶或共同生活之家属及二亲等以内亲属，则符合“公职人员利益冲突回避法”第5条之回避事由。另检察官与被告之辩护人或被害人之代理人有亲属关系者，台湾地区现行“刑事诉讼法”及其他相关法规并无明文限制，但美国法曹协会（American Bar Association，ABA）1993年颁行的“刑事司法准则——检察官与律师的职责（Standards for Criminal Justice：Prosecution and Defense Function)”第3－1.3条（g）则明文禁止，[③] 基于顾及检察官公正形象之考虑，拙见认为仍以回避为宜。

（二）检察官与被告或被害人有特定之诉讼关系

检察官曾为被告之代理人、辩护人、辅佐人或曾为自诉人、附带民事诉讼当事人之代理人、辅佐人者，台湾地区“刑事诉讼法”第17条第5款及“律师法”第37条之1均明文规定为回避事由。美国法曹协会《刑事司法准则——检察官与律师的职责》第3－1.3条（d）规定，检察官不

---

① 王进喜：《法律伦理的50堂课》，台湾五南图书出版公司2008年版，第170页。

② Laurie L. Levenson, High－Profile Prosecutors & High－Profile Conflicts, Loyola of Los Angeles Law Review, Vol. 39：1237, December 2006.

③ Prosecution Function, Standards for Criminal Justice：Prosecution and Defense Function, 3rd edition, 1993, American Bar Association. 感谢加州律师Brian Kennedy提供资料。

得利用其曾为被告之代理人或辩护人时所取得之资料，于刑事诉讼程序中援引作为不利于被告之证据，[①] 虽不若台湾地区“刑事诉讼法”上开规定严格，但亦有异曲同工之妙。

（三）检察官本身为承办案件之利害关系人或诉讼关系人

检察官本身为被害人或曾为告诉人、告发人、证人或鉴定人者，显有予人裁判兼球员之疑虑，台湾地区“刑事诉讼法”第 17 条第 1 款及第 6 款即明定为回避事由。另检察官因前于担任警察时，曾参与其案件之调查者，于成为检察官并侦办该案时，即有可能成为该案件之证人；[②] 另检察官于办案过程中未注意保持公正第三者之角色，私下访问证人，又无书记官或其他第三人陪同在场，此时检察官亦极有可能因此变成证人，在刑事诉讼程序上难免有角色混淆之虞，均有利益冲突之疑虑，亦以回避为宜。[③] 此外，检察官如利用侦查犯罪之职务上机会，得知其承办案件之女性当事人联络方式，竟凭借检察官之权势，假借谈论案件为由，私下邀约其见面或出游，甚至趁机要求发生性行为，以逞其私欲者，其行为不但背离司法人员应秉持之品格与操守，严重践踏司法官箴，并严重违反利益冲突回避，破坏检察官之形象，失德败行，莫此为甚，台湾“监察院”曾就类似案件提案弹劾检察官，移请“公务员惩戒委员会”审议。[④] 例如，检察官与婚外女子同居，复利用检察官身份，徇情介入该女子与他人之债务纠纷，更擅命警方提供该女之前科素行资料，亦为严重违反利益冲突回避原则之案例，台湾“公务员惩戒委员会”曾就案例，对检察官议处撤职并停止任用 2 年，[⑤] 均为“利益冲突与回避”之实例。

（四）检察官与律师互动关系

1. 检察官亲属担任律师者

鉴于司法界不乏夫妻分别担任检察官及律师之情形，在执行职务时是否必须互相回避，台湾地区“刑事诉讼法”第 17 条并无明文规定。唯因夫妻为最亲密之亲属关系，在朝夕相处之下，如系分别担任检察官及律

---

① Ibid.

② 参阅 http://www.myazbar.org/ethics/opinionview.cfm?id=266。

③ Levenson, *supra* note 3.

④ 参阅台湾“监察院”网站，http://www.cy.gov.tw/AP_Home/Op_Upload/eDoc/弹劾案/98/09800000698-6 弹劾案文.doc。

⑤ 台湾“司法院”编印：《公务员惩戒委员会议决书——法官、检察官受议决案例选辑》2010 年 8 月，第 459~465 页。

师，难免会有利益冲突之疑虑，因此一般当事人多会依台湾地区“刑事诉讼法”第18条第2款“足认其执行职务有偏颇之虞”为由，声请检察官回避该具体个案。又如律师所执业诉讼辖区之检察长适为其配偶者，是否必须回避该辖区之全部刑事案件，依台湾地区“律师法”第38条第1项规定应属肯定。①

至如检察官之家庭成员担任其所承办案件当事人之代理人或辩护人或与该案件之代理人或辩护人属于同一律师事务所者，应认符合台湾地区“刑事诉讼法”第18条第2款“足认其执行职务有偏颇之虞”，虽非应自行回避之事由，检察官亦应依台湾地区“检察官伦理规范”第12条第2项规定，陈报其所属指挥监督长官为妥适之处理，因此，检察官有主动陈报之义务。就此问题，“法官伦理规范”第14条有较明确之规定：“法官知悉于收受案件时，当事人之代理人或辩护人与自己之家庭成员于同一事务所执行律师业务者，应将其事由告知当事人并陈报院长知悉。”其中主动告知当事人之规定，意在促使当事人提出回避之声请，以解决法院无法依职权回避，又不能如检察机关有职务移转或职务承继权可资运用所造成之问题。

2. 律师转任检察官者

依台湾地区“司法人员人事条例”第10条第3项及第11条第3项以及台湾“法务部”订颁之“法务部遴选律师教授副教授助理教授转任检察官审查办法”等规定，律师得申请转任检察官，但由于律师与检察官在刑事诉讼程序中系扮演不同立场之角色，律师于转任检察官后，无可避免地要面对利益冲突回避的问题，应依台湾地区“刑事诉讼法”第17条第6款之规定，回避其担任律师时所处理之案件，已如前述。

此外，台湾地区历任“检察总长”均由检察官担任，与大陆法系国家相同。唯律师中万一有符合台湾地区“司法人员人事条例”第16条有关“检察总长”遴任资格者，似无法完全排除由律师担任“检察总长”之可能。此时因“检察总长”系检察官的最高领导人，可指挥监督检察官实施侦查、提起公诉、实行公诉、协助自诉、担当自诉及指挥刑事裁判之执行，显与律师担任刑事案件被告辩护人之职务有所扞格。依

① 美国加州律师Brian Kennedy亦持相同看法，于2010年9月14日致笔者电子邮件表示：“They can practice in the same jurisdiction but the wife can not handle criminal cases that are being prosecuted by the husbands office.”

台湾地区现行“刑事诉讼法”第 17 条及第 18 条有关回避之规定，凡“检察总长”于担任律师期间所代理或辩护之案件尚未终结者，均应全部回避，至于其回避方式为何，为一有趣的问题，域外有类似案例可供参考。以色列于 2010 年 1 月 26 日上任的检察总长魏兹坦（Yehuda Weinstein）自 1979 年起即担任律师长达 29 年，其于担任律师期间曾担任包括以色列现任及前任总理在内多名高层政治人物之辩护律师，因此在其就任之前，国会特别要求其签署切结书，保证在其检察总长任期内，回避其担任律师期间所处理尚未终结之全部 28 件案件。[①] 另新加坡前任检察总长（Attorney General）温长明因国立新加坡大学借调期满必须归建，而于 2010 年 4 月 1 日卸职，内定接任人选为印度裔律师 Sundaresh Menon。[②] 新加坡总检察署（Attorney General Chamber，AGC）为方便未来的检察总长有较充裕之时间清理其律师事务所之相关业务，以避免未来有利益冲突情形，爰明令新任检察总长延至 2010 年 10 月 1 日始就任，在此 6 个月的期间则任命副检察总长（Solicitor General）韩月榕为代理检察总长（Acting Attorney General）。[③] 足见任命律师转任检察总长兹事体大，必须先行处理可能衍生利益冲突之业务，以维护检察公正形象。

3. 检察官转任律师者

检察官辞职后转任律师者，依台湾地区“律师法”第 37 条之 1 规定，自离职之日起 3 年内，不得在其离职前 3 年内曾任职务之法院或检察署执行律师职务。如系检察长转任律师者，其利益冲突之范围限于检察长之配偶、五亲等内血亲或三亲等内姻亲，“律师法”第 38 条亦有明文规定。至于“检察总长”为检察官最高领导人，且长期指挥监督全体检察官办案，一旦转任律师，且系担任刑事案件之辩护律师，难免引发利益冲突之疑虑，唯类似情形在台湾地区迄无其例。[④] 由于“检察总长”所任职务，依“律师法”第 37 条之 1 规定，“检察总长”必须在卸职 3 年

---

① Can a Defense Lawyer for 3 Decades Shift Gears and Prosecute?, Jerusalem Post, 29 Jan. , 2010.

② http: //www. agc. gov. sg/aboutus/management_ details. htm#sundareshmenon.

③ 笔者于 2010 年 7 月赴新加坡开会期间，新加坡总检察署（Attorney General Chamber）刑事司副司长李兴立告知此事。

④ 韩国最近几任检察总长如宋光洙、金钟彬、郑相明及林采珍等，均于卸任后转任律师，情况相当普遍。据韩国顺天地检厅检察长姜仁喆于 2010 年 9 月 27 日致笔者电子邮件表示，韩国曾有类似禁令，但经宪法法院宣告该项禁令违宪后，检察总长卸任后转任律师即无任何限制。

内不得在国内任何一地执行律师业务。换言之，在“检察总长”卸职3年后在全国任何一地执行律师业务，如无违反台湾地区“刑事诉讼法”第17条自行回避之事由，法无禁止明文。唯依美国加州《业务及职业法》(Business and Professions Code) 第6131条规定，检察长 (District Attorney) 于卸职后担任其任内所起诉案件之辩护人者，不但构成轻罪，且撤销其律师执照。[①] 换言之，依加州法律，检察长在其卸任后转任辖区律师者，只要其受托之案件非其检察长任内所起诉者，即无触法之虞。

(五) 其他事由足认其执行职务显有偏颇之虞者

除前述各款情形之外，检察官如有其他事由符合台湾地区“刑事诉讼法”第18条第2款所称“足认其执行职务有偏颇之虞者”，亦有回避之必要。例如，检察官与诉讼当事人有故旧恩怨关系、[②] 检察官曾与被告打球并共餐、[③] 检察官为某社团社员，而该社团与被告或被害人有利益冲突关系、[④] 检察官曾私下为被告或被害人提供相关案件之法律意见、[⑤] 检察官或其亲属曾收受被告或被害人之礼物或其他利益、[⑥] 检察官与被告或被害人曾有商业交易 (Business Transaction) 行为、[⑦] 检察官与

---

① Every attorney is guilty of a misdemeanor and, in addition to the punishment prescribed therefore, shall be disbarred: (a) Who directly or indirectly advises in relation to, or aids, or promotes the defense of any action or proceeding in any court the prosecution of which is carried on, aided or promoted by any person as district attorney or other public prosecutor with whom such person is directly or indirectly connected as a partner. (b) Who, having himself prosecuted or in any manner aided or promoted any action or proceeding in any court as district attorney or other public prosecutor, afterwards, directly or indirectly, advises in relation to or takes any part in the defense thereof, as attorney or otherwise, or who takes or receives any valuable consideration from or on behalf of any defendant in any such action upon any understanding or agreement whatever having relation to the defense thereof.

② 台湾“最高法院”1930年抗字第285号裁定。

③ 林钰雄：《刑事诉讼法 (上册)》，2007年9月5版1刷，第106页。

④ 林永谋：《刑事诉讼法释论 (上册)》，2006年10月初版1刷，第97~98页。

⑤ 参阅 Disqualification Causes According to the Federal Criminal Procedure Code of Argentina，阿根廷首都检察长 German Gavarano 提供资料。

⑥ 唯美国法曹协会规定，只要送礼动机非关案件，且同一人在一年内送礼总金额在50美元以下者，检察官得予收受，参阅 Brian Pearce, Laws & Rules on Confidentiality and Conflicts of Interest for US Prosecutors。资料来源：http: //www. abanet. org/rol/publications/asia_ raca_ brian_ pearce_ ethics. pdf。

⑦ Rule 1. 8 (a), Model Rule of Professional Conduct, American Bar Association.

被告或被害人有性关系、[1] 检察官为被告或被害人介绍律师、[2] 检察官或其配偶信托财产之受托人、检察官之配偶及其共同生活之家属担任负责人、董事、监察人或经理人之营利事业（“公职人员利益冲突回避法”第5条）等，域内外均有应行回避之实例可资参考。

由于前述台湾地区“刑事诉讼法”第18条第2款所称：“足认其执行职务有偏颇之虞”文意至为抽象，于实务上对于当事人动辄以该款事由声请检察官回避时，其认定标准为何，应参考台湾“最高法院”1990年台抗字第318号判例意旨判断之，该号判例意旨略以：“‘刑事诉讼法’第18条第2项规定，得声请法官回避原因之所谓‘足认其执行职务有偏颇之虞者’，系指以一般通常之人所具有之合理观点，对于该承办法官能否为公平之裁判，均足产生怀疑；且此种怀疑之发生，存有其完全客观之原因，而非仅出诸当事人自己主观之判断者，始足当之。至于诉讼上之指挥乃专属于法院之职权，当事人之主张、声请，在无碍于事实之确认以及法的解释，适用之范围下，法院固得斟酌其请求以为诉讼之进行，但仍不得以此对当事人之有利与否，作为其将有不公平裁判之依据，更不得以此诉讼之进行与否而谓有偏颇之虞声请法官回避。”

按人际关系错综复杂，有关检察官之利益冲突回避事由，显无法以有限之案例逐一涵盖。总而言之，无论检察官之个人、家庭、社会或其他人际关系，原则上均不得不当影响检察官之作为或不作为；特别在个案涉及检察官个人、家庭或相关事业关系之财务利益时，尤不得执行检察官职权。[3] 韩国总统朴槿惠于2012年竞选韩国总统期间，其弟媳徐香熙即宣布辞卸律师事务所工作，远赴香港照顾其子女，以避免给予朴槿惠无谓的困扰，可谓利益冲突回避之极端实例，[4] 拙见认

---

① Rule 1.8 (j), Model Rule of Professional Conduct, American Bar Association. 美国法曹协会认为律师系处于相对优势地位，委托人则处于相对弱势地位，因此对委托人情感利益的保护，应与委托人财产利益之保护一样重视，遑论拥有公权力之检察官，参见王进喜：《法律伦理的50堂课》，台湾五南图书出版公司2008年版，第195～196页。

② 韩国顺天地检署检察长姜仁喆2010年9月6日致笔者电子邮件：“A prosecutor must not recommend or induce an attorney to be designated to the accused, or victim or related third parties for any cases he or his office is involved in.”

③ Article Ⅱo, European Guideline on Ethics and Conduct for Public Prosecutors, Conference of Prosecutors General of Europe 6th Session, Budapest, 29－31 May, 2005.

④ Park G. H.’s Sister－in law Resigns from Law Job, The Korea Herald, 7 September, 2012.

为徐律师只要表明于朴槿惠当选总统之后，不再受理政府机关及国营事业之案件应已足够，可能正值韩国总统选情紧绷，为免贻人口实不得已而为。[①]

三、检察官“利益冲突与回避”之行政监督

检察官如有“刑事诉讼法”第17条各款所列自行回避之事由时，即应自行回避不得执行职务；其未自行回避者，其直属检察长亦得依职权命令其回避该案件（台湾地区“刑事诉讼法”第26条第1项准第24条、“公职人员利益冲突回避法”第10条第4项）。至检察官虽无应自行回避之事由，但有“刑事诉讼法”第18条第2款所列“足认其执行职务有偏颇之虞者”之情形，而未经声请或自行回避时，如其检察长知悉此情形，虽无法依职权命令其回避，但亦得依台湾地区“法院组织法”第64条有关职务移转权或职务承继权之规定，将该检察官应行回避之案件移转该检察署其他检察官侦办，或由检察长自行接办（详见本编第五章“‘检察一体’的原则与运用”）。唯检察官于执行公务过程中有无利益冲突情事或回避事由，往往涉及个人隐私，如检察官有意隐瞒，未依规定陈报者，其直属检察长未必知悉而得及时采取适当的回避措施，难免损伤检察机关公正形象，因此台湾地区“检察官伦理规范”第12条第2项特明定，检察官如有应行回避事由者，应立即陈报其所属指挥监督长官为妥适处理，亦即明定对于有足以影响检察官执行职务公正性之事由时，检察官有向其所属长官陈报之义务。如检察官知有应自行回避或“足认其执行职务有偏颇之虞者”之情形，而未主动陈报所属指挥监督长官为妥适之处理者，应构成违反台湾地区“检察官伦理规范”第12条第2项之规定。但何种情形得认足以影响检察官执行职务之公正性，仍需检察官自行判断，实务上仍有讨论空间。

四、违反“利益冲突与回避”之效果

至于检察官涉及利益冲突之法律效果，依台湾地区“刑事诉讼法”第17条之规定，检察官原则上应自行回避，不得执行职务。如检察官不自行

---

① 韩国总统朴槿惠最初提名宪法法院前院长金容俊为总理时，舆论有批评此项提名系破坏宪法三权分立原则，有贬抑司法权之疑虑，似为最广义的利益冲突回避的问题。参阅 Degrading the Court, The Korea Herald, 7 Sept., 2012。

回避者，除当事人得声请回避（“刑事诉讼法”第18条）外，该检察官所属检察署之检察长亦得依职权命令其回避（“刑事诉讼法”第24条）。如检察官利益冲突情节符合台湾地区“公职人员利益冲突回避法”相关之规定者，[1] 尚得科处罚锾，其所得财产上利益，并得予以追缴（台湾地区“公职人员利益冲突回避法”第7条至第9条）。如检察官违反“公职人员利益冲突回避法”之规定而拒绝回避者，得科处高达新台币150万元以上750万元以下之罚锾（“公职人员利益冲突回避法”第10条及第13条）。如与美国得撤销律师执照（Disbarment）[2] 及科处刑罚之规定相较，台湾地区对利益冲突回避之处罚显得较轻。[3]

五、台湾地区“利益冲突与回避”的相关规定

台湾地区目前与检察官之利益冲突与回避有关之相关规定，散见在“刑事诉讼法”、“公职人员利益冲突回避法”、“律师法”、“检察官伦理规范”等不同法令之中，因为规范目的不同，而有不同的条件，兹简述如下：

（一）台湾地区“刑事诉讼法”

第17条（自行回避事由）

推事（即法官，下同）于该管案件有左列情形之一者，应自行回避，不得执行职务：

一、推事为被害人者。

二、推事现为或曾为被告或被害人之配偶、八亲等内之血亲、五亲等内之姻亲或家长、家属者。

三、推事与被告或被害人订有婚约者。

四、推事现为或曾为被告或被害人之法定代理人者。

五、推事曾为被告之代理人、辩护人、辅佐人或曾为自诉人、附带民事诉讼当事人之代理人、辅佐人者。

六、推事曾为告诉人、告发人、证人或鉴定人者。

七、推事曾执行检察官或司法警察官之职务者。

---

① 据台湾“法务部”政风司于2010年8月31日止之统计资料，并无检察官因违反公职人员利益冲突回避法受到惩处者。

② 美国检察官如经法曹惩戒法庭（State Bar Court）撤销律师执照者，即不得执行检察官职务，形同撤职。

③ 李礼仲：《美国法律专业人员之伦理规范》，载《国政研究报告》2006年2月8日。

八、推事曾参与前审之裁判者。

依刑事诉讼法第26条规定，检察官亦准用上述回避之规定。

第18条（声请回避事由）

当事人遇有左列情形之一者，得声请推事回避：

一、推事有前条情形而不自行回避者。

二、推事有前条以外情形，足认其执行职务有偏颇之虞者。

依刑事诉讼法第26条规定，检察官准用上述回避之规定。

第379条第2款（当然违背法令事由）

依法律或裁判应回避之法官参与审判者，其判决当然违背法令。

（二）台湾地区“公职人员利益冲突回避法”

第5条（利益冲突定义）

本法所称利益冲突，指公职人员执行职务时，得因其作为或不作为，直接或间接使本人或其关系人获取利益者。

第3条（关系人范围）

本法所定公职人员之关系人，其范围如下：

一、公职人员之配偶或共同生活之家属。

二、公职人员之二亲等以内亲属。

三、公职人员或其配偶信托财产之受托人。

四、公职人员、第一款及第二款所列人员担任负责人、董事、监察人或经理人之营利事业。

第6条（自行回避）

公职人员知有利益冲突者，应即自行回避。

◎以下第7~10条之罚则，请对照第14~17条。

第7条（利用职务上机会图利）

公职人员不得假借职务上之权力、机会或方法，图其本人或关系人之利益。

第8条（关说请托图利）

公职人员之关系人不得向机关有关人员关说、请托或以其它不当方法，图其本人或公职人员之利益。

第9条（与利害关系机关交易行为）

公职人员或其关系人，不得与公职人员服务之机关或受其监督之机关为买卖、租赁、承揽等交易行为。

第10条第1项第2款（应回避而不回避）

公职人员知有回避义务者，应依下列规定办理：

二、其它公职人员应停止执行该项职务，并由职务代理人执行之。

第 11 条（回避之效果）

民意代表以外之公职人员于自行回避前，对该项事务所为之同意、否决、决定、建议、提案、调查等行为均属无效，应由其职务代理人重新为之。

第 12 条第 2 款（违反回避规定之效果）

公职人员有应自行回避之情事而不回避者，利害关系人得向下列机关申请其回避：

二、应回避者为其它公职人员时，向该公职人员服务机关为之；如为机关首长时，向上级机关为之；无上级机关者，向监察院为之。

第 13 条（罚则）

第 12 条之申请，经调查属实后，应命被申请回避之公职人员回避，该公职人员不得拒绝。

第 14 条（罚则）

违反第七条或第八条规定者，处新台币一百万元以上五百万元以下罚锾；所得财产上利益，应予追缴。

第 15 条（罚则）

违反第九条规定者，处该交易行为金额一倍至三倍之罚锾。

第 16 条（罚则）

违反第十条第一项规定者，处新台币一百万元以上五百万元以下罚锾。

第 17 条（罚则）

公职人员违反第十条第四项或第十三条规定拒绝回避者，处新台币一百五十万元以上七百五十万元以下罚锾。

（三）台湾地区“律师法”

第 37 条之 1（曾任司法人员执业之回避）

司法人员（包括检察官在内）自离职之日起三年内，不得在其离职前三年内曾任职务之法院或检察署执行律师职务。但其因停职、休职或调职等原因离开上开法院或检察署已满三年者，不在此限。

第 38 条第 1 项（律师与院检首长有一定亲属关系者之回避）

律师与法院院长或检察署检察长有配偶、五亲等内血亲或三亲等内姻亲之关系者，不得在该法院办理诉讼事件。

（四）台湾地区“检察官伦理规范”

第12条（职务回避）

Ⅰ检察官执行职务，除应依刑事诉讼法之规定回避外，并应注意避免执行职务之公正受怀疑。

Ⅱ检察官知有前项情形，应即陈报其所属指挥监督长官为妥适之处理。

第27条第2项（利益回避）

检察官不得与执行职务所接触之律师、当事人或其它利害关系人有财务往来或商业交易。

其余与利益冲突回避相关之法律尚有台湾地区“公务员服务法”第24条、“公务人员任用法”第26条、“行政程序法”第32条、第33条及第35条、“政府采购法”第15条等，唯因与检察官职权并无直接关连，爰不赘述。

六、进阶思考

1. 某检察官认同台湾地区应停建核四并全面废核之主张，同时亦加入某反核联盟，如该检察官于承办核电厂贪渎弊案时，应否回避？

2. 检察官为涉及诉讼之亲友介绍律师担任辩护人或代理人，有无利益冲突疑虑？如检察官仅就亲友拟聘请的两三位律师中，分析各律师之优缺点，供其亲友委任之参考者，是否仍有利益冲突疑虑？

第九章　检察官的社交*

一、检察官社交之意义

检察官为执行职务，无可避免在执行职务过程中会与职务有关联之人接触，而当检察官在非执行职务期间，也会因为从事私人活动而与各式各样的人往来。但社会上对检察官一言一行常采取高标准之规范，如果涉及检察官的风纪或操守，更是各界关注的焦点，而检察官之言行会受到他人指摘，甚至产生风纪或操守问题，常起源于检察官与他人之不当社交。

检察官之社交因有可能生风纪或操守问题，自宜有适当之明文以规范检察官之社交行为。而检察官之社交，依其往来之对象，主要可分为两种类型：其一为检察官与职务上有关联者之往来；其二为检察官与职务上无关联者之往来，后者属于检察官之一般人际关系，为私生活领域。但检察官之社交往来，无论是为职务上之往来或私人之往来，其本质均为社会人际互动之一种，纵有明文规范，在实际运作时其分际应如何拿捏始为得宜，实颇难掌握，此在检察官私领域之社交行为中尤为明显，因此检察官在从事社交往来时应如何掌握分际，即属值得详细探讨之检察伦理议题。

本文将以台湾地区现行规定为基础，分就检察官之职务上交往及私人社交，探讨台湾地区现行规定对此有何规范，之后简介国际组织及域外立法例有关检察官社交之规定，再分析实务上曾发生之检察官职务上及非职务上不当往来案例，最后提出进阶思考，进一步思考检察官社交往来之更深层问题。

二、台湾地区现行规定有关检察官社交之规范

检察官之社交在形态上分为与职务上有关联者之往来及与职务上无关联者之往来，以下即以台湾地区现行规定为基础，分别就检察官职务上之交往与检察官之私人社交予以讨论。

---

* 本章内容对应台湾地区“检察官伦理规范”第 25 条、第 27 条、第 28 条。

（一）检察官职务上之交往

检察官因执行职务，无可避免会与特定人士有往来之机会，这些特定人士通常包括承办案件之当事人（含律师）或与案件相关之人（如证人等）、执行职务时往来机关之相关人员（尤以司法警察为多）、与检察官职务上有隶属关系之人员等。检察官与这些执行职务有关系之人往来时，应持何种态度或其间之分际为何，属检察官伦理规范之重要议题，过去实时有检察官因职务上之交往拿捏不当，而引发外界质疑或造成检察官受惩处之事例。

台湾地区检察官因属公务员，故关于检察官的职务往来，同时受有台湾地区"公务员服务法"、"公务员廉政伦理规范"、"检察官伦理规范"及"检察官参与饮宴应酬及从事商业投资应行注意事项"等"法律"或"行政规章"所规范。其中台湾地区"公务员服务法"第5条就公务员之行为已有一般性之规范，要求"公务员应诚实清廉，谨慎勤勉，不得有骄恣贪惰，奢侈放荡，及冶游赌博，吸食烟毒等，足以损失名誉之行为"。另台湾地区"检察官伦理规范"亦就检察官之行为设一概括性之准则，于第5条要求："检察官应廉洁自持，谨言慎行，致力于维护其职位荣誉及尊严，不得利用其职务或名衔，为自己或第三人谋取不当财物、利益。"

除有原则性之提示外，上开"法律"或"行政规章"并就公务员或检察官在职务上与他人之往来提供某些具体之规范，其等所规范之事项，虽有部分重叠，但亦互相补充，但偶尔仍有互不一致之情形。以下即从检察官职务上往来对象之区分，依该等规范说明检察官与不同类型人士为职务上往来时之行为准则。

1. 检察官与案件当事人（含律师）或案件相关之人的往来

公务员经办案件，恒有与案件当事人接触之机会，而检察官无论所承办者为侦查案件、公诉案件或执行案件，亦均有与其所承办案件当事人（含律师）或案件相关之人（如证人等）往来之可能，但如检察官与该等职务相关之人往来时有不当之行为，必然有损检察官公正、廉洁之形象。故公务员或检察官与承办案件当事人往来时应有之分寸为何，自有予以规范之必要。

首先，台湾地区"公务员服务法"第16条第2项规定："公务员于所办事件，不得收受任何馈赠。"本项要求公务员对于所办事件不得收受任何馈赠，主要系指不得向所承办事件之当事人或相关人员收受馈赠，检察官身为公务员，当然须遵守此一规定。另台湾地区"公务员廉政伦理规范”第4点前段则规定：“公务员不得要求、期约或收受与其职务有利害关系者馈赠财务。”其规范之意旨与“公务员服务法”之前开规定相同，但禁止之形态有所扩张，除收受外，亦将期约、要求纳入禁止之范畴。

上开“公务员服务法”及“公务员廉政伦理规范”之规定都着重于公务员与职务上有利害关系人间之馈赠往来。但公务员与该等人士间之往来尚有其他多种形态，而“公务员廉政伦理规范”订颁时原所着重之行为态样仅有三种，即受赠财物、饮宴应酬、请托关说等，该三种形态均有可能成为公务员（包含检察官）与职务上有利害关系人间之不当往来形态，但为使该规范更臻周延，包含更多不当往来形态，“公务员廉政伦理规范”已增订公务员不得与其职务有利害关系之相关人员为不当往来之概括规定，[①] 修正后之“公务员廉政伦理规范”第8点第2项规定：“公务员不得与其职务有利害关系之相关人员为不当接触。”其所称之“不当接触”范围虽广，但内容较不具体，何种行为可称之为“不当接触”，仍有待后续诠释或透过个案建立标准。[②]

除“公务员服务法”及“公务员廉政伦理规范”已有所要求外，适用于检察官之“检察官伦理规范”及“检察官参与饮宴应酬及从事商业投资应行注意事项”，亦对检察官与职务上有往来关系者之不当往来设有相关规范。“检察官伦理规范”第28条第1项前段规定：“检察官不得收受与其职务上有利害关系者之任何馈赠或其它利益。”虽同项后段另规定：“但正常公务礼仪不在此限。”唯因检察官与案件当事人、律师或案件相关人士间，应无所谓正常公务礼仪往来之可能，故该项但书于此应无适用之余地。此外，“检察官参与饮宴应酬及从事商业投资应行注意事项”则针对检察官与其职务有利害关系者之应酬往来设有规定，依该注意事项第4点前段之规定，检察官不得接受与其职务有利害关系者邀请之应酬活动。但该点所谓与其职务上有利害关系者，应作较狭义之解释，系指检察官与

---

① 台湾地区“公务员廉政伦理规范”于2010年7月30日修正前，主要仅规范三种行为形态：受赠财物、饮宴应酬、请托关说，对于公务员涉足不妥当场所或与其职务有利害关系者之互动并无规定。为使该规范更臻周延，2010年7月30日修正公布之“公务员廉政伦理规范”，乃新增第8点，规定：“（第1项）公务员除因公务需要经报请长官同意，或有其它正当理由者外，不得涉足不妥当之场所”（第2项）及“公务员不得与其职务有利害关系之相关人员为不当接触”。

② 依本点增订时所提出之说明，其所称之“不当接触”，系依社会通念认为其互动行为有损民众对于公务员应廉洁自持之信赖，公务员个别行为是否已构成“不当接触”则依个案认定，以上请参台湾地区“公务员廉政伦理规范”修正对照表，http://www.moj.gov.tw/ct.asp?xItem=202844&ctNode=28058&mp=001，访问日期：2013年2月6日。

经办案件之当事人（含律师）或案件相关之人，而不包括后述检察官与其他机关间或与其有隶属关系间之人士往来，否则如一概不许检察官与其职务有关之人士间往来应酬，亦恐属矫枉过正，尤其前开“检察官伦理规范”第28条第1项前段虽要求检察官不得收受与其职务上有利害关系者之任何馈赠或其他利益（所谓其他利益，解释上应含饮宴在内），但该项后段亦特别规定：“但正常公务礼仪不在此限。”即可见如属正常之公务往来关系，检察官仍非不得与其他机关或与其有隶属关系之人士往来应酬。

除检察官本人不得收受与上开职务上有利害关系者之任何馈赠或其他利益外，台湾地区“检察官伦理规范”第28条第3项更将不得收受馈赠或其他利益之人，扩及检察官之家庭成员，[①] 而规定检察官应要求其家庭成员遵守前开第1项之规范，其目的即为避免因检察官家庭成员之不当收受馈赠或其他利益之行为，而间接影响外界对检察官本人之观感及整体检察形象。

就检察官与当事人或其他利害关系人之往来类型，除前开所讨论之常见社交态样外，鉴于检察官与他人间虽非不得从事民间一般常有之借贷、合伙等财务往来或商业交易，但如与其职务上有利害关系之人（尤其是案件当事人）从事上开行为，恐将影响其职权行使之公正客观，并引发外界之疑虑，故台湾地区“检察官伦理规范”第27条后段即规定：“检察官不得与执行职务有所接触之律师、当事人或其它利害关系人有财务往来或商业交易。”“检察官参与饮宴应酬及从事商业投资应行注意事项”第9点亦规定：“检察官不得与律师、所承办案件之当事人或利害关系人有借贷、合伙或其它金钱往来关系。”

就检察官与案件当事人或案件相关之人的往来中，检察官与律师间之关系尤为微妙与敏感。检察官在侦办案件中，律师或为被告之辩护人，或为告诉人之代理人，无论律师所担任之角色为何，均与检察官有一定程度之利益冲突。但检察官与律师间，或因双方之求学背景、过去经历、亲友关系、过往交手等因素，而互有认识或往来之机会，但此种关系在检察官侦办具体个案时，如未能妥适掌握，以致双方有不当往来、接触之行为时，即可能引发外界不当之联想，使检察官办案之公正性受到挑战。台湾地区“检察官参与饮宴应酬及从事商业投资应行注意事项”即对检察官与

① 依台湾地区“检察官伦理规范”第28条第4项之规定，该条第3项所称之家庭成员，包括检察官之配偶、直系亲属或家长、家属。

律师之往来设有特别之规定，该注意事项第 3 点规定："检察官不得与律师为不当之往来应酬；如为正当之往来应酬时，应极力避免使人误解其无法公正客观执行职务。"

前开相关法令虽已就检察官与律师间之馈赠、应酬、财务往来等设有相关规定，但检察官与律师间不当往来之类型应不限于上开所举，检察官为避免办案上引发争议，在与律师往来时实应有更严谨之举止。实务上，曾有检察官前往有女陪侍之酒店饮宴，随后又以电话联系律师到场参加，而该律师到场后又找来检察官侦办案件中的检举人，嗣后并由该律师支付部分酒店之花费。本案中检察官与律师在不当场合聚会，并通过律师之穿针引线找来检察官侦办案件之当事人到场，事后更由律师支付酒店开支，实足以让外界认为检察官侦办案件将有所偏颇，而该等检察官因其不当行径，业经台湾"公务员惩戒委员会"议决休职 2 年在案。①

2. 检察官在职务上与其他机关相关人员之往来

公务员处理案件不免与其他机关人员有所交涉，为避免彼此互动时有不当行为，引起外界抨击，故台湾地区"公务员服务法"第 18 条规定："公务员不得利用视察调查等机会，接受地方官民之招待或馈赠。""公务员廉政伦理规范"秉此意旨而为更详细之规定，于第 9 点要求："公务员于视察、调查、出差或参加会议等活动时，不得在茶点及执行公务确有必要之简便食宿、交通以外接受相关机关（构）饮宴或其它应酬活动。"

检察官处理案件常有与其他机关人员往来之机会，当检察官因职务上关系与其他机关人员有所往来时，如有接受招待之行为，虽不一定涉及办理案件公平性之问题，但仍有损及检察官廉洁之形象，故非有必要，仍以不接受招待为宜，以维检察官之公正形象，"检察官伦理规范"对此即设有规定，其第 28 条第 1 项前段规定："检察官不得收受与其职务上有利害关系者之任何馈赠或其它利益。"此所称之其它利益，亦包括接受招待在内。②

实务上，检察官职务上最常往来之机关为司法警察机关。依台湾地区"刑事诉讼法"之规定，检察官为侦查之主体，司法警察官及司法警察为

① 有关某甲检察官违法失职之理由，请参阅台湾"公务员惩戒委员会"2008 年度鉴字第 11316 号议决书，收录于台湾"司法院"编印：《公务员惩戒委员会议决书——法官、检察官受议决案例选辑》2010 年 8 月，第 625～631 页。

② 但台湾地区"检察官伦理规范"第 28 条第 1 项但书亦设有例外规定，即"正常公务礼仪不在此限"。

协助检察官侦查之人，受检察官之指挥侦查犯罪，[①] 而检察官在侦办案件上因常须借助司法警察之协助，故检察官与司法警察间常有往来之机会。但偶有检察官因与特定之司法警察配合良好，以致在办案上经常指定该等特定司法警察协助，时日一久，即有可能使该特定司法警察形同检察官侦办案件所属的“子弟兵”。此种检、警合作模式一方面固然可因双方默契良好、配合无间，对于案件之侦办颇有帮助；但另一方面，该等特定司法警察因形同检察官的“子弟兵”，检察官为照顾或回馈“子弟兵”长期的协助，在某些案件上即有可能过度听从司法警察的意见或需求，而未尽检察官应有之审核或指挥督导职责，以致司法警察在办案上发生侵害人权，甚或违背法令之情形。例如，曾有检察官因与特定之调查员关系良好，故在某案件之侦办上过度配合该调查员之要求，辄以办案之名函请海关放行货柜，使不法集团以此方式走私枪械、未税洋烟及农产品等物品进入台湾地区，事后又未能有效查缉该等走私物品。该检察官因办案违失，经台湾“监察院”弹劾后移送“公务员惩戒委员会”审议，被“公务员惩戒委员会”斥为明显违背检察官之法定职权，委弃政府依法付托其主导侦查之权限与义务，并挫伤人民对于司法之信赖，而遭议决撤职，并停止任用3年。[②]

3. 检察官与行政上有隶属关系人之往来

公务员与行政上有隶属关系之上、下级人员间，虽无公务员与经办案件当事人间所具有之利害关系，但彼此间或因具有指挥、监督关系，或因行政上之管理关系，上级公务员对下级公务员具有一般之考核权限，故彼此间之往来仍须慎重，以免引发不当之联想。一般就有隶属关系之公务员间的往来，多着重于其等间之关系是否会因赠受财物而有所影响，故无论是公务员相关伦理规范或“检察官伦理规范”，多系就此而设规范。如台湾地区“公务员服务法”第16条第1项规定：“公务员有隶属关系者，无论涉及职务与否，不得赠受财物。”另“检察官伦理规范”第28条第1项前段规定：“检察官不得收受与其职务上有利害关系者之任何馈赠或其它利益。”即所称之“职务上有利害关系者”，除包括案件当事人、律师等外，亦包括行政上与其有隶属关系者。唯行政上有隶属关系者，实务上常因职务礼仪等因素，而可能有赠收财物或邀请餐叙等行为，如一概不许，

① 参照台湾地区“刑事诉讼法”第230条、第231条。

② 参照台湾“公务员惩戒委员会”2009年度鉴字第11521号议决书。

亦属过苛，为此，第 28 条第 1 项后段乃特别规定："但正常公务礼仪不在此限。"

除"公务员服务法"、"检察官伦理规范"之规定外，"公务员廉政伦理规范"就此设有较详细之规定，该规范第 4 点前段再次强调："公务员不得要求、期约或收受与其职务有利害关系者馈赠财物"，此所谓"与其职务有利害关系者"，不仅包括经办案件之当事人在内，亦包括与行政上有隶属关系之上、下级公务员间。但"公务员廉政伦理规范"亦认为公务员无论在何情况下，均不得对与有隶属关系者为赠受财物，与社会习俗或人情礼仪恐有未合，故该规范第 4 点但书即设有若干例外规定，对于属于公务礼仪、奖励、慰问或婚丧喜庆等情形之赠受财物，且系偶发而无影响特定权利义务之虞时，则不在禁止之列。[①] 参诸台湾地区"公务员服务法"、"检察官伦理规范"、"公务员廉政伦理规范"等规定，彼此间似有若干不一致之处。"公务员服务法"要求公务员与有隶属关系者，无论在任何情况下都不得赠受财物，但"检察官伦理规范"、"公务员廉政伦理规范"却规定原则上虽不可赠受财物，但在若干特殊情形下则有例外规定，此等规范适用时是否有所冲突，仍有疑义。

（二）检察官之私人社交

检察官为公职人员，上班或执勤期间应恪遵各项职务规范及伦理规范固无待论，但当检察官下班或勤务暂时终了，恢复一般人之身份时，已为检察官之私领域，就检察官在私领域中之人际关系及社交活动，"检察官伦理规范"有无必要介入？若有介入之必要，其程度为何，则属较为模糊之领域。由于检察官事实上每日均在执行职务（上班）与非执行职务（下班）间转移身份，其下班时间固为一般人民，但其为一般人民时之行为，仍有可能影响其职务之执行，或使外界对检察官公正执法产生疑虑，甚或影响检察官之整体形象，由此即难认为检察官在私领域中之人际关系及社交活动应完全排除在检察官伦理规范之外。

各国检察官或其他公职人员之伦理守则，通常较偏重于执行职务时所应遵循之准则，对于非执行职务时所应表现之行为，或认与职务无涉，或

---

① 台湾地区"公务员廉政伦理规范"第 4 点第 1 项但书设有四种例外情形，分别为：属公务礼仪。长官之奖励、救助或慰问。受赠之财物市价在新台币 500 元以下；或对本机关（构）内多数人为馈赠，其市价总额在新台币 1000 元以下。因订婚、结婚、生育、乔迁、就职、升迁异动、退休、辞职、离职及本人、配偶或直系亲属之伤病、死亡受赠之财物，其市价不超过正常社交礼俗标准。

认属个人之私领域，无须或不适宜以明文规范；而纵有明文规范，亦常以抽象之方式规定。台湾地区检察官职权之行使因涉及人民之权益甚巨，故除执行职务时应遵守各项规范外，检察官于私领域范围内，亦应对自身之操守及行为严加要求，避免外界因检察官于私领域之不当行为，造成对其在职务上之各项行为亦失去信任。

“检察官伦理规范”之前身“检察官守则”于2003年修正前，就检察官之私领域行为虽已有规范，但系采抽象方式为之，且规范内容相当简略，仅于修正前第5点规定：“检察官应廉洁自持，重视荣誉，言行举止应端庄谨慎，以维司法形象”，本点因道德意涵过高，且文义又太抽象，难以成为检察官私生活之具体行为指南，因此2003年台湾地区“检察官守则”修正时，即特别着重检讨检察官私领域行为之规范。

2003年修正后之“检察官守则”改以具体方式规范检察官于私领域应有之行为，但仍未就检察官之私领域做太大程度之介入，仅就易对其执行职务产生影响或引发外界联想之事项，规范检察官应有之行为。2012年订定发布之“检察官伦理规范”，则设有第3章“执行职务以外行为之规范”，就检察官之私领域设定行为准则。

检察官之私人社交与检察官之职务上交往相同，同时受台湾地区“公务员服务法”、“公务员廉政伦理规范”、“检察官伦理规范”及“检察官参与饮宴应酬及从事商业投资应行注意事项”等法律或行政规章所规范，爰依该等规范就检察官私领域层面中，就社会所关注之言词举止、交往对象、社交活动、赠受财物等不同类型应有之行为而分别说明如下。

1. 言行举止要端庄谨慎

台湾地区“检察官伦理规范”对检察官之一般言行举止设有概括性之准则，于该规范第5条规定：“检察官应廉洁自持，谨言慎行，致力于维护其职位荣誉及尊严，不得利用其职务或名衔，为自己或第三人谋取不当财物、利益。”该条之规定不仅于检察官执行职务时有其适用，亦适用于检察官之私领域行为。另“检察官参与饮宴应酬及从事商业投资应行注意事项”第2点前段亦对检察官私领域行为有原则性之要求：“检察官应本正人先正己之精神，严以律己，谨言慎行。”对于检察官私领域中应有之言行举止，“公务员服务法”有较具体之提示，该法第5条要求公务员（包括检察官）“不得有骄恣贪惰，奢侈放荡，及冶游赌博，吸食烟毒等，足以损失名誉之行为”。

实务上不乏检察官因私领域中之言行举止失当而遭惩处之事例。例如，曾有检察官未依规定办理请假手续，擅自出入域外赌博场所，参与赌博及积欠赌债，回来后又因所积欠之赌债而引发纠纷，经台湾地区杂志刊登议论，损伤检察机关形象，经“公务员惩戒委员会”认定违反“公务员服务法”第 5 条所定公务员应谨慎，不得有赌博等足以损失名誉之行为，而议决撤职并停止任用 1 年。[①] 此外，亦曾有检察官因发生婚外情，被认定违反“公务员服务法”第 5 条所定公务员应谨慎，不得有放荡足以损失名誉之行为，而遭台湾“公务员惩戒委员会”议决撤职并停止任用 2 年。[②]

2. 交往对象要慎选

检察官因身份特殊，常成为外界欲结交之对象，为免此等交往之结果有损于检察官职权行使之公正或引发外界之怀疑，检察官之交友自应极为谨慎，如明知与其交往之对象将会有损于其职务执行之公正，或引发此一疑虑，即不应与其交往；甚至纵使与执行职务之公正无关，但有损检察官之道德形象时，亦不得为之。为此，“检察官伦理规范”第 25 条第 1 项即规定：“检察官应避免从事与检察公正、廉洁形象不兼容或足以影响司法尊严之社交活动。”在考虑是否为正当之“社交活动”时，固应注意该活动之性质或举办场所，但实际上，该活动之共同参与人亦足以影响该“社交活动”是否正当。亦即，纵使该社交活动之性质或举办场所并无不当，但因该活动其他参与人之影响，使检察官若参加该活动将产生风纪上之顾虑时，检察官即应审慎考虑是否参加该活动。

实务上即有检察官因交友不够严谨，而遭惩处之事例。例如，曾有检察官与具犯罪倾向之被列册告诫人士交往甚密，其间长达数年之久，而遭台湾“公务员惩戒委员会”认为交友不慎，并同其他违失情节，而议决撤职并停止任用 1 年。[③]

3. 社交活动要谨慎

检察官在私领域中参与正当之社交活动固无可议，但若参与社交活动不谨慎，以致所参加者为不适当之活动，纵使系于非执行职务中所为，但仍会引发外界对检察官公正执法之怀疑，或对检察官之整体形象有所妨碍。对此，“检察官参与饮宴应酬及从事商业投资应行注意事项”第 4 点即要求检察官不得接受与其身份、职务显不宜之应酬活动。“公务员廉政

---

① 参照台湾“公务员惩戒委员会”2008 年度鉴字第 11301 号议决书。

② 参照台湾“公务员惩戒委员会”2003 年度鉴字第 9995 号议决书。

③ 参照台湾“公务员惩戒委员会”2003 年度鉴字第 10080 号议决书。

伦理规范”第7点第2项则规定：“公务员受邀之饮宴应酬，虽与其无职务上利害关系，而与其身分、职务显不相宜者，仍应避免。”“公务员廉政伦理规范”之规定虽属明确，但因公务员参与可能引发争议之社交活动非仅饮宴应酬一端，其他类型之社交活动亦有可能与其身份、职务显不相宜，如实务上常发生之公务员涉足不当场所即属之，因此，修正后之“公务员廉政伦理规范”第8条第1项复规定：“公务员除因公务需要经报请长官同意，或有其它正当理由者外，不得涉足不妥当之场所。”明定公务员除有特殊原因外，不得出入不妥当场所。[①]

除上开规定外，“检察官伦理规范”对此亦有要求。“检察官伦理规范”除了第25条第1项规定：“检察官应避免从事与检察公正、廉洁形象不兼容或足以影响司法尊严之社交活动”外，同条第2项明确要求“检察官若怀疑其所受邀之应酬活动有影响其职务公正性或涉及利益输送等不当情形时，不得参与；如于活动中发现有前开情形者，应立即离去或采取必要之适当措施”。“检察官参与饮宴应酬及从事商业投资应行注意事项”除有相类似之规定外，[②] 更要求检察官遇有此等情形，应于3日内报告所属检察长或其指定之人。

实务上，时有检察官因参加不适当之社交活动而遭惩处之事例。例如，2001年7月间，曾有3名南部地区之检察官接受友人邀请，赴高雄市某餐厅餐聚后，转赴数家有女侍陪坐之舞厅唱歌、喝酒，而分别受到撤职、休职、降级改叙之处分（详后述之案例解说）；[③] 另2002年9月间，亦有3名中部地区检察官接受地方议员之邀约，前往台中市某酒店饮宴，

---

① 本点所称“不妥当场所”，系参酌台湾“内政部”警政署1996年1月22日1996年度警署督字第4846号函所列举范围：舞厅、酒家、酒吧、特种咖啡厅茶室、雇有女服务生陪侍之联谊中心、俱乐部、夜总会、KTV等营业场所、有色情营业之按摩院、油压中心、三温暖、浴室泰国浴、理发厅、理容院、休闲坊、护肤中心等场所、色情表演场所、妓女户及暗娼卖淫场所、职业赌博场所及利用电动玩具赌博之场所等。又除前开列举者外，因“不妥当场所”仍属不确定概念，其范围可能随公务员业务属性及社会变迁而有所不同，为避免列举范围有所疏漏，未来其他经依个案情节认定为不妥当场所或场所性质确实不易察觉辨别者，以涉足之公务员有无实际不妥行为为认定标准，以上请参“公务员廉政伦理规范”修正对照表，http：//www. moj. gov. tw/ct. asp？xItem = 202844&ctNode = 28058&mp =001，访问日期：2013年2月6日。

② “检察官参与饮宴应酬及从事商业投资应行注意事项”第5点规定：“检察官受邀之应酬活动，事先可疑有特定目的或涉及利益输送等不当情形者，不得参与。”第6点则规定：“检察官参加正当之应酬活动时，如发现有事实显示系为特定目的或涉及利益输送等不当情形者，应借机离席或采取必要之适当措施，并于3日内报告所属检察长或其指定之人。”

③ 参照台湾“公务员惩戒委员会”2003年度鉴字第9959号议决书。

亦分别受到撤职及降级改叙之处分;[①] 又 2003 年 10 月间，有 2 名北部地区检察官因偕同不明女子前往台北市 PUB，均遭降级改叙。[②]

4. 赠受财务要合于节度

公务员或检察官在私领域中，基于社会习俗及礼节，不免有与他人赠受财务之机会，此种习俗或礼节虽难以完全禁止，但公务员相关伦理准则及“检察官伦理规范”对此均有所限制。

首先，“公务员服务法”第 16 条虽要求公务员有隶属关系者，或对于所办事件，均不得赠受财物，但对于不具隶属关系且非对于所办事件者，即一般之私领域，并未明文禁止赠受财物，则公务员在此等私领域是否可任意赠受财物而无节度，“公务员服务法”并未有明确之规定。对此，“公务员廉政伦理规范”提供较明确之准则，其于第 5 点第 1 项第 2 款规定，公务员遇有受赠财物情事，除亲属或经常交往朋友外，与其无职务上利害关系者所为之馈赠，市价超过正常社交礼俗标准时,[③] 应于受赠之日起 3 日内签报其长官，必要时并知会政风机构。亦即，对无职务上利害关系者所为之馈赠，尚可区分两种类型，如果是亲属间或经常往来的朋友间，可为较自由的赠受财物；但如非与亲属或经常往来朋友间所为之馈赠，其价值则不宜超过正常社交礼俗标准。

台湾地区“检察官伦理规范”虽亦不禁止检察官于私领域中与他人为赠受财物，但仍于该规范第 28 条第 2 项规定：“检察官收受与其职务上无利害系者合乎正当社交礼俗标准之馈赠或其它利益，不得有损检察公正、廉洁形象。”且不仅检察官本人应遵守此一规定，“检察官伦理规范”更于同条第 3 项规定检察官应要求其家庭成员遵守此一规定。此处会产生疑问者，在于检察官之家庭成员，无论是检察官之父母、配偶，甚至是子女，常为成年人，该等家庭成员本有自己之社交生活及人际关系，与友人间之馈赠或其他应酬往来本不受特别之限制（除非其亦具有公务员等身份），现因其家人之一为检察官，致其私人社交生活亦连带受限，此对检察公正、廉洁之形象固有帮助，但检察官能如何“要求”其家庭成员遵守此一规定，该等家庭成员实际上又能配合到何种程度，均仍有待后续观察。

---

① 参照台湾“公务员惩戒委员会”2003 年度鉴字第 10080 号议决书。

② 参照台湾“公务员惩戒委员会”2004 年度鉴字第 10304 号议决书。

③ 所谓正常社交礼俗标准，依“公务员廉政伦理规范”第 2 点第 3 项之规定，系指一般人社交往来，市价不超过新台币 3000 元者。但同一年度来自同一来源受赠财物以新台币 10000 元为限。

三、国际组织、其他国家和地区有关检察官社交之法制

联合国《检察官准则》规定，检察官是司法工作的重要行为者，应在任何时候都保持其职业的荣誉和尊严。① 联合国《检察官准则》所称之“任何时候”，包括检察官无论因公务与他人往来，或私下之社交行为，均应保持其职业的荣誉和尊严。另联合国《透过提升检察业务之廉洁及能力以强化法律规范》亦要求，检察官应依据法令及伦理规范保持专业行为，② 并于任何时候行使最高标准之廉洁及注意，③ 其意旨与前开《检察官准则》相同，但也同样系以抽象、概括之方式规范，未就具体之行为态样提出准则。

欧盟2005年通过《布达佩斯准则》，该准则分为4部分，其中第2部分为检察官之专业行为通则，第4部分则为检察官之私人行为。就检察官之专业行为部分，《布达佩斯准则》要求检察官于任何时间均应坚守最高专业标准及维持专业声誉及尊严，于任何时间维持最高标准的廉洁及行事谨慎，④ 并要求检察官于执行其职务时，与法院、警察、其他官署及其他法律专业成员间，应保持其尊重及礼貌。⑤ 就检察官之私人行为部分，《布达佩斯准则》对检察官的私人社交行为有较具体之指引，例如要求检察官就其私人生活不应有实际或可能被认定有损检察官身分之廉洁、公正及无私之任何活动，⑥ 另检察官也不应接受来自第三人之任何馈赠、奖励、利

① Article 3 of Guidelines on the Role of Prosecutors provides that prosecutors, as essential agents of the administration of justice, shall at all times maintain the honour and dignity of their profession.

② Item b of Article 1 of Strengthening the Rule of Law through Improved Integrity and Capacity of Prosecution Services provides that prosecutors shall always conduct themselves professionally, in accordance with the law.

③ Item b of Article 1 of Strengthening the Rule of Law Through Improved Integrity and Capacity of Prosecution Services provides that prosecutors shall at all times exercise the highest standards of integrity and care.

④ Items a, b and c of Part II of European Guidelines on Ethics and Conduct for Public Prosecutors provide that public prosecutors should at all times adhere to the highest professional standards and, at all times maintain the honour and dignity of their profession, always conduct themselves professionally, and at all times exercise the highest standards of integrity and care.

⑤ Item m of Part II of European Guidelines on Ethics and Conduct for Public Prosecutors provides that public prosecutors should at all times adhere to the highest professional standards and discharge their duties with the courts, the police and other public authorities as well as with other members of the legal profession with respect and courtesy.

⑥ Item a of Part IV of European Guidelines on Ethics and Conduct for Public Prosecutors provides that public prosecutors must not compromise the actual or the reasonably perceived integrity, fairness and impartiality of the public prosecution service by activities in their private life.

益、引诱或款待，或从事任何可能会损及其廉洁、公正及无私之活动等。[①]

又国际检察官协会《检察官的专业责任与权利义务准则》，要求检察官于任何时候均保持专业荣誉与尊严，行为随时维持专业，依据法令及职业伦理行事，并执行最高的廉洁及注意标准，[②] 其规范之内容与前开《检察官准则》、《透过提升检察业务之廉洁及能力以强化法律规范》、《布达佩斯准则》等相若，亦属以抽象之方式规范检察官之社交行为。

在特定国家之立法例部分，澳洲新南韦尔斯省就检察官之馈赠有订颁较具体之规范。在检察官与公务上有往来关系者间之财物馈赠方面，新南韦尔斯省检察长办公室订颁适用于检察官之《行为准则》中，要求检察官不得自有职务上接触之关系者要求或鼓励馈赠财物，[③] 且检察官在承办案件期间，不得收取被害人、证人所提供可被视为馈赠之礼物。[④] 此外，《行为准则》对检察官因私人社交往来而涉及之财物之馈赠，亦有清楚而明确的规范，如《行为准则》要求如检察官所收取之礼物会被公众认为对其职务有所影响或产生利益冲突，即不得收受；[⑤] 另如所收受之财物价值超过美金 50 元，并须循一定的程序报告。[⑥]

中国大陆最高人民检察院所通过之《检察官职业道德基本准则（试行）》亦对与检察官有关之馈赠有特别之规范。依该准则之要求，检察官不应收受案件当事人及其亲友、案件利害关系人或其单位及所委托之人以任何名义馈赠之礼品礼金、有价证券、购物凭证以及干股等；检察官亦不应参加其等所安排之宴请、娱乐休闲、旅游度假等可能影响公正办案之活

---

① Item e of Part IV of European Guidelines on Ethics and Conduct for Public Prosecutors provides that public prosecutors must not accept any gifts, prizes, benefits, inducements or hospitality from third parties or carry out any tasks which may be seen to compromise their integrity, fairness and impartiality.

② Article 1 of Standards of Professional Responsibility and Statement of the Essential Duties and Rights of Prosecutors provides that prosecutors shall at all times maintain the honour and dignity of their profession; always conduct themselves professionally, in accordance with the law and the rules and ethics of their profession; and at all times exercise the highest standards of integrity and care...

③ Paragraph 1 of Article 20 of Code of Conduct provides that...Under no circumstances will officers solicit or encourage any gift or benefit from those with whom they have professional contact.

④ Paragraph 5 of Article 20 of Code of Conduct provides that as a general rule, no gifts regarded as tokens of "gratitude" should be accepted by prosecutors from victims or witnesses until the matter in which they are involved in concluded, when the procedures outlined above are to be followed.

⑤ Paragraph 1 of Article 20 of Code of Conduct provides that an officer will not accept a gift or benefit if it could be seen by the public as intended, or likely, to cause him/her to perform an official duty in a particular way, or to conflict with hid/her public duty.

⑥ See Paragraphs 2, 3 and 4 of Article 20 of Code of Conduct.

动；亦不应接受其等所提供之各种费用报销，借款、交通通信工具、贵重物品及其他利益。①

因检察官之身份为公务员，故除特别适用于检察官之伦理规范外，另适用于一般公职人员之伦理规范自亦适用于检察官。而国际组织或会议就公职人员社交行为所提出之伦理规范，常着重于馈赠方面。例如：联合国《国际公职人员行为守则》要求公职人员不应直接或间接要求、收受任何足以影响其职权行使或判断之礼物或其他好处。② 另 APEC《公职人员行为准则》除重申公职人员不应直接或间接要求、收受任何礼物、好处、利益，以作为其职权行使或不行使之代价外，③ 更要求公职人员须对其外在活动或所收受之礼物、利益向有关机关报告。④

四、案例解析

案例一

检察官为求办案绩效、诈领破案奖金，而与司法警察勾结。

【事实要旨】

前某地检署检察官与前某调查站调查员，于 2001 年间得知王某有意寻找走私管道自域外购买枪弹返台贩卖，二人为求办案绩效及诈领破案奖金，竟与许某等多人谋议，明知当时法令并不允许“控制下交付方式”之办案方式，司法机关不得以公函要求海关对于涉嫌犯罪之货物先为通关放行，但仍决议以“控制下交付方式”，先让王某走私之枪弹进入台湾地区后再予以查缉。

嗣许某等人于 2001 年 5 月赴菲律宾购买王某所订购之枪弹，安排用货柜走私方式来台，但另一方面许某也化名“天祥”向警方检举王某走私毒品枪械。而前开检察官等人为让王某走私之枪弹进入台湾地区后再查缉，乃发

---

① 参照《中华人民共和国检察官职业道德基本准则（试行）》第 29 条。

② Article 9 of International Code of Conduct for Public Officials provides that public officials shall not solicit or receive directly or indirectly any gift or other favour that may influence the exercise of their functions, the performance of their duties or their judgement.

③ Article 3 of *Conduct Principles for Public Officials* provides that a public official shall not solicit or receive, directly or indirectly, any gift, favor or benefit in exchange for official action or inaction, or that may influence or appear to influence the exercise of his or her functions, duties or judgment.

④ Article 9 of Conduct Principles for Public Officials provides that a public official shall adhere to all requirements for reporting to appropriate authorities his or her outside activities, employment, financial investments and liabilities, assets and gifts or benefits.

函海关以免审免验方式通关包庇放行该藏枪货柜。嗣王某走私之枪弹经托运到前开调查员之兄所经营的工厂后，先由该调查员之兄取出共26把枪、1389发子弹交给前开检察官、调查员，再由检察官将全部枪弹委由许某等人交付给王某，但随后该检察官、调查员即以项目人员身分查获王某持有枪弹。该检察官事后即因查缉本案而获得破案奖金5万元；该调查员获查缉奖金与奖励金共9万7千6百元；另许某等人亦获得不等之检举奖金。

前开检察官与调查员为求办案绩效及诈领破案奖金，竟以违背法令之方式办案，以致涉有违反“枪炮弹药刀械管制条例”、“惩治走私条例”、“贪污治罪条例”等多项罪嫌，案经检察官提起公诉后，一审法院将该检察官判处有期徒刑11年；[①] 本案经更二审后，二审法院将该检察官改判有期徒刑8年6月。[②]

【解析】

本案为检察官因与司法警察间过从甚密，以致失去应有分际之严重违纪案例。司法警察未循合法途径报请检察官指挥侦办案件，检察官亦未依照“刑事诉讼法”等相关法令指挥督导司法警察办案，为获取查获运输走私进口枪、弹之绩效及奖金，竟不惜以违法手段积极促使货柜顺利运输走私枪、弹进口，不仅诈领办案奖金，且所走私之枪、弹于进口台湾地区后，苟未能确实掌握行踪，将对台湾地区社会治安造成重大之危害。而承办检察官事后亦因本案而遭刑事诉追，一、二审法院审理后均判处重刑，检察官应以本案为戒。

案例二

检察官下班期间至舞厅唱歌，并接受友人付款。

【事实要旨】

3名南部地区检察官于2001年7月某日晚间，接受林姓友人之邀，同赴高雄市某餐厅聚餐，并有多名女性陪同在场（其中2名为舞女）。同日晚间9时许，渠等结束饭局另行转赴有女陪侍之舞厅唱歌，停留约30钟后，再次转赴另家有女陪侍之KTV继续唱歌喝酒，且其中一名检察官并受该林姓友人之托，于KTV内调处他人因赌博债务所引发之冲突，渠等直至当晚11、12时许才陆续离去，而当晚多处餐饮、唱歌之部分消费系由该林姓友人支付。本案经“监察院”自动调查后将该3名检察官弹劾，并移

① 参照台湾高雄地方法院2005年度矚重诉字第1号判决。

② 参照台湾高等法院高雄分院2010年度重矚上更字第1号判决。

送“公务员惩戒委员会”审议。

“公务员惩戒委员会”审议后，认为该3名被弹劾人身为检察官，职司犯罪追诉、摘奸发伏之职责，理应保持高度品德操守标准，言行举止应端庄谨慎，以维个人及检察机关之声誉与形象，竟涉足有女陪侍之不正当场所，且其中1名检察官更不当介入他人纠纷，忽视两造背景复杂，仍试图为其排解，交友无度，均损及司法风纪，引致社会舆论哗然，丧失检察机关形象，情节非轻，且均违反“公务员服务法”第5条有关公务员应谨慎、不得有放荡及冶游等足以损失名誉之行为之规定，故依其等所涉情节，将其中涉足不当场所，且不当介入他人债务纠纷之检察官予以撤职，并停止任用1年；其余2名检察官则分别予以休职6月及降2级改叙之处分。①

【解析】

本件案发之情节虽属检察官下班后之私领域行为，但因其等在私领域中未慎选交往对象，又出入有女陪侍之场所进行社交活动，更有不当介入他人债务纠纷之行为，言谈举止有欠端庄谨慎，以致遭“监察院”弹劾，并经“公务员惩戒委员会”议决惩处。因本事例同时有3名检察官涉入，引发社会轩然大波，时隔未久，又有3名中部地区检察官因出入不正当场所等不当行为，而遭“法务部”移送“公务员惩戒委员会”并经惩处，引发外界对检察官风纪、操守极大之疑虑，也促使“法务部”着手检讨1996年所订颁之“检察官守则”，而于2003年完成修正并公布（2003年“检察官守则”已于2012年1月6日停止适用，改由“检察官伦理规范”替代）。

五、进阶思考

检察官与政治人物之往来经常引发争议，本文拟以检察官与“立法委员”之往来为例，思考检察官因公或因私而与“立法委员”往来时，在那种情况下可能违反“检察官伦理规范”。

就职权之行使而言，“立法委员”为立法者，检察官为执法者，两者职权并无重叠、交集之处，理无在职务上直接往来之必要，但仍偶有检察官因与“立法委员”往来而引起争议。两者间之往来主要有两种情形，一为检察官与“立法委员”接触，以沟通、讨论或游说法案；另一为检察官与“立法委员”私下餐叙。

“立法委员”的职责之一为审议法案，而“立法院”所审议之诸多法

---

① 参照台湾“公务员惩戒委员会”2003年度鉴字第9959号议决书。

案中，常有涉及检察官职权行使或与检察官身份地位有关者。当“立法院”审议此等涉及检察官之法案时，体制上固应由负责检察行政之“法务部”处理，但此时检察官可否以身为检察官或法律专家之身份，甚至仅以个人之身份，而与“立法委员”接触、表达意见？检察官可否向“立法委员”游说、推销其认为较适当之法案版本？

虽然检察官与“立法委员”为此等接触时，不易区别其为职务上或非职务上之往来，但其与“立法委员”为此等接触之行为，有无可能违反与检察官有关之伦理规范？如认检察官不得或不宜有此等不经由“法务部”，径与“立法委员”接触之行为，其立论基础为何？与“立法委员”沟通、游说法案，应非“检察官伦理规范”第26条所指之参与政治活动；而除非接触过程中有言行失当之举止，否则亦难认此等接触必然违反“检察官伦理规范”第5条所称之“检察官应廉洁自持，谨言慎行”；再者，“检察官伦理规范”第25条虽要求检察官应避免从事与检察公正不兼容之社交活动，但与“立法委员”接触沟通法案，是否已可视为从事与检察公正不兼容之活动？相反的，有无可能将检察官与“立法委员”沟通法案之行为，解释为符合“检察官伦理规范”第22条所称之“检察官为维护公共利益及保障合法权益，得进行法令宣导、法治教育”？

另外，如允许检察官可自由就“法务部”或其他部会所提出之法案与“立法委员”接触，以讨论、沟通、游说法案内容，可能又不利于“法务部”或其他行政机关整体政策之推行。因此，不论将检察官与“立法委员”就法案所为之接触，解释为公务上之往来或私人上之往来，此种与“立法委员”之往来形态究竟有无禁止、限制之必要？如有必要，其立论依据何在？界限又何在？依现行之“检察官伦理规范”似难有适用之依据。

又如认为个别检察官与“立法委员”接触、沟通法案应有限制，若改以检察官所成立之民间团体（如检察官改革协会）之名义与“立法委员”接触又如何？以个别检察官之名义与“立法委员”接触，与以检察官组成民间团体之名义与“立法委员”接触，其本质上有无区别？区别何在？

除检察官与“立法委员”接触、沟通法案之形态外，检察官与“立法委员”之餐叙亦可能引发争议。2007年年初，当时之“检察总长”与数名检察官参加“立法院长”邀请之餐叙，遭外界质疑是否违反“检察官守则”，经“法务部”调查之结果，认为该次聚餐纯属与公务有关之联谊餐会，应非不当之饮宴。该报告并强调，现今各界对检察官言行标准期待甚殷，为免引起外界不当之联想，全体检察官均应体认全民之期待，更加惕励自勉，以继续维系检察体系之优良形象。① 此则案例可继续延伸探讨之议题为，如当时“检察总长”、检察官与“立法院长”（或“立法委员”）间之餐叙，与公务全无关联，则“法务部”之调查报告是否会有不同之结果？检察官与“立法委员”之聚餐，是否一定要与公务有关才属正当？抑或只要餐叙时没有讨论侦查、审理中之特定案件，亦没有身涉案件之人士在场，即非所谓之不当饮宴？在思考此等问题时，实务上有另一则案例可供参考：曾有检察官因与身涉侦查案件之前“立法委员”餐叙，其次数达10次之多，案经“监察院”弹劾后送请“公务员惩戒委员会”审议，“公务员惩戒委员会”调查后虽无发现积极事证足证检察官与该前“立法委员”餐叙后，有受其请托打探侦查讯息或关说之情事，但仍认检察官与该官司缠身之前“立法委员”餐叙系属不当饮宴，违反“检察官守则”第12点（廉洁）、第13点（慎重交友）、第15点（禁止参加不当社交活动）及“检察官参与饮宴应酬及从事商业投资应行注意事项”相关规定，并同其他违失，议决将该检察官降1级改叙。②

六、台湾地区相关规定

（一）台湾地区“公务员服务法”

第5条

公务员应诚实清廉，谨慎勤勉，不得有骄恣贪惰，奢侈放荡，及冶游赌博，吸食烟毒等，足以损失名誉之行为。

第16条

Ⅰ公务员有隶属关系者，无论涉及职务与否，不得赠受财物。

Ⅱ公务员于所办事件，不得收受任何馈赠。

第18条

公务员不得利用视察调查等机会，接受地方官民之招待或馈赠。

---

① 参见台湾“法务部”2007年3月21日新闻稿《“法务部”针对“检察总长”及检察官参加王院长邀宴之调查说明》，http：//www.moj.gov.tw/ct.asp？xItem = 83927&ctNode = 27518&mp = 001，访问日期：2013年2月5日。

② 参照台湾“公务员惩戒委员会”2012年度鉴字第12200号议决书。

（二）台湾地区“公务员廉政伦理规范”

第4点

公务员不得要求、期约或收受与其职务有利害关系者馈赠财物。但有下列情形之一，且系偶发而无影响特定权利义务之虞时，得受赠之：

属公务礼仪。

长官之奖励、救助或慰问。

受赠之财物市价在新台币五百元以下；或对本机关（构）内多数人为馈赠，其市价总额在新台币一千元以下。

因订婚、结婚、生育、乔迁、就职、升迁异动、退休、辞职、离职及本人、配偶或直系亲属之伤病、死亡受赠之财物，其市价不超过正常社交礼俗标准。

第5点

Ⅰ公务员遇有受赠财物情事，应依下列程序处理：

与其职务有利害关系者所为之馈赠，除前点但书规定之情形外，应予拒绝或退还，并签报其长官及知会政风机构；无法退还时，应于受赠之日起三日内，交政风机构处理。

除亲属或经常交往朋友外，与其无职务上利害关系者所为之馈赠，市价超过正常社交礼俗标准时，应于受赠之日起三日内，签报其长官，必要时并知会政风机构。

Ⅱ各机关（构）之政风机构应视受赠财物之性质及价值，提出付费收受、归公、转赠慈善机构或其它适当建议，签报机关首长核定后执行。

第7点

Ⅰ公务员不得参加与其职务有利害关系者之饮宴应酬。但有下列情形之一者，不在此限：

因公务礼仪确有必要参加。

因民俗节庆公开举办之活动且邀请一般人参加。

属长官对属员之奖励、慰劳。

因订婚、结婚、生育、乔迁、就职、升迁异动、退休、辞职、离职等所举办之活动，而未超过正常社交礼俗标准。

Ⅱ公务员受邀之饮宴应酬，虽与其无职务上利害关系，而与其身分、职务显不相宜者，仍应避免（第2项）。

第8点

Ⅰ公务员除因公务需要经报请长官同意，或有其它正当理由者外，不得涉足不妥当之场所。

Ⅱ公务员不得与其职务有利害关系之相关人员为不当接触。

第9点

公务员于视察、调查、出差或参加会议等活动时，不得在茶点及执行公务确有必要之简便食宿、交通以外接受相关机关（构）饮宴或其它应酬活动。

（三）台湾地区“检察官伦理规范”

第25条

Ⅰ检察官应避免从事与检察公正、廉洁形象不兼容或足以影响司法尊严之社交活动。

Ⅱ检察官若怀疑其所受邀之应酬活动有影响其职务公正性或涉及利益输送等不当情形时，不得参与；如于活动中发现有前开情形者，应立即离去或采取必要之适当措施。

第27条

Ⅰ检察官不得经营商业或其它营利事业。但法令另有规定者，不在此限。

Ⅱ检察官不得与执行职务所接触之律师、当事人或其它利害关系人有财务往来或商业交易。

第28条

Ⅰ检察官不得收受与其职务上有利害关系者之任何馈赠或其它利益。但正常公务礼仪不在此限。

Ⅱ检察官收受与其职务上无利害关系者合乎正常社交礼俗标准之馈赠或其它利益，不得有损检察公正、廉洁形象。

Ⅲ检察官应要求其家庭成员遵守前二项规定。

Ⅳ前项所称之家庭成员，指配偶、直系亲属或家长、家属。

（四）台湾地区“检察官检察官参与饮宴应酬及从事商业投资应行注意事项”

第2点

检察官应本正人先正己之精神，严以律己，谨言慎行，不得与不当人士往来应酬（饮宴或其它社交活动），或涉足不当场所饮宴作乐。

第3点

检察官不得与律师为不当之往来应酬；如为正当之往来应酬时，应极力避免使人误解其无法公正客观执行职务。

第4点

检察官不得接受与其职务有利害关系者邀请或参加与其身分、职务显不宜之应酬活动。

第9点

检察官不得与律师、所承办案件之当事人或利害关系人有借贷、合伙或其它金钱往来关系。

第十章　检察官的兼职*

一、检察官兼职之意义

公职人员受全民之托从事公众事务，并因此领有俸禄，自应全心全力投入其所担任之职务，不应再心有旁骛从事他职。尤其公职人员从事公众服务，所经办之事务与社会及个人利益关联甚大，如果公职人员除其本职外，又得以兼任他项职务，不仅其投入本职之时间、工作质量将受影响，更可能因为他项职务之执行与本职产生扞格或利益冲突，而妨害其本职所应履行之法定职责，故公职人员通常为“一人一职”，[①] 且原则上不允许其从事兼职，台湾地区“公务员服务法”第 14 条第 1 项并设有一原则性之规定：“公务员除法令所规定外，不得兼任他项业务。”

一般公职人员从事兼职已有可能产生无法专心履行本职，或兼职与本职互相冲突之情形，相较于一般公职人员，检察官职司犯罪之追诉，并依法为公益代表人，肩负之责任重大，所处理之事务又与民众之权益攸关至巨，甚至关乎台湾地区整体司法形象，若随意允许检察官从事兼职，其所造成之不利影响，更远甚于一般公职人员之兼职，因此关于检察官之兼职，除应适用一般公职人员均应遵守之法令外，还必须有更为严谨、严格之规范。

公职人员（含检察官）不得从事兼职虽属原则，但另一方面，公职人员常因具有专门之知识，或因其在本职上任职已久，而对其本职所涉及之议题有特别之经验，如能将该公职人员所因此具有之特别知识或经验贡献于其他领域，实亦有利于公益，若一概不许公职人员从事其本职外之兼职，有时亦不利于公共事务之推动或经验之传承。因此，公职人员不得兼

---

* 本章内容对应台湾地区“检察官伦理规范”第 27 条。

① 台湾“行政院限制所属公务员借调及兼职要点”第 4 点规定：“各机关均应一人一职，除法令另有规定外，须合于左列情形之一者，始得借调或兼职：专业性、科技性、稀少性职务，本机关无适当人员可资充任，而外补亦有困难者。办理有关机关委托或委办之定期事务者。办理季节性或临时性之工作者。因援外或对外工作所需者。依建教合作契约，至合作机关（构）担任有关工作者。因业务扩充而编制员额未配合增加者。”

职固属原则，但在例外、特殊之情况，并遵循一定之程序条件下，亦宜让公职人员有从事兼职之可能，故“公务员服务法”除第 14 条第 1 项虽设有原则不许兼职之规定，但也规范公务员在何种情形、条件得例外从事兼职（详见后述）。

本文所讨论之检察官兼职，其意涵甚广，无论是基于业务需要而被指派从事之兼职、非上班期间自行从事之兼职、上班期间自行从事之兼职等，均属本文所指之兼职。本文将先以台湾地区有关规定为基础，探讨检察官兼职之相关规定为何，之后简介域外立法例有关检察官兼职之规定，再以实务上曾发生之检察官兼职案例，讨论其作为是否符合相关规定。

二、台湾地区有关检察官兼职之规范

台湾地区现行适用检察官兼职之规定散见于“公务员服务法”、“法官法”、“检察官伦理规范”、“行政院限制所属公务员借调及兼职要点”等。该等法令所欲达成之规范目的不尽相同，因此其等所规范之范畴及用语即不完全一致，适用时应仔细予以比较。

以下仅以检察官常见或可能之兼职形态为区分，将检察官之兼职区分为检察官兼任其他公职、检察官兼任商业或其他营利事业之经营、检察官兼任非营利事业职务及检察官其他兼职等四种类型，并逐一检讨检察官兼任该等职务之可能性与限制。

（一）检察官兼任其他公职

由于公职人员系“一人一职”，故原则上包括检察官在内之公职人员应不得再兼任其他公职，“公务员服务法”第 14 条第 1 项乃因此明定公务员除法令所规定外，不得兼任他项公职。依此，虽“公务员服务法”规定公务员原则上不得兼任他项公职，但遇法令有特别规定时，公务员仍非不得兼职其他公职。

公务员在特殊情况下可能兼任他项公职，原因之一为现代社会变迁快速，各行政机关常有新议题待解决，但有能力处理该议题之人不见得可于该机关现有人员中觅得，可能须至其他机关寻才，始能找到适合处理该议题之公务员，如该公务员因此而至有需求之行政机关贡献所长，对该公务员而言，即有可能因同时兼办其原有之本职及他机关之职务，而形成兼职之情形。例如台湾“行政院金融监督管理委员会”（以下简称“金管会”）在办理重大金融犯罪案件时，常有法律上之疑义须向检察官咨询，且在办理过程中亦有与检察机关加强联系之必要，但“金管会”并无此等可同时接受咨询及与检察机关联系之合适人员，“金管会”即有向“法务部”商借检察官赴“金管会”办理上开业务之需求。为此，“法务部”乃订颁“法务部遴派检察官赴行政院金融监督管理委员会兼办事务要点”，[①] 明订“法务部”与“金管会”协商后，得遴派资深、绩优、熟谙相关金融法规之检察官赴“金管会”兼办法律咨询、犯罪侦查等法律事务，[②] 对该被遴派之检察官而言，其即因同时须办理原有检察机关之职务及“金管会”之上开事务，而形成兼职之情形。

此外，因政府机关所处理之事务常极繁杂，某项业务或议题所牵涉之事务，并非单纯主政机关可独力解决，常须其他机关共同协力始能妥适处理，因此各行政机关常成立各种委员会，邀请其他行政机关指派代表参加，共同解决有关议题。例如，“法务部”虽为“毒品危害防制条例”之主政机关，但有关毒品之分级及品项，涉及相当专业之毒、药品知识，“法务部”在此方面之专业自然不若台湾“行政院”卫生福利部，因此在检讨毒品之分类事项时，自有必要会同“卫生福利部”人员共同参与，故“毒品危害防制条例”即规定毒品之分级及品项，应由“法务部”会同“卫生福利部”组成审议委员会，每3个月定期检讨，报由“行政院”公告调整、增减之；[③] 而“法务部”所订颁之“法务部毒品审议委员会设置要点”第3点复规定，该会置主任委员1人，由“法务部”次长兼任之；置委员16人至18人，由“法务部”部长就有关机关代表、医药、法律学者及民间公正人士聘任之，实务上，“卫生福利部”之代表即以该要点所称之有关机关代表身份参与委员会之运作。是以，就该被聘任之“卫生福利部”代表而言，除其原有在“卫生福利部”之本职外，“法务部”毒品审议委员会委员之职务，即系其本职外之兼职。

“公务员服务法”虽已通则性规定公职人员原则上不得兼任他项公职，且如要兼职他项公职，亦须有法令之依据，但考虑检察官职掌之特殊性，

---

① 因台湾地区“行政院限制所属公务员借调及兼职要点”第2点第1项已规定：“所称兼职，除法令另有规定外，指各机关因业务特殊需要，商借其他机关现职人员，以部分时间至本机关兼任特定之职务或工作。兼职期间其本职仍应继续执行。”而“法务部遴派检察官赴行政院金融监督管理委员会兼办事务要点”系要求检察官以兼办之方式赴“金管会”办事，故依“行政院限制所属公务员借调及兼职要点”之定义，检察官赴“金管会”办事应属兼职。

② 参照台湾地区“法务部遴派检察官赴行政院金融监督管理委员会兼办事务要点”第2点。

③ 参照台湾地区“毒品危害防制条例”第2条第2项。

“法官法”又特别明列检察官不得兼任之公职，依“法官法”第 89 条第 1 项准用第 16 条第 1 款之规定，检察官不得兼任中央或地方各级民意代表。

纵使检察官依某项法令得以兼任其他公职，但仍须注意依“法官法”第 89 条第 1 项准用第 17 条之规定，于兼任其他公职前，应经其任职机关之同意。

（二）检察官兼任商业或其他营利事业

在公务员得以兼任之各项职务中，以兼任其他公职之争议性最小，因公务员兼任其他公职时，通常不致产生利益冲突或引发争议，所须考虑者至多为是否会因兼任其他公职而影响其本职之履行。但当公务员所兼任之其他职务为公职以外之职务时，此时除须考虑是否可能因从事兼职而影响本职外，更须审慎评估本职与兼职间是否会产生冲突，甚至因兼职而引发外界之不良观感。因此，依台湾地区“公务员服务法”第 14 条第 1 项之规定，虽公务员得依法令之规定兼任公职以外之其他职务（该法概称为“业务”），但在审酌公务员得否兼任公职以外之他项职务时，仍必须以更谨慎之态度衡量其适宜性，尤其检察官本职所处理之事务极为敏感，更不得因兼任其他业务之结果而影响其本职，甚或引发社会对司法公正性之质疑。

在公职以外之各项业务中，从事商业或投机事业之经营，因涉及营利牟生，如公务员得以从事该等事业之经营，必使公务员之廉洁性受到严重质疑，因此“公务员服务法”第 13 条第 1 项特别规定：“公务员不得经营商业或投机事业。”该条所称之“经营”，应有规度谋作之意，经济学上称之为欲继续经济行为而设定作业上的组织，简言之，即本人有实际参加规度谋作业务之处理而言；[①] 另该条所称之“商业”，虽包括农、工、矿在内之事业，[②] 但其意涵仍不够明确，解释上除有营利之性质外，是否亦应具有一定之规模，始得称之为“商业”，以与一般所称之营利事业有所区别，并不明确。至于该条所称之“投机事业”，虽可认似指具有较高风险之行业，但其具体意义为何，实务上较少见有相关之解释。但无论如何，只要属于具有营利性质或高风险之相关事业经营，依“公务员服务法”第 13 条第 1 项之规定，即属公务员不得经营之业务，检察官自应遵守该规定。[③]

---

① 参照台湾“铨叙部”1985 年 7 月 19 日 1985 年度台铨华参字第 30064 号函释。

② 参照台湾“司法院”1943 年 3 月 21 日院字第 2493 号函示。

③ 依台湾地区“法官法”第 89 条第 1 项准用第 16 条第 2 款之规定，亦要求检察官不得经营商业及投机事业。

秉持“公务员服务法”第13条第1项之精神，“检察官伦理规范”复于第27条第1项规定：“检察官不得经营商业或其它营利事业。”本条所称之“商业”，其定义应与“公务员服务法”第13条第1项所称之“商业”相同；但本条又另规定检察官亦不得经营其他营利事业，而其所称之“营利事业”，参考“所得税法”之定义，系指公营、私营或公私合营，以营利为目的，具备营业牌号或场所之独资、合伙、公司及其他组织方式之工、商、农、林、渔、牧、矿冶等营利事业，① 依此，所称之“营利事业”范围是否与“商业”之范围相同，依现有之规定及解释，并不十分清楚。但检察官既同时适用“公务员服务法”及“检察官伦理规范”，则无论所经营之事业被认定为商业或营利事业，均属检察官不得经营之事务。又“检察官伦理规范”第27条第1项所称检察官不得经营营利事业，依前开说明，系指检察官不得经营以营利为目的，以具备营业牌号或场所之组织从事营利事业而言，并非谓检察官偶尔在网站上出售物品，即可认为检察官已属经营商业或营利事业。②

兹有疑义者，为“检察官伦理规范”第27条第1项虽规定：“检察官不得经营商业或其它营利事业。”但该条但书却又规定：“但法令另有规定者，不在此限。”依其文意，似指如有法令允许检察官经营商业或其他营利事业，检察官即得因此从事该等兼职。但因目前并无法令允许检察官得以从事商业或营利事业经营之规定，且因“公务员服务法”已规定公务员（包括检察官在内）一律不得经营商业或投机事业，若“检察官伦理规范”却又规定如法令另有规定时，检察官即得经营商业或其他营利事业，应与“公务员服务法”第13条之规范意旨有违。再者，以检察官之身份、职掌及社会大众对检察官之期待而言，实难想象何以检察官可能因法令之规定而从事商业或营利事业，故“检察官伦理规范”第27条第1项之但书规定似以删除为宜。

---

① 参照台湾地区“所得税法”第11条第2项。

② 依台湾“铨叙部”2005年6月13日部法一字第0942453773号电子邮件所为之解释，公务员于拍卖网站上之买卖，倘为具有规度谋作之性质（如借架设网站买卖物品以获取利益之营利目的），即属“公务员服务法”第13条第1项所称“经营商业”之范畴，公务员自不得为之。另依台湾“铨叙部”2008年11月28日部法一字第0973000078号之书函，公务员如仅系将自己使用过之物品，或买来尚未使用就因不适用，或他人赠送认为不实用之物品通过拍卖网站出售，因未具规度谋作及以营利为目的之性质，尚非“公务员服务法”第13条第1项所规范禁止之行为。因此，判断公务员在网站上买卖物品是否违反“公务员服务法”第13条第1项之规定，其标准即在于有无以经营该网站拍卖营生为目的，如仅似偶尔为之，自不构成经营商业或营利事业。

公务员（包括检察官）不得经营商业或其他营利事业，当然亦不得兼任该等商业或营利事业之董事、监察人。[①] 但如公务员所兼任董事、监察人者，并非一般商业组织或营利事业，而系公营事业机关或政府持有股份之公司，此时公务员是否亦一概不能兼任？因公营事业机关或政府持有股份之公司，其事业或公司之经营，常涉及公共利益或政府资金之妥适运用，如一律不许政府机关指派公务员担任董事、监察人，参与或监督该等事业或公司之营运，亦恐非保护公共利益之最佳方式。因此“公务员服务法”第13条第2项即规定：“公务员非依法不得兼公营事业机关或公司代表官股之董事或监察人。”因此，如有法令规定公务员得兼任公营事业机关或公司代表官股之董事或监察人时，公务员即非不得兼任该等业务。为此，“行政院”即特别订颁“公务人员兼任政府投资或转投资民营事业机构、捐（补）助财团法人及社团法人董、监事职务规定”，规定公务人员得兼任政府投资或转投资民营事业机构董事、监察人之条件；[②] 而“财政部”为加强派任公民营事业机构负责人、经理人及董、监事职务之遴聘、管理及考核工作，亦订定“财政部派任公民营事业机构负责人经理人董监事管理要点”，该要点明定“财政部”得核派、荐派相关现任正、副首长担任财政部持股或投资之国营事业机构、民营事业机构或该等事业之转投资国营、民营事业之董事或监察人。[③]

现行法令虽允许公务员在一定条件下可兼任公营事业机关或政府持有股份之公司董事、监察人，但依前开得兼任该等职务之相关规定，得兼任董事、监察人者，主要应指一般行政机关之公务员，检察官依规定虽非绝对不得兼任该等董事、监察人，但以检察官之职掌及工作性质，兼任该等职务似不见得相宜，故应审慎为之。

（三）检察官兼任非以营利为目的之职务

前已讨论有关检察官兼任其他公职、商业、营利事业或兼任公营事业机关或政府持有股份公司之董事、监察人之限制，但实务上还有多种常见之检察官兼职形态，包括兼任非以营利为目的而成立之各种委员会委员，以及从事教学、授课。

---

① 依台湾地区“公司法”第8条之规定，董事及在执行业务范围中之监察人均为公司之负责人，因此担任商业或营利事业之负责人，自属经营该商业或营利事业。

② 参照台湾地区“公务人员兼任政府投资或转投资民营事业机构、捐（补）助财团法人及社团法人董、监事职务规定”第1点第1款。

③ 参照台湾地区“财政部派任公民营事业机构负责人经理人董监事管理要点”第2点、第4点。

台湾地区“公务员服务法”第14条之3规定：“公务员兼任教学或研究工作或非以营利为目的之事业或团体之职务，应经服务机关许可。机关首长应经上级主管机关许可。”因此，当检察官欲兼任非以营利为目的之委员会委员，或从事教学、授课时，即应依“公务员服务法”之前开规定，事前获得其服务机关之许可。[①]

就兼任非以营利为目的委员会之委员而言，“公务员服务法”第14条之3已有通则性之规定，另依“法官法”第16条第3款之规定，法官不得兼任司法机关以外其他机关之法规、诉愿审议委员会委员或公务人员保障暨培训委员会委员。[②] 值得注意，“法官法”第89条第1项并未准用第16条第3款，亦即，虽“法官法”禁止法官兼任司法机关以外其他机关之法规、诉愿审议委员会委员或公务人员保障暨培训委员会委员，但对检察官则无如此之要求。因此，从形式上看来，检察官如要兼任非以营利为目的委员会之委员，只要依“公务员服务法”第14条之3之规定，事先经过服务机关许可即可。但因“法官法”第16条第5款复规定法官不得兼任足以影响法官独立审判或与其职业伦理、职位尊严不兼容之职务或业务，而依“法官法”第89条第1项准用第16条第5款之结果，检察官亦不得兼任与其职业伦理、职位尊严不兼容之职务或业务。因此，于具体个案检讨检察官得否担任某特定委员会之委员时，仍应注意该委员会之职务是否与其职业伦理、职位尊严不兼容。

就法官是否得担任某些委员会之委员一节，台湾“司法院”已有若干函释在案，例如，“司法院”认为财团法人民间司法改革基金会“系以结合民间力量，督促政府有关单位澈底并长期从事司法改革、重建人民对司法之信赖为宗旨”，因此法官兼任该会无给职之咨询委员，应不在“法官法”第16条所列不得兼任职务之范畴；[③] 另外，“司法院”认为各级“国军官兵权益保障委员会”审议之案件、“药害救济审议委员会”审定之案件、“性骚扰申诉评议委员会”处理之性骚扰案件，均因不能排除日后仍有争讼之可能，容与法官之司法职责有相扞格之虞，故认法官不宜担任该

---

① 依台湾地区“法官法”第89条第1项准用第17条之规定，检察官兼任非禁止兼职之职务者，应经其任职机关同意，与“公务员服务法”之适用结果相同。

② 参照台湾“法官法”第16条第3款。

③ 参照台湾“司法院”2011年10月5日秘台人三字第1000021841号函。

等委员会委员。[①] 而"法务部"亦认各机关性骚扰申诉评议委员会所受理审议之案件，相关当事人日后有提起刑事或行政争讼之可能，为免有违"法官法"第16条有关兼职限制规定，爰认检察官不宜兼任各机关"性骚扰申诉评议委员会"委员。[②] 从该等已有之"司法院"、"法务部"函释观之，如委员会讨论、决议之事项日后有涉及在法院争讼之可能，则检察官或法官即不宜担任该等委员会之委员。前开函释所为之考虑固有其必要，但在适用上仍不宜过度扩张解释，因无论何种性质之委员会，其所讨论、决议之事项，理论上未来均有成为民事、刑事或行政诉讼之可能，如基于未来有诉讼之可能，即认检察官不宜兼任该委员会委员，则恐无任何委员会之委员得由检察官兼任，故在实际解释或审核检察官得否兼任某委员会之委员时，仍须审酌该委员会之性质、成立之目的、检察官兼任委员之必要性、未来涉入诉讼之可能性等具体事项，审慎评估检察官得否兼任该委员会之委员，而非一概禁止。[③]

就检察官常见之兼任教学、授课而言，依前开"公务员服务法"第14条之3规定，检察官只要经过服务机关许可，即可从事教学兼职。但检察官纵经服务机关许可从事教学兼职，仍应注意该教学兼职如系于办公时间从事为之，每周并计不得超过4小时，并应依请假规定办理。[④] 实务上，即不乏公务员因在外从事教学、授课，事前未经服务机关许可，或于办公期间授课之时数超过每周4小时而遭惩处之事例。例如，曾有"财政部"保险司官员，因未事前经服务机关许可，即在公立或私立大学兼课，另又未经报奉服务机关核准，擅自接受外界邀请讲授保险课程，且认其兼职、兼课已难期维持其公务职务之一般质量于不坠，尤其考虑该官员职务与保险业务政策具有敏感性，直接牵涉业者之庞大利益，故认该官员未经报准，前往各处任意对外发表谈话，违反"公务员服务法"有关公务员兼职、兼课等相关规定，并同其他行为，而予以记过一次之惩处。[⑤]

检察官如经服务机关许可，虽非不可在学校兼课，但检察官在学校所

---

① 参照台湾"司法院"2012年3月21日秘台人三字第1010006092号函、"司法院"2012年3月22日秘台人三字第1010006914号函、"司法院"2012年3月27日秘台人三字第1010007160号函。

② 参照台湾地区"法务部"2013年1月2日法人字第10108134580号函。

③ 如台湾"法务部"即认为：鉴于"法官法"第16条规定主要在禁止法官兼任司法机关以外其他机关之职务或业务，爰有关检察官担任其服务机关委员会委员，尚不违背"法官法"第16条有关检察官准用之规定（参照"法务部"2013年3月6日法人字第10208501000号函）。

④ 参照台湾地区"行政院限制所属公务员借调及兼职要点"第7点。

⑤ 参照台湾"公务员惩戒委员会"2000年度鉴字第9133号议决书。

得从事之兼任，仍应严格限于教学工作，不得因而兼任公立或私立学校之专任教职员；[①] 且依“法官法”第89条第1项准用第16条第4款之规定，检察官亦不得兼任各级私立学校董事、监察人或其他负责人。至于检察官是否可兼任各级公立学校董事、监察人或其他负责人，虽法无明文禁止，但仍应依“公务员服务法”第14条第1项之规定，以法令有特别规定时始得为之，而考虑检察官之业务性质，殊难想象检察官有兼任各级公立学校董事、监察人或其他负责人之可能。

（四）检察官之其他兼职

前开依现行法令讨论检察官兼职之不同形态后，如有其他兼职情形，原则上须先检视“公务员服务法”、“法官法”、“检察官伦理规范”或其他法令有无特别之禁止规定，如有，即不得从事该等兼职；如无特别不许可之情形，则须依“公务员服务法”第14条第1项之规定，以有法令规定者为限始得从事兼职，且此时应注意“法官法”第89条第1项准用16条第5款，已就检察官兼职设有一禁止之概括规定，依该款之规定，检察官之兼职如与其职业伦理、职位尊严不兼容时，即不得为之。

三、国际组织、域外有关检察官兼职之法制

澳洲新南韦尔斯省检察长办公室订颁之《行为准则》，要求检察官不得寻求、从事或持续兼职。[②] 另中国大陆最高人民检察院所通过之《中华人民共和国检察官职业道德基本准则（试行）》，则着重于禁止检察官从事商业活动，要求检察官不得从事、参与经商、经办企业、违法违规营利活动，以及其他可能有损检察官廉洁形象之商业、经营活动。该准则之主要规范目的虽系在维持检察官之清廉形象，但实亦对检察官从事本职外之工作有所限制。[③]

除上开澳洲新南韦尔斯省及中国大陆所订颁之规范外，其他国际组织或域外立法例对检察官兼职之规范并不多见，但此并非认同检察官得以随意从事兼职，而系因检察官不得从事兼职本属自明之理，故认无特别规定之必要。

---

① 参照台湾地区“行政院限制所属公务员借调及兼职要点”第8点。

② Paragraph 3 of Article 18 of Code of Conduct provides that officers will not seek, undertake or continue with secondary employment ...

③ 参照《中华人民共和国检察官职业道德基本准则（试行）》第28条。

四、案例解析

【事实要旨】

某地检署检察官未经服务机关许可，即利用下班时间到补习班兼课教授刑法课程，遭“法务部”检察官人事审议委员会为警告之处分。[①]

【解析】

检察官利用公余在补习班教授课程，为检察官之一种兼职形态当无疑义。有疑义者，在补习班授课，其性质是否与在各级公立或私立学校授课一样，均属“教学”之性质，此涉及如在补习班授课属于“教学”之性质，则检察官前往授课，应适用“公务员服务法”第14条之3之规定，以事先经服务机关许可为条件；如在补习班授课非属“教学”之性质，则应适用“公务员服务法”第13条第1项之规定，认属于公务员兼任其他业务之一种，应以法令有规定者为限。

在补习班授课是否属于“教学”，依“教育部”之意见，认应属于“教学”之一种：“查补习教育法规定，补习教育区分为……补习教育、进修补习教育及短期补习教育三种，短期补习教育由学校、机关、团体或私人办理，分技艺补习班及文理补习班两类。短期补习教育旨在增进……之生活技能，公私立皆可办理。另查‘公务员服务法’第14条之3并未明定所称之教学仅限于学校授课。于补习班授课似尚不得认定其非属教学活动。”[②]

因此，检察官前往补习班授课，固属公务员从事教学兼职之一种，但应事前经过服务机关之许可，且值得注意者，“公务员服务法”第14条之3所称：“公务员兼任教学或研究工作或非以营利为目的之事业或团体之职务，应经服务机关许可。机关首长应经上级主管机关许可。”并未区分是上班期间从事教学等兼职才须经过许可，还是无论上班期间或非上班期间，只要有从事教学等兼职均须经过许可，解释上，以后者之解释较符合该条之文意。因此，公务员前往学校或补习班授课之时间，无论是上班期间或非上班期间，都应事先经过服务机关之许可。本案检察官前往补习班授课之时间虽属非上班期间，但仍应依“公务员服务法”之规定事先获得

① 参照台湾高等法院台中分院检察署廉政宣导案例，http://www.tch.moj.gov.tw/ct.asp?xItem=31761&ctNode=12118，访问日期：2013年1月17日。

② 参照台湾“教育部”1996年10月15日1996年度台人二字第85076147号书函。

服务机关之许可，故该检察官未事前获得许可即前往补习班讲授刑法课程，自属违背“公务员服务法”第14条之3之规定。

又本案发生于“法官法”生效前，如依现行“法官法”第89条第1项准用第16条第5款之规定，该检察官之服务机关于许可其前往补习班授课前，尚需审酌检察官前往补习班授课是否与其职业伦理、职位尊严不兼容。

五、台湾地区相关规定

（一）台湾地区“公务员服务法”

第13条

Ⅰ公务员不得经营商业或投机事业。但投资于非属其服务机关监督之农、工、矿、交通或新闻出版事业，为股份有限公司股东，两合公司之有限责任股东，或非执行业务之有限公司股东，而其所有股份总额未超过其所投资公司股本总额百分之十者，不在此限。

Ⅱ公务员非依法不得兼公营事业机关或公司代表官股之董事或监察人。

第14条

Ⅰ公务员除法令所规定外，不得兼任他项公职或业务。其依法令兼职者，不得兼薪及兼领公费。

Ⅱ依法令或经指派兼职者，于离去本职时，其兼职亦应同时免兼。

第14条之3

公务员兼任教学或研究工作或非以营利为目的之事业或团体之职务，应经服务机关许可。机关首长应经上级主管机关许可。

（二）台湾地区“法官法”

第16条

法官不得兼任下列职务或业务：

一、中央或地方各级民意代表。

二、公务员服务法所规定公务员不得兼任之职务。

三、司法机关以外其他机关之法规、诉愿审议委员会委员或公务人员保障暨培训委员会委员。

四、各级私立学校董事、监察人或其他负责人。

五、其他足以影响法官独立审判或与其职业伦理、职位尊严不兼容之职务或业务。

第 17 条

法官兼任前条以外其他职务者，应经其任职机关同意；司法院大法官、各级法院院长及机关首长应经司法院同意。

（三）台湾地区“检察官伦理规范”

第 27 条

Ⅰ检察官不得经营商业或其他营利事业。但法令另有规定者，不在此限。

Ⅱ检察官不得与执行职务所接触之律师、当事人或其他利害关系人有财务往来或商业交易。

（四）台湾地区“行政院限制所属公务员借调及兼职要点”

第 2 点

Ⅰ本要点所称借调，指各机关因业务特殊需要，商借其他机关现职人员，以全部时间至本机关担任特定之职务或工作，借调期间其本职得依规定指定适当人员代理。

Ⅱ所称兼职，除法令另有规定外，指各机关因业务特殊需要，商借其他机关现职人员，以部分时间至本机关兼任特定之职务或工作。兼职期间其本职仍应继续执行。

第十一章　司法监督[*]

一、司法监督的意义

台湾地区“法院组织法”第60条规定：“检察官之职权为实施侦查、提起公诉、实行公诉、协助自诉、担当自诉、指挥刑之执行及其他法令所定职务之执行。”从“法院组织法”所规范检察官的职权观察，检察官从犯罪侦查的起始点，就肩负侦查主体的职能，进而决定是否起诉、控制审判入口，掌有追诉犯罪门槛控制者的要务；继之在审判中实行公诉，扮演国家及社会律师的角色；判决确定后指挥并监督刑事判决之执行，又兼有犯罪矫正师之功能。此外，协助担当自诉、参与民事事件、执行保护管束、从事法治教育及法令宣导、参与犯罪被害人保护及更生人辅导等，检察官是唯一自始至终全程参与刑事司法程序，并跨足参与公益及有关民事事件的公务员，因此，检察官也被称为“公益代表人”。

检察官既然自始至终全程参与刑事司法程序并跨足于民事事件及司法矫正、司法保护工作，被称为“公益代表人”，则促使政府的作为、社会的活动及人民的生活都能确实遵循法令规定行事，建制一个终极的法治地区，自然成为检察官不可逃避的权利及义务，而为了实践检察官这项最终使命，有效的司法监督即成为不可或缺的条件之一。

司法监督在台湾地区并不是一个具有共识的名称及议题，因此，关于司法监督，除审、检、学、辩、警、调各自依其职务角色强调监督的功能之外，以司法监督为专题的论述不多，只有2011年2月25日检察官协会第四届第2次理监事会议，决议以司法监督为该年度重要工作之一，致力于监督法官、律师进行刑事诉讼之正当及合法性。只可惜人力及资源有限，加上倡议时间太短，尚无任何具体作为及成效。①

---

* 本章内容对应台湾地区“检察官伦理规范”第19、24条。

① 参阅2011年2月25日检察官协会第四届第2次理监事会会议纪录。倡议设立网页，搜集检察官、法官、律师、司法警察不当行为，经查证后适当处理，以提振刑事诉讼司法效能。

相对地，中国大陆对司法监督的论述很多，在司法监督之上还有法律监督的上位概念。中国大陆学者普遍认为法律监督是指国家政权机关运用法律手段，对于法律实施过程中的活动进行监察和督导。法律监督有狭义和广义两种，狭义的法律监督是指宪法和法律规定的国家权力机关和特定的法律监督机关，对于宪法和法律实施过程中的各种监督，以保证宪法和法律统一正确实施的活动；广义的法律监督不仅包含国家权力机关和检察机关对法律实施过程中的监督，而且包括国家行政监察机关、行政机关组织系统内部自上而下对行政法规实施过程的监督，以及政党、社会团体、企业单位、社会、人民等各界，对法律实施过程的监督，既包括对刑事法律监督，又包括对民事法律、经济法律、行政法律监督，是一种内容广泛的综合法律监督[①]。中国大陆《宪法》第129条规定："中华人民共和国人民检察院是国家的法律监督机关。"因此，检察院被认为是狭义的法律监督中司法监督机关之一，[②] 其监督内容包含法纪监督、侦查监督、审判监督、执行监督、守法监督等。法纪监督是指检察机关对国家机关工作人员对法律的遵守情形所进行的专门监督；侦查监督是指检察机关对警察机关侦查活动的合法性所进行的法律监督；审判监督是指检察机关对审判机关审判活动的合法性所进行的监督；执行监督是指检察机关对审判机关所作出的判决和裁定执行情况所进行的监督；守法监督是指针对普遍的自然人和法人所进行的社会活动守法状况所实施的法律监督。[③] 在司法实务上，中国大陆各人民检察院也普遍设置侦查、公诉、执行、纪律等监督部门，与前揭司法监督任务相呼应。因此，中国大陆检察机关虽仅属狭义法律监督中司法监督的一部分，但其监督范围还是相当广泛而且深入。

台湾地区的检察机关对于司法监督应该扮演何种角色？监督范围是否应限缩在刑事诉讼法赋予检察官的职权即诉讼监督？或应包括监督国家其他机关执法的合法性及社会、人民守法之状况？迄今无明确的讨论及定义，本章拟在叙述其他国家或团体对于检察官司法监督的规范后，再提出

---

① 参阅程荣斌：《简论法律监督的地位和作用》，载《北京市政法管理干部学院学报》1991年第1期。转载自卓泽渊：《法理学论点要览》，http：//www.juristical.com/books/fali/139.htm，访问日期：2013年4月1日。

② 中国大陆的司法监督机关包括审判机关和检察机关。参阅沈宗灵：《法学基础理论》，北京大学出版社1944年版，第452～456页。转载自卓泽渊：《法理学论点要览》，http：//www.juristical.com/books/fali/139.htm，访问日期：2013年4月1日。

③ 参阅葛洪义：《法理学》，中国法政大学出版社1999年版，第458～465页。转载自卓泽渊：《法理学论点要览》，http：//www.juristical.com/ books/fali/139.htm，访问日期：2013年4月1日。

研议意见。

二、检察官司法监督的范围

现代的检察官制度起源于法国1789年大革命，正式建立于1808年之拿破仑治罪法典，往后随拿破仑征战传播于欧陆各国，直至20世纪末叶，国际刑事司法对强化检察制度已形成共识，咸认检察官居刑事司法关键角色，纷纷建立完备之检察官伦理规范及行为准则，以树立检察官之威信，提升检察官司法处分之公信力。而司法监督属于检察官伦理规范之一环，因此，如果要定义检察官司法监督的范围及角色，就必须从源头探究设置检察官的目的。

设置检察官制度的主要目的，乃在废除当时的纠问制度，确立诉讼上权力制衡原则。一来纠问制度是中古时期盛行于欧陆的刑事诉讼程序，由法官一手包办追诉及审判的工作，但这种由法官包办、独揽追诉及审判的办案模式，本就欠缺监督制衡的机制，二来由法官自行侦查起诉，法官在心态上早已有判罪之定见，复以纠问法官以调查出被告犯罪为主要目标，自然会对被告穷追猛打，根本不可能期待实施公正客观的审判。因此，改革者乃将刑事诉讼程序拆解为侦查及审判两个阶段，由新创设之检察官主导侦查、起诉工作。法官则专责于审理及终局判决的工作。同时，刑事诉讼采控诉原则，亦即法官应不告不理，退居消极被动的角色，显见创设检察官第一个目的是削弱法官包办刑事诉讼的职权并要监督法官的审判及判决。第二个目的是警察通常隶属于行政体系的机关，其基本任务是发掘犯罪及不法行为，以维护社会治安，为达到降低犯罪的目的，警察经常会不择手段要将被告绳之以法。经验告诉我们，警察人员以要挟、逼迫手段取得被告自白，违背法律正当程序取得证据，侵害被告诉讼上基本人权并不鲜见，因此，创设检察官来导正警察遵守合法、正当的诉讼程序，保障被告权益，杜绝警察恶名之倡议乃因应而生。第三个目的是检察官与警察不同，不应该以追求被告有罪为唯一目的，而是要守护法律，使公正、客观法的意志能贯彻于整个刑事诉讼程序，在保障被告人权及维护公共利益底下追诉犯罪，从而坚定守护检察官制度乃告确立。[①] 简言之，设置检察官之目的，在于监督法院的审理判决，导正警察合法取证，照料被告诉讼上基本人权及维护公共利益。而检察官自纠问法官分权，职司侦查、追诉及

---

① 参阅林钰雄：《检察官论》，台湾新学林出版股份有限公司1999年版，第14~18页。

执行工作，监督法官审理判决，乃天经地义之事，此外，从域外其他国家或国际检察官组织所订定之检察官准则或检察官规范都不难发现，要求检察官必须践行导正警察机关取证之合法、照料被告诉讼上基本人权及维护公共利益等责任之规定。兹简述如下：

（一）第八届联合国预防犯罪和罪犯待遇会议决议《检察官守则》(Eight United Nations Congress on the Prevention of Crime and the Treatment of Offenders—Guidelines on the Role of Prosecutors)

检察官应在刑事诉讼，包括提起诉讼和根据法律授权或当地惯例，在调查犯罪、监督调查之合法性、监督法院判决的执行和作为公众利益的代表行使其他职能，发挥积极作用；检察官应始终一贯迅速而公平依法行事，尊重和保护人的尊严，以及保护人权，从而有助于确保法定诉讼程序和刑事司法系统之职能顺利进行；检察官若知悉对被告不利证据系以侵害犯罪嫌疑人人权为手段，尤其是通过拷打、残酷的、非人道的、侮辱人格的待遇，或其他违反人权手段之取证，应予拒绝使用，并采取一切必要措施，将使用该手段之人绳之以法。①

（二）国际检察官协会——《检察官专业责任守则和主要职责及权利之声明》(Standards of Professional Responsibility and Statement of the Essential Duties and Rights of Prosecutors)

检察官应致力于保障被告接受公平审讯的权利，永远致力于为公众利益服务，维护公共利益，尊重、维护人类尊严及人权普遍概念；在督导犯罪案件侦查工作时，检察官应确保侦查人员尊重法律规则及基本人权；对于以残酷对待方式及严重侵害人权之取证应拒绝适用，并对使用这些方法的人采取适当行动。②

（三）2000年欧洲议事会部长会议决议——检察官在刑事司法的角色(Council of Europe Committee of Ministers—The Role of Public Prosecution in the Criminal Justice System)

检察官是代表社会及公共利益的公权力机构，应考虑个人人权与刑事司法有效执行之平衡，担保犯罪行为能适用法律实施刑事制裁，依法针对

---

① 参照联合国预防犯罪和罪犯待遇会议决议《检察官守则》第11条、第12条、第16条。

② 参照国际检察协会《检察官专业责任守则和主要职责及权利之声明》第1条之1、第4条之2、第4条之3。

法院之判决或其他决定可以上诉。[①] 检察官应监督警察之调查，在决定追诉前，应详细检视警察之调查取证，监督警察是否遵行人权保障。[②]

（四）《欧盟检察官伦理及行为准则》（European Guidelines on Ethics and Conduct for Public Prosecutors）

检察官是刑事司法关键角色，依据 2000 年欧洲议事会部长会议决议，检察官是代表社会及公共利益的公权力机构，应考虑个人人权与刑事司法有效执行之平衡，担保犯罪行为能适用法律实施刑事制裁；拒绝使用被怀疑以非法手段或侵害人权取得之证据，并应对这些违法人员采取适当之作为，协助法院完成公平的判决。[③]

（五）《英国皇家检察官准则》（The Code for Crown Prosecutors）

检察官对从警察或其他调查者接收的每宗案件都要进行复审，检察官必须保证他们在作出决定前已经掌握全部信息，以便能以最正确结果处理案件，这包括检察官向警察及其他调查者指导并建议有关调查方向，取得证据的必要条件，以及支持起诉程序上之问题；检察官应确保犯罪人因其犯罪行为而被正确无误起诉，对案件做出公正、公平和完整的决定，而有助于被害人、证人、被告及公众正义的维护。[④]

为强调检察官为刑事诉讼最关键角色，应代表社会公众利益促进刑事诉讼妥适进行，以维护人民自由、安全、幸福生活的宗旨，台湾地区“检察官伦理规范”第 2 条规定：“检察官为法治国之守护人及公益代表人，应恪遵宪法、依据法律，本于良知、公正、客观、超然、独立、勤慎执行职务。”第 3 条规定：“检察官应以保障人权、维护社会秩序、实现公平正义、增进公共利益，健全司法制度发展为使命。”为完成这些使命，实施积极有效之司法监督自是不可或缺的方法之一，故在第 4 条规定：“检察总长、检察长应依法指挥监督所属检察官……检察官应于指挥监督长官之合法指挥下，妥速执行职务。”第 19 条规定：“检察官应督促受其指挥之

① 该决议第 19 点另提醒检察官应尊重法官独立行使职权，不能轻易怀疑法官的判决或阻碍判决执行，妥适运用检察官上诉或其他抗诉行为。惟此为检察官职权行使另一问题，并不影响检察官应监督法官审理判决之权责。

② 参照 2000 年欧洲议事会部长会议决议——检察官在刑事司法的角色第 1 条、第 2 条、第 21 条、第 22 条。

③ 参照《欧盟检察官伦理及行为准则》Introduction 第 1 项、第 3 项，Basic duties 第 m 项、第 n 项，Professional Conduct in the Framework of Criminal Proceedings 第 i 项、第 m 项。

④ 参照《英国皇家检察官准则》第 2 条之 1、第 3 条之 2。

检察事务官、司法警察（官）本于人权保障及正当法律程序之精神，公正、客观依法执行职务，以实现司法正义。”第24条规定：“检察应审慎监督裁判之合法与妥当。经详阅卷证及裁判后，有相当理由认裁判有违法或不当者，应以书面详述不服之理由请求救济。”除此之外，对于共同实施刑事诉讼之法官（法院）及律师，于第23条规定：“检察官执行职务时，应与法院及律师协同致力于人权保障及司法正义之实现。”虽以“协同合作”的用语规范于法条文字，但本质上仍然应聚焦在相互监督的作用。[①] 依上所述，台湾地区检察官的司法监督，应以刑事司法为主轴，而以“检察体系自我监督”、“监督司法警察”、“监督法官之审理判决”、“监督律师妥适执行职务”、“指挥监督刑事判决执行”为最主要内容。

三、司法监督的内容

在刑事司法实务上，审、检、警、辩一向处于既合作又竞争的关系，法官职司审理判决，可以实际检视并评价检、警、辩的工作成果；对警方而言，法官可以在判决书上宣告警方取证违法无证据能力；对检、辩而言，则是有罪、无罪的裁判，这是法官职务上最重要的司法监督。检察官职司追诉犯罪，在决定起诉与否前，当先检视司法警察取证之有效及合法性，法院判决如果违法或失当，可以依法提起上诉；律师若担任告诉代理人，对检察官之不起诉处分可依告诉人之委托声请再议，若对判决不服亦可依其当事人委托声请上诉，这也是检、辩职务上最重要的司法监督。除此之外，“司法院”为建立检察官、律师声请转任法官评价依据，持续要求法官就承审案件通案评价检察官与律师的表现，但不曾公开评价结果；律师团体则不时通案全面评鉴检察官及法官的表现，甚至以记者会方式公

---

① 台湾地区“检察官伦理规范”草拟时，曾将“检察官应监督法官、律师依宪法、法律执行职务。如有相当理由相信法官、律师有犯罪嫌疑，应予告发”列入提案。唯参与研拟的委员认为，第23条已规定检察官应与法官、律师协同致力于人权保障及司法正义迅速实现，条文本身即有相互监督及制衡之精神，不宜再加设“监督”的规范用语，乃建议改为“检察官知悉其他检察官、法官或律师确有违反其伦理规范之行为时，宜通知该检察官、法官所属职务监督权人或律师公会”，以免过度冲击院检辩之合协（参阅2011年10月18日第7次会议记录）。唯草案于2011年12月20日各检察署代表会议时，议决删除。

告检察官的违法失职事迹,[①] 监督检察官、法官的企图心及力道均相当强烈。反观检察体系除了上揭“刑事诉讼法”职务上司法监督之外，向来监督审、警、辩的力道不足，只是常在私底下抱怨法官、律师如何离谱，警察如何散漫，却从无有组织、系统性的监督力道，无怪乎近 20 年来司法改革过程中，始终是呈现检察官一路挨打的现象。从另一个角度来看，检察官未能尽其司法监督的责任，未尝不是失职的一种形态，为达成检察官的使命，本章从检察官角度出发，试提出下列检察官司法监督的内容：

（一）检察体系自我监督

1. 检察长官对下属检察官之职务监督

台湾地区“法院组织法”第 63 条规定：“检察总长依本法及其他法律之规定，指挥监督该署检察官及高等法院以下各级法院及分院检察署检察官；检察长依本法及其他法律之规定，指挥监督该署检察官及其所属检察署检察官；检察官应服从前二项指挥监督长官之命令。”同法第 64 条规定：“检察总长、检察长得亲自处理其所指挥监督之检察官之事务，并得将该事务移转于其所指挥监督之其他检察官处理之。”台湾地区“检察官伦理规范”第 4 条规定：“检察总长、检察长应依法指挥监督所属检察官……检察官应于指挥督长官之合法指挥下，妥速执行职务。”同规范第 16 条规定：“检察官侦办案件应本于团队精神，于检察总长、检察长之指挥监督下分工合作、协同办案。”此即为检察一体之指挥监督，因已于“‘检察一体’的原则与运用”章详为论述，于此不再赘言。

2. 检察官对检察长官之职务监督

台湾地区“检察官伦理规范”第 4 条规定：“检察总长、检察长应依法指挥监督所属检察官，共同维护检察职权之独立行使，不受政治力或其他不当外力之介入。”本条规定在文字上虽指检察长官指挥监督所属检察官，但司法实务上的经验，基层检察官往往比检察长官更有坚持不受政治力干涉之勇气，因此本规范更深层的意义在于下属检察官亦应监督检察长官共同维护检察职权之独立行使。检察长依台湾地区“法院组织法”第 64 条规定：“固得对所属检察官所承办案件实施职务承继权、职务移转

---

① 民间司法改革基金会“追缉恶检”项目：由超过 50 位之义务律师组成，研析若干台湾地区“最高法院”判决无罪确定案件，判断是否与检察官失职滥权相关，并分别于 2011 年 11 月 29 日、12 月 8 日、2012 年 3 月 29 日、6 月 11 日召开 4 次记者会，公布特定浮滥起诉、上诉之个案，请求“法务部”提出说明，并建立一般性的事后究责机制。参阅民间司法改革基金会网站——年度工作成果，网址：http：//www. jrf. org. tw/newjrf/Layer2/benefit. asp，访问日期：2013 年 4 月 1 日。

权。”但台湾地区“法官法”第92条规定：“检察官对于‘法院组织法’第63条第1项（“检察总长”指挥权）、第2项（检察长指挥权）指挥监督长官之命令，除有违法之情事外，应服从之；前项指挥监督命令涉及强制处分权之行使、犯罪事实之认定或法律之适用者，其命令应以书面附理由为之。”“检察官伦理规范”第14条亦规定：“检察官对于承办案件之意见与指挥监督长官不一致时，应向指挥监督长官说明其对案件事实及法律之确信；指挥监督长官应听取检察官所为前项说明，于完全掌握案件情况前，不贸然行使职务移转或职务承继权。”凡此规定，均充分显示检察长官固得依法指挥监督下属检察官，相对地，下属检察官亦应监督检察长官之违法滥权，此部分亦已于“‘检察一体’的原则与运用”章详为论述，兹不赘言。

3. 检察官间之相互监督

无论是协同办案、相关案件调卷参阅、上级案件审核，或一般业务及日常生活接触，检察官与检察官间的接触多重而频繁，当检察官因为这些接触，发现同僚有违法失职情况时，应如何处置，在“检察官伦理规范”草拟研议时，曾参考“法官伦理规范”第26条“吹哨子”条款的规定，[①]研拟：“检察官知悉其他检察官、法官或律师确有违反其伦理规范之行为时，宜通知该检察官、法官所属职务监督权人或律师公会”之规定，亦即检察官不论是职务或一般接触，知悉其他检察官有违反伦理规范情况，亦有监督举发之义务。唯草案于2011年12月20日各检察署代表会议讨论时，与会代表认为，“检察官伦理规范”系因“法官法”第89条第4项第7款规定：违反检察官伦理规范，情节重大，应付个案评鉴；若将举发其他检察官不法之义务列入“检察官伦理规范”，恐怕产生因他人违法，检察官轻易陷入被个案评鉴之危险，因而议决删除。[②] 唯个人认为此项考虑过于多虑，其实只要将“知悉”修订为“明知”就不会有此风险，否则都已明知其他司法人员违法失职，仍容许不予举发，显系乡愿并逃避责任，相较于“法官伦理规范”之自我要求，显然不是应有之态度，建议仍应考虑将检察官间相互监督之义务纳入“检察官伦理规范”，这才是检察官应有的担当。

---

① “法官伦理规范”第26条规定：“法官执行职务时，知悉其他法官、检察官或律师确有违反其伦理规范之行为时，应通知该法官、检察官所属职务监督权人或律师公会。”因属举发他人不法行为，俗称“吹哨子”条款。

② 参阅2011年12月20日台湾“法务部”检察司召集之“检察官伦理规范”研议会议会资料。

（二）监督法官审理判决

1. 侦查阶段

检察官在侦查阶段，若认有对被告等实施强制处分之必要，原则须向法院提出声请，例如声请羁押被告、声请签发搜索票、声请核发通讯监察书等。相对地，法官对强制处分声请的准驳如有违法或不当时，检察官有无监督救济的机制？依“刑事诉讼法”第404条第2款规定，关于羁押之裁定，得为抗告；在司法实务上确有不少社会瞩目案件检察官声请羁押被告，经第一审法院驳回，检察官提出抗告后第二审法院发回第一审法院更裁结果，谕令被告羁押之案例。[①] 至于检察官声请法院签发搜索票或通讯监察书被驳回时，检察官有无救济管道？依“刑事诉讼法”第128条之1第3项及“通讯保障及监察法”第5条第3项之规定，检察官不得声明不服。[②] 唯刑事司法实务上亦曾耳闻有极少数法官对搜索票及通讯监察书之核发有明显的个人偏见，如已严重影响犯罪之侦查，“刑事诉讼法”虽无声明不服救济机制，唯检察官似可考虑其他司法监督方法，如请求由机关或检察官团体提出个案评鉴来进行司法监督。

2. 审理阶段

检察官在审理阶段必须到庭实行公诉，实行公诉主要内容包含陈述起诉事实（上诉意旨）及所犯法条、提出起诉证据、声请调查证据、对证据能力有无表示意见、参与争点整理、对调查证据方法及顺序提出意见、实施交互诘问、对调查证据结果表示意见、讯问被告、论告、求刑等。实行公诉的具体作为，应在审判长或受命法官诉讼指挥下依序进行，有部分程序属法院应裁定事项，如宣示证据能力之有无、驳回调查证据之声请、宣示调查证据之范围、顺序及方法等。虽然实务上法院很少在判决前以中间裁定宣示证据能力之有无、准驳证据调查之声请及示调查证据之范围、顺

---

① 例如，前“总统”陈水扁于2008年12月间，因贪渎案经检察官提起公诉移审时，台北地院裁定驳回羁押被告之声请，检察官第1次提起抗告，经台湾高等法院发回重裁，台北地院重裁结果，仍驳回羁押被告之声请，检察官第2次提起抗告，经台湾高等法院再发回重裁，台北地院合议庭终在2008年12月30日裁定羁押陈水扁。参阅联合知识库，2008年12月12日至2008年12月30日新闻资料库。

② “刑事诉讼法”第128条之1第1项：“侦查中检察官认有搜索之必要者，除第131条第2项所定情形外，应以书面记载前条第2项各款之事项，并叙述理由，声请该管法院核发搜索票；同条第3项：前2项之声请经法院驳回者，不得声明不服。”“通讯保障及监察法”第5条第2项：“前项通讯监察书，侦查中由检察官依司法警察机关之声请或依职权以书面记载第11条之事项，并叙明理由，检附相关文件，声请该管法院核发……”同条第3项：“前项之声请经法院驳回者，不得声明不服。”

序及方法，前两者几乎都是在判决时才一并在判决理由交待，[①] 后者则在准备程序时，即由受命法官定之。唯如有依“刑事诉讼法”第 163 条之 2 规定，于判决前裁定驳回调查证据之声请者，[②] 或依法裁定证据能力之有无者，或依“刑事诉讼法”第 161 条之 2 第 2 项裁定调查证据之范围、顺序及方法者，其中，声请调查证据之准驳有实务家认为不得抗告，[③] 其余两者依“刑事诉讼法”第 404 条之规定，似属判决前关于诉讼程序事项之裁定，不得抗告；有部分则属审判长或受命法官关于调查证据或指挥诉讼之处分，如数字证人间或证人与被告间应否隔离讯问、勘验证物之范围及方法等，依“刑事诉讼法”第 288 条之 3 规定，当事人得向法院声明异议，且法院就该异议应裁定之，而此项裁定应属判决前有关诉讼程序之事项，依“刑事诉讼法”第 404 条之规定，应不得抗告。[④]

此外，审判庭实施交互诘问时，依“刑事诉讼法”第 167 条之 1 规定，当事人、代理人或辩护人就证人、鉴定人之诘问及回答，得以违背法令或不当为理由，声明异议；第 167 条之 2 规定，审判长就声明异议，应立即处分；第 167 条之 6 规定，就驳回异议之处分，不得声明不服。兹在实务上检察官经常面临的尴尬问题是，实交互诘问时，审判长经常打断检察官的诘问自己插手进来提问，或者审判长实施补充讯问显有违法或不当情形，检察官有无救济方法？个人认为检察官可引用“刑事诉讼法”第 288 条之 3 规定声明异议。唯大部分检察署采专责实行公诉制，由特定公诉检察官对应特定法官，检察官因担心经常针对对应法官声明异议，会造成执行职务的困扰，因而任由审判长破坏检察官诘问的布局及节奏。是站在监督法院审判的立场，检察官对法院、审判长、受命法官之裁定若有不服，自应先寻求刑事诉讼法体制上救济，若依“刑事诉讼法”规定不能救

① “刑事诉讼法”第 273 条第 1 项规定，行准备程序时，法院应晓谕当事人对证据能力表示意见及为证据调查之声请；第 2 项规定，经法院认定无证据能力者，该证据不得于审判期日主张，足见判决前若为证据能力有无之认定，应由法院以裁定为之，至于声请调查证据之准驳，法无明文，本文认为亦应由法院以裁定为之。虽实务上几乎未有在判决前即先为证据能力有无之裁定及声请调查证据之准驳，或许站在检察官立场认为对追诉犯罪并无显著不利影响，因而检察官亦从未强烈要求法院在判决前先为裁定。唯个人认为实务如此操作，恐有损害实施准备程序之功效。

② “刑事诉讼法”第 163 条之 2 第 1 项规定，当事人、代理人、辩护人或辅佐人声请调查之证据，法院认为不必要者，得以裁定驳回之。

③ 参阅林俊益：《刑事诉讼法概论（下）》，台湾新学林出版股份有限公司 2003 年版，第 425 页。

④ “刑事诉讼法”第 288 条之 3 第 1 项规定：“当事人、代理人、辩护人或辅佐人对于审判长或受命法官有关证据调查或诉讼指挥之处分不服者，除有特别规定外，得向法院声明异议”；第 2 项规定，“法院应就前项之异议裁定之”。

济或救济管道已尽，但仍明确发现法院有违法、不当作为且有侵害追诉犯罪效能之虞时，例如总是制止检察官或辩护人较长的论告或辩护、对交互诘问的异议不予理会、不断插手检察官或辩护人之交互诘问等，即不得不谋求其他司法监督的方法。

3. 裁判后阶段

案件经判决后，当事人若对判决不服，得依“刑事诉讼法”第 344 条第 1 项上诉于上级法院，同法条第 3 项规定，检察官亦得为被告利益上诉；案件经判决确定后，判决如有“刑事诉讼法”第 420 条、第 421 条、第 422 条情形，得依法声请再审；若发现判决系违背法令者，台湾“最高法院检察署检察总长”得依“刑事诉讼法”第 441 条提起非常上诉。此为案件判决后，检察官依“刑事诉讼法”规定得监督判决之法定方式。兹有需提醒检察官者，乃台湾“最高法院”为清理积案，近年来对提起第三审上诉采取比较严格态度，[①] 亦即上诉驳回比率大幅提高，[②] 导致检察官上诉成功率降低，影响办案成绩及检察署间之评比，明显减抑二审检察官提起三审上诉的意愿，其间是否夹杂应上诉而未上诉案件，站在司法监督立场，不免让人担心。至于检察官对判决结果虽不认同，但在法律上已无救济管道者，例如滥用“刑法”第 59 条减轻被告刑责；检察官明明发现判决违法或不当，但因属二审确定案件不得上诉三审；检察官明明已就判决如何违背法令详加论述，台湾“最高法院”却视而未见，漫加指摘检察官不具上诉理由径予驳回上诉；或于并合处罚定应执行刑时定刑偏低，[③] 几乎让已废除的连续犯以一罪论定刑方式死灰复燃，[④] 检察官仍应当采取妥适之司法监督方法，避免法官独大滥权。

---

① 据 2011 年 6 月 15 日《法治时报》第 70 期报道：台湾“司法院”为清理积案，设下不成文门槛，即上诉驳回比例必须超过 75%，即发回比例不得超过 25%。

② 依 2011 年台湾“司法院”暨所属机关业务统计结果摘要分析，台湾“最高法院”刑事案件在 2007 年上诉驳回比例为 55.34%，上诉发回比例为 42.56%，其他方式终结为 2.10%；迄 2011 年上诉驳回比例为 79.91%，上诉发回比例为 18.53%，其他方式终结为 1.48%。引自 http://www.judical.gov.tw/juds/ jsi/home.htm#04a。

③ 例如台湾屏东地区有一个父亲长年性侵女儿，被判 256 个罪，每罪量刑 7 年 2 月，宣告刑共计 1874 年，但合并处罚定执行刑仅 9 年 8 个月。参阅《苹果日报》2011 年 2 月 11 日。

④ 2006 年 7 月台湾地区“刑法”修订废除连续犯之规定改采一罪一罚，唯司法实务对于原来可能属于连续犯范畴之犯罪如窃盗、强盗、妨害性自主之多数犯罪，于并合处罚定执行刑时，几乎是以连续犯以一罪论再依法酌加刑期之方式定执行刑，以至于有妨害性自主案件上百次犯罪，每次量刑数年，最后定应执行刑不到 10 年，外界评为连续犯死灰复燃。

4. 其他司法作为

近几年有两件让检察官感觉司法监督明显不足的事，一是刑事妥速审判法的立法，二是台湾“最高法院”2012年第2次刑事庭会议决议法院仅对被告有利事项才有依职权调查证据之义务。前者即使是因法官的怠惰导致案件审理迟滞，也不检讨法院的责任，反而以限制上诉惩罚检察官（被害人）或以减刑方式来快速解决案件审理迟滞的问题；后者则是无视白纸黑字的法律明文，刻意曲解“刑事诉讼法”第163条第2项但书之立法旨意，以减轻法院职权调查的责任。检察机关及检察官团体虽曾表示反对的意见，[①] 但终究司法监督的力道不足，未能促使台湾“司法院”或“最高法院”为具体的回应。

5. 其他接触

检察官与法官除了前揭“刑事诉讼法”不同角色扮演之外，尚有很多职务内、外的接触，“检察官伦理规范”研议时，亦曾提议研拟：“检察官知悉法官确有违反其伦理规范之行为时，宜通知该法官所属职务监督权人”之规定，唯草案于2011年12月20日各检察署代表开会讨论时，被议决删除，理由已如前述，个人认为这是减损检察官角色功能之举，宜考虑再回复原拟议之规定。

（三）监督司法警察合法侦查

警政署长、警察局长、警察总队总队长、宪兵队长官等于其管辖区域内为司法警察官，有协助检察官侦查犯罪之职权；警察官长，宪兵队官长、士官为司法警察官，应受检察官之指挥，侦查犯罪；警察、宪兵为司法警察，应受检察官命令侦查犯罪，这是“刑事诉讼法”第229条、第230条、第231条所规定检察官与司法警察间，侦查刑事犯罪的关系。检察官既有指挥司法警察侦查犯罪的权责，且司法警察在第一线搜集之犯罪证据资料，因为是在第一时间直接面对各犯罪关系人搜集，往往是追诉犯罪能否成功之关键因素；但另方面警方因为有破案及绩效的压力，于搜集犯罪证据时，是否均能遵守正当法律程序，维护涉嫌人基本人权，社会向来持不信任的观感。因此，在前揭世界主要检察官团

---

① 针对台湾地区“最高法院”2012年第2次刑事庭会议之决议，台湾澎湖地方法院检察署检察官吴××于2012年6月4日到台湾地区“最高法院”大门静坐抗议，当天有众多检察官前往现场致意；台湾组织则发动检察官联署抗议，获1078位检察官联署支持；2012年6月22日举办“以审判为核心的司法改革系列研讨会——1078位检察官联署为那般?”，从权力分立角度探讨前揭台湾地区“最高法院”决议之妥当性。讨论内容请参阅《检察新论》第13期，第91～122页。

体等，均明确将监督司法警察合法取证、知悉司法警察所搜集证据违法或侵害人权者，应拒绝适用、知悉司法警察使用不合法手段搜集证据时，应予适当处理等，列入检察官伦理规范。台湾地区司法警察维护基本人权的观念固然已有很大进步，唯检察官仍应循下列方向确实督促其遵守正当法律程序办案。

1. 是否发动犯罪调查之监督

检察官明知有罪之人而故意不予追诉，或明知无罪之人而使其受追诉者，“刑法”第 125 条第 1 项第 3 款定有处罚明文。相对地，司法警察职司犯罪调查，若无任何犯罪迹证，轻易启动犯罪调查，甚至立案移送检察官侦办，或有相当犯罪迹证及情资，但却怠于启动调查者，则并无刑事处罚之立法，唯警察机关隐匿案件，或人民跨辖区请托熟识的警察发动调查私人纠纷等违法事件则时有所闻，而此类俗称“吃案”及徇私之违法或失当行为，向来仅依赖警察机关内控机制管理，个人认为仅靠警察机关内控实嫌不足，而应正式将之列入检察官对警察机关司法监督的范围。

2. 强制处分权运用之监督

“刑事诉讼法”第 128 条之 1 规定，司法警察官因调查犯罪嫌疑人犯罪情形及搜集证据，认有搜索之必要时，得依法报请检察官许可后，向该管法院声请核发搜索票；“通讯保障及监察法”第 5 条第 2 项规定，通讯监察书于侦查中，由检察官依司法警察机关声请或依职权，以书面并记载理由，检附相关附件，声请该管法院核发。“刑事诉讼法”既以检察官为司法警察声请运用强制分处之窗口，自是要求检察官能确实监督该强制处分声请及执行之必要性、妥当性及合法性。例如，依“检察机关实施通讯监察应行注意要点”规定，检察官应确实审核司法警察通讯监察声请之要件及文件、监督执行，并定期巡视、查核通讯监察执行处所、文书。唯检察官是否已经善尽此项责任，实是司法监督重要课题。另司法警察侦查犯罪，发现有“刑事诉讼法”第 88 条之 1 第 1 项各款情形而情况紧急不及报告检察官者，得径行拘提犯罪嫌疑人，唯于拘提后，应立即报请检察官签发拘票，如检察官不签发拘票时，应将被拘提人释放。此为检察官监督司法警察运用对人强制处分之重要机制，唯实务上司法警察却鲜有于实施紧急拘提后，立即报请检察官签发拘票者，而常是将被拘提人先带回警局进行调查，调查完毕后始检具紧急拘提声请书、本案移送书，连同犯罪嫌疑人一并移送检察官侦查。这种便宜措施严重侵害犯罪嫌疑人人身自由之保障，这是检察官向来疏忽司法监督的领域之一。

3. 调查取证之监督

由于侦查中辩护人在场及全程录音制度之实施，以及人权意识的提升，或许传统的“刑求逼供”[①] 可能渐成历史名词，但诸如“刑事诉讼法”第95条、第98条、第100条之1所定，讯问被告应先告知所犯罪名、得保持缄默、得选任辩护人、得请求调查有利之证据等诉讼法上权利事项；讯问被告应以恳切之态度，不得用强暴、胁迫、利诱、诈欺、疲劳讯问或其他不正之方法；讯问被告应全程录音，必要时，应全程录像等；[②] 保障被告基本诉讼权的规定，却难以保证已被司法警察机关确实遵守。案件起诉审理时，辩方最好的防御方法就是指摘警询笔录或警局搜证违反法定程序，否定其证据能力，公诉检察官经常面临辩方主张“调查员恫吓被告如果不讲清楚，会建议检察官声请羁押。”“警察说其他人都这样说，你还不承认，难到要扛下全部责任。”“我没有这样说，笔录都是警察自己写的。”“被告到调查局报到后，调查员轮翻来说服被告认罪，磨了五六小时之后才开始问笔录。”“证人如果不全部说清楚，可能牵连证人自己及其家人。”等不法取供之警询笔录无证据能力，而困在法庭，甚至导致追诉犯罪失败。此等现象显示检察官对监督司法警察严格遵守正当法律程序调查案件，尚有很大努力空间。

（四）监督律师妥适执行业务

律师在刑事诉讼的角色有可能是告诉人的代理人，也有可能是被告的辩护人，与检察官并不全然处于对造的立场。但无论是同造或对造，在刑事诉讼过程会有很多合作或对抗的接触，自应监督律师妥适执行业务。依过往经验，曾有极少数律师充当“司法黄牛”，教导被告或证人法庭陈述的内容；容认不实人证或物证；恶意攻击检察官的举证等，凡此均足以妨害刑事司法权之正当行使。因而，“检察官伦理规范”于研议草案时，曾有研拟“检察官知悉律师确有违反其伦理规范之行为时，宜通知律师公会”规定之议，亦即检察官不论是职务或一般接触，知悉律师有违反伦理规范情况，亦有监督举发之义务。唯草案于2011年12月20日各检察署代表会议时议决删除，理由已如前述，个人认为宜考虑再予回复纳入规范。

---

① 台湾地区有关规定中的“刑求逼供”与国家立法的“刑讯逼供”是同一法律概念。下文不再赘述。——编者注

② 讯问证人虽无类似规定，但依人权保障之基本要求，当然亦不得以强暴、胁迫、利诱、诈欺、疲劳讯问或其他不正之方法询问，且实务上司法警察机关也要求询问证人、被害人、关系人时应全程录音或录像，均可认为系实质上保障人权应遵守之措施。

（五）指挥监督刑事判决执行

“刑事诉讼法”第457条第1项规定，执行裁判由为裁判法院之检察官指挥之，是检察官有指挥、监督刑事裁判执行之权责。又依同法第461条第1项规定，死刑，经“法务部”部长令准后，交检察官指挥执行，依“监狱行刑法”第90条规定，死刑用药剂注射或枪毙，在监狱特定场所执行之，监督重点在于案件确已判决死刑确定及执行对象身份之确认；至无期徒刑、有期徒刑、拘役由检察官签发执行指挥书，交付监狱执行。另“监狱行刑法”第5条第2项规定，检察官就执行刑罚有关事项，随时考核监狱，实务上监督考核重点在于刑期计算、假释办理、保外就医、脱逃事件、生活恶习、人犯饮食及职员违纪等；罚金、易科罚金、易服社会劳动，由检察官指挥检察机关人员执行；从刑及保安处分，亦在检察官指挥监督下依法执行。其中，易服社会劳动是台湾地区新设之易刑处分，由检察官指挥书记官、观护人、观护佐理员结合政府机关及社会机构协力执行，在制度新设的阶段，检察官尤应严格监督，让易服社会劳动之良法美制能创造矫正及利民双赢的效果；在没收扣押物执行，则应避免监守自盗事情发生。

四、司法监督具体作为

（一）刑事追诉

检察官在执行司法监督职务中，若发现违法失职已严重到触犯刑事法令，即应积极发动侦查予以追诉。例如，台湾“最高法院检察署”为监督司法人员风纪，成立“正己项目”，经3年长期搜证，发动多次搜索，查获“台湾高等法院法官及板桥地检检察官集体贪污案”，于2010年11月8日以违背职务收受贿赂等罪，起诉13名被告。[①] 再如，台中地检署于2006年12月间，查获某律师充当“司法黄牛”，向其多名当事人各诈骗30万元活动费，经检察官侦查起诉后，2007年12月3日经台中地院以诈欺罪判处有期徒刑3年10月。[②] 又如，台北地区某警员于处理纠纷过程中过失

① 参阅2010年11月8日台湾“最高法院检察署”新闻稿，http：//www. tps. moj. gov. tw/public/Attachment/01189572875. pdf，访问日期：2013年4月1日。

② 参阅《自由电子报》2006年12月27日，http：//www. libertytimes. com. tw/ 2006/new/dec/27/today－center8. htm，访问日期：2013年4月1日；《大纪元电子新闻》2007年12月3日，http：//www. epochtimes. com/b5/7/12/3/ n1923419. htm，访问日期：2013年4月1日。

致人于死，竟利用职权教唆伪证，陷害他人伤害致死，经士林地检署检察官提公诉。[①]

（二）“刑事诉讼法”的救济程序

对法院的判决、裁定，对审判长、受命法官的处分或诉讼指挥若有不服，检察官均可依法律规定提起上诉、抗告或声明不服，这是对法院、法官司法监督最重要的作为，这一部分已在上一节充分论述，兹不再赘述。

（三）提送个案评鉴或移送惩戒

司法人员执行职务如违法失职有“法官法”第30条第2项各款情事情节严重者，应付个案评鉴。而得发动即提案请求评鉴者，依“法官法”第35条规定，包括对应设置之检察署、辖区律师公会、财团法人或社团法人设立3年以上经目的事业主管机关许可得请求评鉴者等。依此，“法务部”所属各检察署均可针对该署对应设置之法院法官提案请求评鉴。将来针对法官或检察官同仁，若发现其受理个案违法失职情况严重，但已无刑事诉讼法律救济管道，或职务怠惰及违反伦理规范者，均得经由检察署或检察官协会提出个案评鉴。例如，法官核发搜索票、通讯监察书毫无缘由驳回，有足够证据证明系故意设定目标滥行驳回未予核实审核者；或如怠于阅卷，反而诬指检察官不具上诉理由滥行驳回上诉者；不尊重检察官诘问权责，恣意指挥诉讼影响犯罪追诉者，均得尝试提送个案评鉴，践行司法监督功能。另律师若有“律师法”第39条各款情节者，应付惩戒；律师应付惩戒者，依同法第40条规定，由高等法院或其分院或地方法院检察署依职权送请律师惩戒委员会处理。

（四）向违法失职者所属机关或律师公会举发

“检察官伦理规范”草案曾研拟：“检察官知悉其他检察官、法官或律师确有违反其伦理规范之行为时，宜通知该检察官、法官所属职务监督权人或律师公会。”已在前述各段落多次论述，但终被议决删除。个人建议除应持续推动此项“吹哨子”条款之规定外，尚未明定纳入规范，亦不影响各检察署或检察官团体对于律师及检、院、检、警、调等从事刑事侦查、追诉、审判、执行人员，有违法失职但未达刑事追诉及评鉴程度时，

---

① 台北地区某警员于处理酒客纠纷事件时，以过肩摔摔死酒客，竟利用职权教唆面店老板作伪证，称是纠纷对造伤害致死，害3名无辜酒客被起诉判刑。经10年后证人自杀死谏投书检举，于2011年12月13日经检察官提起公诉。参阅《中国时报》2011年12月14日。

向违法失职者所属机关或律师公会举发。例如，检察官于实行公诉时，发现某司法警察调查移送之案件，经常被辩方指摘取证违法否定其证据能力；或辩护人公开发表侦查中案件内容或意见，已影响案件侦查结果者，均得以此方式实践司法监督效能。

（五）发行期刊、发表论文、举办学术研讨会寻求认同

有些司法议题及争议，并非声明不服或惩戒处罚的范畴，其仰赖于理性的辩论及宣传，以争取人民、社会、学界及实务工作者的认同，始能建立正确而完善的司法制度，并完成司法监督功能。

（六）发表声明诉之社会

对于不属声明不服或惩戒处罚范畴的议题，有些可以理性讨论逐步形成共识，有些则属有决定权者的抉择或突发状况，在无从讨论或来不及讨论的情况下，就发生伤害司法的作为，这时候只能以发表声明，寻求社会支持认同，以达到司法监督的作用。2008 年 8 月 21 日《中国时报》头版头条以“王清峰领军彻查扁洗钱案”为标题，报道“行政院”针对扁洗钱案已组成跨部会项目小组，由“法务部”王清峰部长统筹召集，将率领“财政部”、“金管会”、“外交部”，协力彻查洗钱与二次金改可能衍生的政治弊端。作者认为“法务部”虽为检察行政最高机关，但不应该过问刑事个案，因而公开发表“请法务部不要逾越指导个案侦办的红线”声明；[①] 2008 年 9 月 17 日媒体报道“监察院”于案件侦查期间，约询台湾“最高法院检察署”特侦组检察官，针对特侦组侦办前“总统”陈水扁家族涉嫌海外洗钱案，质问检察官对该案怠于实施强制处分等问题。作者认为，“监察院”在刑事案件侦查期间，突兀调查承办检察官对个案之侦查作为，明显干预侦查，妨害检察权之独立行使，发表“请监察院尊重宪政体制及检察官职权”声明；[②] 2009 年 2 月 23 日前“总统”陈水扁律师团召开记者会，向社会公布辜仲谅等侦讯光盘内容，质疑检方故意遗漏对陈水扁有利陈述，并质疑部分侦讯光盘没有录到声音，不具证据能力一事，作者对律师此种将审判中之刑事证据作为法庭外使用、诉诸媒体公审之做法深不以为然，发表律师团“影响审判

① 声明内容参阅 http：//prosecutorstw. blogspot. tw/2008/08/blog - post. html，访问日期：2013 年 4 月 1 日。

② 声明内容参阅 http：//prosecutorstw. blogspot. tw/2009/03/blog - post_ 09. html，访问日期：2013 年 4 月 1 日。

独立，伤害个人隐私，突袭全体检察官形象”声明；[①] 2011 年 7 月 8 日“法务部”撤换高雄地检署检察长邢泰钊，作者认为邢检察长是因为在“五都”选举时大力查贿得罪地方人士才遭撤换，这显示政治黑手仍然不停止威胁检察体系，检察改革再度面临严峻挑战，发表“在政治力面前，检察官绝不低头”声明；[②] 2012 年 1 月 16 日报载“司法院”赖院长在司法节公开对媒体宣称要积极推动检察机关名称“去法院化”，原因是因为“许多民众经常误会检察署与法院是同一个单位，对检察官问案态度、侦办过程的不满，全误为‘司法弊病’，让绝大多数认真辛苦审判的法官被污名化，蒙受不白之冤。”作者认为赖院长发言不当，把司法不获人民信赖责任全然推给检察官显然偏离事实，发表“赖院长，您失言了！请向全体检察官道歉”[③] 声明。此均为以发表公开声明诉之社会完成司法监督的着例。

五、结　论

在过去 20 多年“法官法”立法过程中，检察官一直面对审、辩、学三方共同质疑检察官司法官身份，检察官也投入相当心力来阐述并证明检察官的司法属性。现“法官法”已经在 2011 年 7 月 6 日公布，2012 年 1 月施行，“法官法”中设立检察官专章，几乎全部准用“法官法”对法官的规范，检察官的司法属性已经获得确认。唯依过往检察官对诠释自己职务角色的观察，检察官在侦查领域过度重视绩效，不但不能有效监督司法警察实践正当法律程序，反而常自身陷入侵害人权违反程序正义的危机；在案件审理时，一审检察官固然已经全面实施全程专责实行公诉，但并不能保证二审检察官都已全心全力到庭举证及论告，部分二审检察官因为办案成绩的考虑，于是否提起三审上诉时经常犹豫不决；当法官指摘检察官滥行起诉或滥行上诉时，检察官能否充分引据立即驳斥？除了“刑事诉讼法”法定救济程序之监督方法外，检察官对自己体系内长官、同事或法官、律师之违法失职能否勇于举发？检察官

① 声明内容参阅 http：//prosecutorstw. blogspot. tw/2009/02/blog - post _ 24. html，访问日期：2013 年 4 月 1 日。

② 声明内容参阅 http：//prosecutorstw. blogspot. tw/2011/07/78. html，访问日期：2013 年 4 月 1 日。

③ 声明内容参阅 http：//prosecutorstw. blogspot. tw/2012/01/101116. html，访问日期：2013 年 4 月 1 日。

是否有充实的智识能力为自己职务角色辩护？是否有足够道德勇气与政治恶势力相抗衡等，均还有相当大的努力空间。检察官必须更充实自己，充分发挥刑事讼法中之各项检察官权能，全力践行司法监督的职责，才能无愧于“法官法”所赋与检察官之司法官身份与职务保障之使命。

第十二章　与机关、团体之合作及其他公益活动*

一、与机关、团体之合作及其他公益活动

检察官于执行职务期间，除了应与司法警察、法院及辩护律师本诸各自职权密切合作之外，亦应与其他行政机关及民间团体合作，并适度参与其他公益活动，俾确保其职务执行之公正及效率。联合国 1990 年《检察官准则》（Guideline on the Role of Prosecutors）第 20 条[①]及国际检察官协会（The Association of Prosecutors，IAP）《检察官的专业责任与权利义务准则》（Standards of Professional Responsibility and Statement of the Essential Duties and Rights of Prosecutors）第 5 条[②]均明文规定检察官要与其他政府机关合作；欧盟《刑事司法体系外检察官角色之第〔2012〕11 号建议》（Recommendation CM/Rec（2012）11 of the Committee of Ministers to member States on the role of public prosecutors outside the criminal justice system）第 26 条更建议检察官要加强与民间团体的联系合作。[③] 此外，联合国 1990 年《检察官准则》第 18 条明定，在兼顾被告及被害人权益下，应加强刑事转向

---

* 本章内容对应台湾地区“检察官伦理规范”第 20 ~ 22 条。

① 联合国《检察官准则》内容为：“In order to ensure the fairness and effectiveness of prosecution, prosecutors shall strive to cooperate with the police, the courts, the legal profession, public defenders and other government agencies or institutions.”

② 国际检察官协会《检察官的专业责任与权利义务准则》内容为：“In order to ensure the fairness and effectiveness of prosecutions, prosecutors shall: co – operate with the police, the courts, the legal profession, defence counsel, public defenders and other government agencies, whether nationally or internationally; and render assistance to the prosecution services and colleagues of other jurisdictions, in accordance with the law and in a spirit of mutual co – operation.”

③ 欧盟《刑事司法体系外检察官角色之第〔2012〕11 号建议》内容为：“In fulfilling their mission, public prosecution services should establish and, where appropriate, develop co – operation or contacts with ombudspersons or similar institutions, other national, regional and local authorities, and with representatives of civil society, including non – governmental organisations.”

(diversion schemes)[①]，检察机关如在这方面能与行政机关及民间团体合作，当更能发挥刑事转向相得益彰的效果。台湾地区“检察官伦理规范”第20条前段亦同样明定，检察官为促其职务之有效执行，得与各政府机关及民间团体互相合作；另于第22条亦明定，检察官为维护公共利益及保障合法权益，得进行法令宣导、法治教育。爰就检察官在刑事侦查、公诉及执行等阶段与行政机关、民间团体之合作及参与其他公益活动之相关作为分述如下：

（一）刑事侦查及执行

1. 缓起诉处分附带小区处遇

台湾地区检察官执行职务与行政机关及民间团体关系较密切者，厥为“刑事诉讼法”中有关检察官为缓起诉处分时，得命被告支付一定金额或提供义务劳务及易服社会劳动之规定。换言之，依“刑事诉讼法”第253条之2规定，检察官为缓起诉处分者，得命被告于一定期间内，向公库或该管检察署指定之公益团体、地方自治团体支付一定之金额，或向该管检察署指定之政府机关、政府机构、行政法人、小区或其他符合公益目的之机构或团体提供40小时以上240小时以下之义务劳务。

检察官于执行上述被告向公库或该管检察署指定之公益团体、地方自治团体支付一定金额或向指定之政府机关、政府机构、行政法人、小区或其他符合公益目的之机构或团体提供义务劳务或社会劳动时，为避免独厚某特定行政机关或民间团体，予人偏袒徇私之负面形象，[②] 并充分运用社会资源，妥适执行此项刑事转向政策，俾臻于刑期无刑之最高境界。检察官因执行上开职务之需要与民间团体互动，除依“检察官伦理规范”第20条规定，不得违反法令规定之外，尚须注意“法务部”订颁之“检察机关办理缓起诉处分作业要点”下列基本原则：

缓起诉处分金之指定支付，应兼顾公益与弱势族群之保护，并应注意

① 联合国《检察官准则》内容为：“In accordance with national law, prosecutors shall give due consideration to waiving prosecution, discontinuing proceedings conditionally or unconditionally, or diverting criminal cases from the formal justice system, with full respect for the rights of suspect (s) and the victim (s). For this purpose, states should fully explore the possibility of adopting diversion schemes not only to alleviate excessive court loads, but also to avoid the stigmatization of pre – trial detention, indictment and conviction, as well as the possible adverse effects of imprisonment.”

② 《欧盟检察官伦理及行为准则——布达佩斯准则》（European Guidelines on Ethics and Conduct for Public Prosecutors）第4条d款明定，检察官不得收受第三人之馈赠及其他利益，以免影响其职务执行之公正廉明，值得作为我检察官于执行缓起诉处分时，与相关行政机关民间团体互动时之重要参考。

检察机关形象之提升。

各检察机关应以在辖区内举办公益活动之公益团体、地方自治团体为支付对象，并注意均衡分配缓起诉处分金，避免过度集中拨付少数公益团体。

公益团体、地方自治团体之固定成本费用（如办公房舍购置经费、房租、水电、瓦斯费、人事薪资、加班费、设备费用、固定资产等），为公益团体本身赖以生存，而与公益无直接关系之项目；或属政府应编列经费或已编列经费补助项目者，均不予支付。

对支付公益团体之拨款，各检察机关应斟酌各该团体之自筹款与受补助款之分配比例，妥适拨付，以避免各该团体，过分仰赖缓起诉处分金，忽略与其他社会资源结合之重要性，导致业务之推动逐步弱化。

为顺利推动缓起诉处分命令之执行，各检察机关除得商请各地方主管或相关机关或其他适当之民间团体为必要之协助外，并得以所属辖区各基层分驻所、派出所或村里办公处、小区发展协会为据点，商请管区警察、村里长或社会志工，支持执行被告义务劳务或保护被害人、预防再犯等其他命令，俾收缓起诉处分制度在小区处遇精神上之最大效益。

各检察机关除应依其辖区内之人文、地理、社会资源及小区需要等特性，协调或商请适当之公益团体、地方自治团体或小区配合办理缓起诉之相关处遇外，并得自行规划、执行适合为义务劳务之其他服务类型。

2. 毒品犯之戒瘾治疗

目前刑事案件中，毒品案件量常高居所有刑案之首位，且毒品犯之再犯率极高，因此，除了积极查缉以降低毒品供应之外，通过政府机关及民间团体间的密切合作，加强戒毒及反毒宣导以减少毒品需求，业已蔚为国际潮流。[1] 故台湾地区检察官侦办毒品案件，除依“毒品危害防制条例”第20条规定，对于初犯施用毒品罪者声请观察勒戒给予戒瘾治疗之外，目前“法务部”在政策上亦鼓励各地检署实行缓起诉处分附小区戒瘾治疗之模式，对施用毒品罪之初犯实行“转向”处遇。而此一戒瘾治疗流程，均由各地检署结合设于各地方县市政府之“毒品危害防制中心”及小区之戒瘾治疗机构共同合作执行，并进行对受治疗对象之追踪辅导。此外，为了遏制毒品泛滥、预防新生毒品人口的增加，“法务部”及所属检察机关

① Dr. Alex Wodak AM, “Demand Reduction and Harm Reduction”, Working Paper Prepared for the First Meeting of the Global Commission on Drug Policies, Geneva, 24 – 25 January, 2011.

每年均结合“卫生福利部”、“教育部”、“国防部”及各县市政府等政府机关或“台湾更生保护会”、“世界台湾商会联合总会”、“慈济传播人文基金会”、“台北地下街合作社”等民间团体，积极投入反毒宣导工作，借由知名艺人或偶像团体的精彩演出与呼吁，将反毒的正确观念传达出去。

3. 性侵害罪犯之小区追踪辅导治疗

因假释或服刑期满出狱返回小区之性侵害犯罪者，往往对小区安全造成重大威胁，向来为所有妇女团体所高度关切之议题，小区业已成为各国防治性侵害犯罪的重要合作对象。[①] 依现行之法律规定，须进行小区监控，地检署的观护人须与各地方政府的性侵害防治中心及各警察局保持密切连系；且经报请检察官许可后，实施科技设备监控或测谎者，亦应与辖区警察局充分合作；另经评估有接受身心治疗或辅导教育之必要者，则应与各地方政府的卫生局密切配合。

4. 环保犯罪及打击民生犯罪

环保犯罪常有需要结合“内政部”警政署、“行政院”卫生福利部、“行政院”环保署及各地方政府环保单位及民间环团体共同防制；民生犯罪亦须结合“内政部”警政署、“行政院”消费者保护委员会、“行政院”卫生福利部、“行政院”农业委员会及各地方政府之卫生单位及消费者保护基金会等民间消费者保护团体通力合作，才能适时发现有害民众生命或身体之各项伪劣药品、食品及涉及常业重利、暴力、非法讨债、重大窃盗等之民生犯罪，俾有助于检察官积极有效侦办。

5. 金融犯罪

随着科技进步，各种金融犯罪手法日新月异，犯罪手法已由以往单纯业务侵占进入危害损失程度更为严重掏空资产。面对如此严峻的挑战，检察官必须借重相关金融机构的专业协助，始得厘清盘根错节的金融犯罪情节。“法务部”有鉴于此，特联合“行政院”金融监督管理委员会共同成立“金融不法案件工作联系会报”，强化检察机关与“行政院”金融监督管理委员会及证券交易所、柜台买卖中心等相关金融机构间之协调联系，俾承办检察官得掌握办案时效及提升侦查质量。

---

① Pennsylvania Coalition Against Rape, Child Sexual Abuse Prevention and Risk Reduction. 参阅网站，http：//www. nsvrc. org/sites/default/files/Public – ations_ NSVRC_ LiteratureReview_ Child – Sexual – A-buse – Prevention – and – Risk – Reduction – review – for – parents. pdf。

（二）法律咨询及法治教育

依“法务部组织法”第 2 条第 2 款之规定，“法务部”主管“行政院”及其所属机关法规研议、法规适用之谘商。为顺利推动此项法制专业谘商业务，“法务部”经常将检察官借调至“行政院”、“行政院”金融监督管理委员会、“经济部”国贸局等政府机关服务。另依同法第 7 款之规定，法治教育亦为“法务部”之主管业务，各地检署通常会指派检察官分赴各政府机关及民间团体进行法治宣导。检察官于执行上开职务时，应本于法律专业与实务经验，善尽法制咨询及法治教育之职责，为树立法治奠定深厚根基。另由“司法院”编预算支持设立的“财团法人法律扶助基金会”亦与各地检署关系密切，部分地检署更与法律扶助基金会合作，由法扶基金会之当地分会指派法扶律师进驻地检署的为民服务中心，提供免费法律咨询服务；也有地检署与法律扶助基金会及地方政府教育局合作，对地方中小学进行全面、有系统的法治教育宣导，资源共享、彼此合作，使当地居民及学校获得优质的法律服务，获得法治教育的最大效益。

二、台湾地区相关规定

（一）台湾地区“刑事诉讼法”

第 253 条之 2 第 4 款及第 5 款

检察官为缓起诉处分者，得命被告于一定期间内遵守或履行下列各款事项：

四、向公库或该管检察署指定之公益团体、地方自治团体支付一定之金额。

五、向该管检察署指定之政府机关、政府机构、行政法人、小区或其他符合公益目的之机构或团体提供四十小时以上二百四十小时以下之义务劳务。

第 455 条之 2 第 1 项第 4 款

除所犯为死刑、无期徒刑、最轻本刑三年以上有期徒刑之罪或高等法院管辖第一审案件者外，案件经检察官提起公诉或声请简易判决处刑，于第一审言词辩论终结前或简易判决处州前，检察官得于征询被害人之意见后，径行或依被告或其代理人、辩护人之请求，经法院同意，就下列事项于审判外进行协商，经当事人双方合意且被告认罪者，由检察官声请法院改依协商程序而为判决：

四、被告向公库或指定之公益团体、地方自治团体支付一定之金额。

（二）台湾地区“刑法”

第41条第1、2项

Ⅰ犯最重本刑为五年以下有期徒刑以下之刑之罪，而受六月以下有期徒刑或拘役之宣告者，得以新台币一千元、二千元或三千元折算一日，易科罚金。但易科罚金，难收矫正之效或难以维持法秩序者，不在此限。

Ⅱ依前项规定得易科罚金而未声请易科罚金者，得以提供社会劳动六小时折算一日，易服社会劳动。

第74条第2项第4款及第5款

缓刑宣告，得斟酌情形，命犯罪行为人为下列各款事项：

四、向公库支付一定之金额。

五、向指定之政府机关、政府机构、行政法人、小区或其他符合公益目的之机构或团体，提供四十小时以上二百四十小时以下之义务劳务。

（三）台湾地区“检察官伦理规范”

第20条

检察官为促其职务之有效执行，得与各政府机关及民间团体互相合作。但应注意不得违反法令规定。

第21条

检察官得进行国际交流与司法互助，以利犯罪之追诉及裁判之执行。但应注意不得违反法令规定。

第22条

检察官为维护公共利益及保障合法权益，得进行法令宣导、法治教育。

第三编

检察官之职务监督、评鉴与惩戒

第一章　检察官之职务监督

有关检察官之职务监督，系对于尚非构成评鉴事由之检察官轻微之违法或不当行为而设之内部控制机制。检察官之职务监督机制，并非“法官法”新创设之制度，然为使此一检察官、法官之专法更为完备，而参考原定于“法院组织法”之职务监督规定，于“法官法”中明定行政监督权人、范围及种类，且对于情节重大之违法、不当行为，或经职务监督者予以警告仍不改善者，明定职监督权与惩戒权之范围。由于检察官对内“检察一体”之性质与法官审判独立之性质不同，因此关于行政监督之相关规定，“法官法”中系以分别条文规范，而与其他身份保障之规定多以准用之方式有别。

一、行政监督权人

依据“法官法”第 94 条第 1 项，各级法院及其分院检察署行政之监督，依下列规定：

1. 法务部部长监督各级法院及分院检察署。
2. 最高法院检察署检察总长监督该检察署。
3. 高等法院检察署检察长监督该检察署及其分院检察署与所属地方法院及其分院检察署。
4. 高等法院检察署智慧财产分署检察长监督该分署。
5. 高等法院分院检察署检察长监督该检察署与辖区内地方法院及其分院检察署。
6. 地方法院检察署检察长监督该检察署及其分院检察署。
7. 地方法院分院检察署检察长监督该检察署。

二、行政监督权人之处分权限、行使方式及限制

依据“法官法”第 94 条第 2 项、第 95 条，行政监督权人对于被监督之检察官得为下列处分：关于职务上之事项，得发命令促其注意；有废弛职务、侵越权限或行为不检者，得加以警告。

行政监督权人得就一般检察行政事务颁布行政规则，督促全体检察官

注意办理。

为明确区别“法务部”部长之行政监督权，仅限于检察行政事项，与“检察总长”、检察长对于侦办个案之指挥监督权限不同，于“法官法”第 94 条第 2 项但书明定“法务部”部长不得就个别检察案件对“检察总长”、检察长、主任检察官、检察官为具体之指挥、命令。

三、行政监督与检察官评鉴、惩戒之关连

依据“法官法”第 96 条，被监督之检察官，如其废弛职务、侵越权限或行为不检之情事情节重大，或经警告后 1 年内再犯或经警告累计达 3 次者，行政监督权人得以所属机关之名义，请求检察官评鉴委员会评鉴或由“法务部”径送“监察院”审查有无惩戒之事由。

四、检察官对于行政监督处分之救济

“法官法”第 19 条第 3 项明定法官认为职务监督危及其审判独立时，得请求职务法庭撤销之。然由于该条文本质上系对于审判独立原则之维护，检察官章就此并未援引准用，因而依据“法官法”第 1 条第 3 项之规定，本法未规定者，适用其他法律之规定，故有关检察官对于行政监督处分，如有不服，仍应依公务人员保障法之申诉、再申诉之程序救济之。（“法官法施行细则”第 44 条规定）

五、检察官之行政监督与“公务人员考绩法”之惩处

“公务人员考绩法”规定，各级机关公务人员之考核，分有平时考核及项目考绩，平时考核即为记功、嘉奖、记过、申诫等奖惩，并入年终考绩增减分（“公务人员考绩法”第 12 条第 1 项、第 13 条、同法施行细则第 16 条规定）。项目考绩为：一次记二大功，晋本俸一级，并给予一个月俸给总额之奖金；一次记二大过免职。[①] 然无论是平时考核之申诫、记过、记功、嘉奖或项目考绩之晋级等，均与公务人员之官等、职等、晋级、给奖等事项有直接关联。

唯“法官法”第 89 条第 1 项准用第 71 条之规定，检察官已不列官

---

① “司法人员人事条例”第 32 条第 2 项规定，“公务人员考绩法”有关免职之规定，于实任司法官不适用之。故于“法官法”立法前，有关公务人员考法项目考绩之记二大过免职之规定，于实任检察官不适用之。

等、职等，又同法第 89 条第 1 项准用第 73 条、第 74 条规定检察官年终之职务评定制度，均与“公务人员考绩法”之平时考核、项目考绩规定相抵触。加以后述新增之评鉴机制及创设职务法庭为惩戒审理机关等制度设计，可知“法官法”已重新设立有别于一般公务员之检察官、法官奖惩制度，依据“法官法”第 101 条规定，上述“公务人员考绩法”与“法官法”相抵触者，不适用之。换言之，有关检察官之行政监督，均适用“法官法”第 95 条、第 96 条之规定。[①]

① 有关检察官之行政监督，既已于“法官法”中另为规定，而无“公务人员考绩法”之适用，可见“法官法”系重塑法官、检察官之奖惩制度，其主要立法理由即系源自于第 1 条第 2 项、第 89 条第 1 项准用第 1 条第 2 项，检察官、法官与政府之关系为特别任用关系，显然与一般公务员上命下从之职务性质不同。然而检察官对于行政监督处分之不服，依目前“法官法”之规定，与法官不同，未由职务法庭审理，而仍须回到公务员一般之救济途径，即依“公务人员保障法”救济之，其是否与“法官法”之立法目的相符，恐有商榷之余地。

第二章 检察官之评鉴与惩戒

一、台湾地区“法官法”之检察官淘汰监督机制

检察官接受任命，执行犯罪侦查、提起公诉、实行公诉、监督司法裁判及刑罚执行之工作，检察官不但是法律守护人，在刑事诉讼程序中更立于全程支配之地位。因此只有检察官公正且适当的行使检察权，才能达到刑事诉讼追求真实及实现正义的终极目标。

回顾“法官法”之立法历史，历经十余载，跨越五届次“立法院”会期。[①] 由于该法案内容涉及“行政院”、“司法院”、“考试院”之职掌，非仅部会间之歧异有待协调，院际间之坚持更难以整合，[②] 复加以民间改革团体对于改革之期待，各方意见始终难以达成共识。然而何以能加速完成此一法案之立法，其最主要原因其实是当时民意对于不适任司法官加速淘汰之殷切期待，[③] 让各方意见愿意妥协让步所致。也因此在“法官法”中，评鉴及惩戒机制的设计，成为各方攻防的焦点，尤其对于如何建立有外部监督力量的评鉴委员会及职务法庭审理程序的设计等，在立法过程中均一再成为议题讨论的核心。

关于法官、检察官监督及退场机制之设计，必须区分自律及他律机制讨论。由于对于法官、检察官独立行使职权，不受不当干预之考虑，对于法官、检察官之监督，多数域外立法例系以自律为出发。于“法官法”完成立法前，检察官之淘汰机制，亦以此目的而由“法务部”于1996年7月15日颁订“检察官评鉴办法”，并于2000年6月29日再修正，规定评

---

① 关于“法官法”相关之法律提案，包含“法官法”、“司法官法”、“检察官法”、“法官及检察官职务监督法”、“法官及检察官评鉴法”等草案，自1998年第3届“立法委员”4会期起至立法完成止，共计有24笔法案提案。

② 2007年9月21日“立法院”第6届第5会期院总第445号政府提案10802号法官法草案及2010年9月21日院总第445号政府提案12299号“法官法”草案，其中均有部分条文因院际意见相左，而两案并陈。

③ 2010年9月间爆发之台湾高等法院法官集体贪污案件及同时间因性侵害案件遭轻判而以“开除恐龙法官”为诉求之“白玫瑰运动”。

鉴对象为检察官（含检察长、主任检察官、检察官、候补检察官），所评鉴事项为检察官是否有：（1）滥用权力，侵害人权者。（2）品德操守不良，有损司法信誉者。（3）敬业精神不佳有损司法信誉者。（4）办案态度不佳有损司法信誉者。（5）严重违反办案程序规定者。（6）长期执行职务不力者。（7）违反职务规定情节重大者。评鉴委员会[①]应于受理评鉴事件后3个月内作成决议。评鉴结果如有前开评鉴事项情形之一者，送请“法务部”检察官人事审议委员会参处，并得建议惩处内容。

由于“检察官评鉴办法”不具法律之位阶，仅为行政命令，且委员会仅有惩处之建议权，所为建议惩处之决议必须送“法务部”检察官人事审议委员会参处，如检察官人事审议委员会作成惩处之审查意见，须再提“法务部”考绩委员会[②]审查作成惩处决议，再签奉“法务部”部长核定后发布惩处令，如有惩戒事由，再移送“公务员惩戒委员会”。换言之，评鉴委员会对受评鉴之检察官并无直接惩处之权力。且加上评鉴委员会审理时程，时常较“法务部”自行发动之惩处程序为长，因而对于社会瞩目之检察官违纪事件，“法务部”为快速回应舆论要求，自行调查而为惩处或移送惩戒之案例所在多有，因而导致多数进入评鉴委员会之个案，反而以已进入侦审或调查程序之理由，以不付评鉴结案，[③] 而未能达到及时评鉴的效果。由于以自律为设计目的之评鉴制度，难以发挥预期之效果，外界对于自律机制的不信任，因而产生要求适时外部监督[④]的要求。

此外，评鉴机制系为找出有问题之检察官，然对于被认为有问题已不

---

① 依“检察官评鉴办法”（2012年3月5日废止）第3条规定：“高等法院及其分院检察署各设检察官评鉴委员会（以下简称评鉴委员会），分别掌理该检察署及其辖区所属检察署检察官评鉴事宜。但所辖检察官员额未满十人者，得报请‘法务部’核准后，与其他高等法院或其分院检察署合设检察官评鉴委员会。‘最高法院检察署’设评鉴委员会，掌理该检察署检察官、高等法院及其分院检察署检察长评鉴事宜。前二项评鉴委员会置委员七人，由检察官三人、法官、律师、学者及社会公正人士各一人组成，其中并至少应有一名为与受评鉴人同一审级之检察官。召开评鉴会议时，由委员互推一人担任主席。”

② “法官法”立法完成前，检察官之惩处、惩戒系适用“公务人员考绩法”及“公务员惩戒法”。

③ 依“检察官评鉴办法”（2012年3月5日废止）第9条规定，申请评鉴之事项已进入司法侦审程序、“监察院”调查程序或“法务部”人事审议程序之个案，应为不付评鉴之决定；已付评鉴者，应由检察官评鉴委员会为不受理之决议。

④ 林峯正：《法官评鉴的省思》，1998年12月5日刊载于财团法人民间司法改革基金会网站，http：//www. jrf. org. tw/newjrf/RTE/myform_ detail. asp？id = 1940。

适任者，因“宪法”第81条之保障，[①] 旧有的退场机制即“公务员惩戒法”之惩戒种类，要达到让不适任者退场之目的，显然十分困难，而难以回应民意之要求；[②] 另外，对于有高度专业的司法人员之惩处，适用一般公务员之惩处制度、事由及种类，其执行职务独立性之保障，显然又嫌不足。因此，才在“法官法”中另立“法官评鉴”（第五章）及“职务法庭”（第七章）专章，并于同法第89条明定检察官准用之，给予法官、检察官退场机制明确之法律依据，并设计一套严谨的退场审查机制，以符合外界的期待。

二、检察官评鉴制度

（一）检察官评鉴之组织

检察官之评鉴，由检察官评鉴委员会负责审议。为使检察官评鉴程序得以公平客观，“法官法”对于检察官评鉴委员会之职掌、组成员、请求机关等，均有明确之规范。

1. 检察官评鉴委员会

关于检察官评鉴委员会之组织隶属，于立法过程中各方亦有争执。由于官官相护之疑虑，司改团体与“司法院”、“法务部”等政府部门，对于评鉴委员会之设立形态，应如何保持其独立性，于立法过程中曾有不同意见。[③]

依据“法官法”第89条第3项规定：“检察官评鉴委员会设于‘法务部’之下，由检察官3人、法官1人、律师3人、学者及社会公正人士4

---

① 依据“宪法”第81条规定，法官为终身职，非受刑事或惩戒处分或禁治产之宣告，不得免职。非依法，不得停职、转任或减俸。另依据大法官释字第13号解释，实任检察官之保障与法官相同。

② 依“公务员惩戒法”第9条规定，惩戒处分有：撤职、休职、降级、减俸、记过及申诫。除撤职外，其余之惩戒处分，受处分之检察官仍继续任检察官之工作。又因撤职系属最重之惩戒处分，倘受惩戒之检察官并非因涉有刑事案件之违纪情形，“公务员惩戒委员会”恐难对之为撤职处分。因此对于外界认为不适任之检察官，绝大多数于惩戒后，仍继续从事检察官之工作，而难达到令其退场之目的。

③ 于2010年间“法官法”立法过程中，其中，院总第445号，委员提案第10108号，由“立法委员”柯建铭等17人所提之法官法草案，对于评鉴委员会之组织，即采取财团法人基金会之方式，独立运作。

人组成。"[①] 就组织成员观之，已加重外部委员之比重。[②]

2. 检察官评鉴委员会之职掌

检察官评鉴委员会职司检察官之个案评鉴，并对于得对于全面评鉴评核之标准、项目及方式，提出意见，以供"法务部"参考。（"法官法"第 89 条第 1 项准用第 31 条第 3 项）

3. 请求评鉴机关

依据"法官法"第 89 条第 1 项准用第 35 条第 1 项规定，请求检察评鉴委员会评鉴之人员、机关或团体如下：

受评鉴检察官所属检察署检察官 3 人以上。

受评鉴检察官所属检察署、上级机关或所属检察署配置之法院。

受评鉴检察官所属检察署管辖区域之律师公会或全国性律师公会。

财团法人或以公益为目的之社团法人，经许可设立 3 年以上，财团法人登记财产总额新台币 1000 万元以上或社团法人社员人数 200 人以上，且对健全司法具有成效，经目的事业主管机关许可请求个案评鉴者。[③]

至于当事人及犯罪被害人是否得以个人身份请求评鉴，于"法官法"之立法过程中，亦为民间团体与行政、司法部门争论的焦点。[④] 支持此一论点者认为，被告或犯罪被害人为案件之利害关系人，最能了解承办检察官是否有应受评鉴之情形，然行政、司法部门却担忧如此一来可能造成制度外的第四审。嗣"法官法"第 35 条第 3 款规定，被告及犯罪被害人得以书面陈请得请求评鉴之机关、团体请求评鉴委员会进行个案评鉴，以间接之方式赋与被告及犯罪被害人得通过有权请求评鉴之机关、团体提出个案评鉴之请求，以避免此一评鉴过于浮滥。

另检察官认为其本身是否有受评鉴之情事，而有澄清之必要时，亦得

---

① 依据"法官法"第 89 条第 1 项准用第 34 条第 3 项规定，"行政院"于 2011 年 12 月 23 日发布"检察官评鉴委员会检察官代表票选办法"，其中规定检察官代表之消极条件及由全体检察以秘密、无记名及直接选举之方式，分别依照三级检察署各票选代表 1 人。另依据"法务部"颁之"检察官评鉴委员会组织规程"第 3 条规定，法官代表 1 名、律师代表 3 名分别由"司法院"、"律师公会全国联合会"推荐，学者及社会公正人士由"司法院"、"律师公会全国联合会"各推荐 4 名，再由"法务部"部长自所推荐之名单遴聘 4 名。

② "法务部"2000 年 6 月修正之"检察官评鉴办法"（已废止），评鉴委员之成员为检察官 3 人、法官 1 人、律师 1 人、学者 1 人、社会公正人士 1 人。

③ 截至 2013 年 3 月 25 日，经"法务部"许可经许可个案评鉴检察官之财团法人或以公益为目的社团法人有：社团法人"中华人权协会"、财团法人"民间司法改革基金会"等。

④ 于 2007 年三院会衔之提案版本中，当事人及犯罪被害人系有请求评鉴权，仅于审查程序中，必须有更为严格之条件。

陈请所属机关请求检察官评鉴委员会个案评鉴。[①]（“法官法”第89条第1项准用第35条第4项、“法官法施行细则”第37条第3项）

（二）评鉴事由

鉴于以往之评鉴结果，仅具有建议权，导致成效不彰。本次“法官法”对于检察官之评鉴结果，赋予一定之法律效果，因此评鉴事由之规定是否具体可得执行，即十分重要。

检察官对于具体个案职务之执行，有故意或重大过失致重大违误，严重侵害人民权益。（“法官法”第89条第4项第1款）

有废弛职务、侵越权限或行为不检，情节重大者。（“法官法”第89条第4项第2款）

违反检察官参与公职选举限制之规定，情节重大者。（“法官法”第89条第4项第3款）

违反参与政党、政治团体之限制、兼职之限制及不得为有损职务尊严之行为情节重大者。（“法官法”第89条第4项第4款）

严重违反侦查不公开等办案程序规定或职务规定，情节重大者。（“法官法”第89条第4项第5款）

无正当理由迟延案件之进行，致影响当事人权益，情节重大者。（“法官法”第89条第4项第6款）

违反检察官伦理规范，情节重大者。（“法官法”第89条第4项第7款）

上述之规定，相较于以往评鉴办法之评鉴事由，有较为具体明确之规范。[②] 其中特别规定违反“检察官伦理规范”情节重大者，可构成评鉴事由。

另外为避免评鉴委员会成为制度外的上级审，于“法官法”第89条第5项规定，适用法律见解，不得据为检察官个案评鉴之事由。

---

① 众所瞩目的前“行政院”秘书长林益世涉嫌贪污案宣判后，因法官认定林益世所为不构成贪污罪，只以“公务员利用职务上之机会恐吓得利罪”判处应执行有期徒刑7年4月，褫夺公权5年，并科罚金新台币1580万元。此判决一出，台北地院承审法官遭到舆论围剿，三名法官乃于2013年5月7日决定自请移送法官评鉴委员会评鉴，以求自清，首开法官自请个案评鉴的先例。参阅台北地方法院2013年5月7日新闻稿，引自“司法院”网站，http://jirs.judicial.gov.tw/GNNWS/NNWSS002.asp?id=120588，访问日期：2013年5月10日。

② “法务部”2000年6月修正之“检察官评鉴办法”（已废止），对于个案评鉴之事由如下：“滥用权力、侵害人权者；品德操守不良，有损司法信誉者；敬业精神不佳，有损司法信誉者；办案态度不佳，有损司法信誉者；严重违反办案程序规定者；长期执行职务不力者；违反职务规定情节重大者。”

（三）评鉴委员会决议

由于以往评鉴委员会仅具有建议权，导致成效不彰。本次“法官法”非仅将评鉴委员会法制化，并特别明定评鉴委员会所为之决议，“法务部”应受拘束。

检察官评鉴委员会认为检察官有“法官法”第89条第4项各款所列情形之一，得为以下之决议：有惩戒之必要者，报由“法务部”移送“监察院”审查，并得建议惩戒之种类。无惩戒之必要者，报由“法务部”交付检察官人事审议委员会审议，并得建议处分之种类。（“法官法”第89条第1项准用第39条）“法务部”应依检察官评鉴委员会所为之决议，分别移送“监察院”审查或交付检察官人事审议委员会审议。

其中，上述第一款之决议种类，亦为本次“法官法”所新增惩戒移送之管道。

（四）评鉴决议过程

检察官评鉴委员会会议之决议，依据所作成决议之种类，而定有出席委员过半数或一致同意之不同门槛（“法官法”第89条第1项准用第41条第1项、第2项）。另为期妥适处理评鉴事件，除确保人民对于司法之信赖，并兼顾检察官职务之特殊性与检察官职务尊严之维护，并明定得为必要之调查或通知关系人到会说明、聘用适当人员协助案件之审查及调查，且除经受评鉴检察官同意或检察官评鉴委员会决议，不得公开。（“法官法”第89条第1项准用第41条第5项、第7项、第9项）

“法务部”虽于“检察官评鉴实施办法”中，规定检察官评鉴委员会应于受理评鉴事件后3个月内作成决议，必要时得延长至6个月（“检察官评鉴办法”第8条第4款），唯由于评鉴委员会之决议，仍须有法定之法律程序应予遵守。[①] 是否可以快速回应外界之期待，仍有待观察。[②]

---

① “法务部”依据“法官法”第89条第1项准用第41条第10项之法律授权，颁定“检察官评鉴实施办法”。

② “法官法”实施后虽未剥夺“法院组织法”中所规定上级机关对于检察官之行政监督权，然倘检察官已受请求评鉴，基于一事不再理之原则，“法务部”应不会对于该检察官自行启动行政调查程序。然由于评鉴委员会仍须践行评鉴之法定程序，必定有相当之时程，恐难立即回应外界之期待。此可参阅台湾台北地方法院检察署检察官林姓检察官之评鉴案件，由于民间司改团体对于该检察官不当之行为多次透过媒体报导，致评鉴委员会发布新闻澄清并未延宕件进行（“法务部”全球信息网，http：//www. moj. gov. tw/ct. asp？ xItem = 296046&ctNode = 27518&mp = 001）。

（五）全面评鉴

检察官全面评鉴制度，系本次“法官法”立法新设的评鉴制度，其主要目的系为提升司法质量。另外，由于“法官法”通过后，法官、检察官已不再适用“公务人员考绩法”之年度考核制度，而改以职务评定，① 全面评鉴结果亦作为检察官职务评定之参考。

由于外界对于“法务部”始终以侦查不公开作为对于检察官之办案态度及质量之质疑之回应，感到不满，而检察官团体对于民间司改团体以片面或非完整之信息攻击检察官之办案质量，亦难以折服，如何能兼顾侦查业务之特殊性及适度他律之要求，诚属不易。

“法务部”依据“法官法”第 89 条第 1 项准用第 31 条第 3 项规定，发布“检察官全面评核实施办法”，其中，规定关于受评核之对象、评核项目及实施评核者等事项：

1. 受评核之对象（“检察官全面评核实施办法”第 2 条）

除“检察总长”以外，各级检察署之检察长、主任检察官、检察官（含试署、候补检察官）。

2. 评核项目

依受评核对象而有不同，受评核者如为检察长，以维护“检察一体”及检察官职权独立行使之努力、领导统御、行政管理等为主（“检察官全面评核实施办法”第 3 条第 1 项第 1 款）；受评核者如为主任检察官，则以办案态度、绩效、核阅书类质量、检察业务管理成效等为主（“检察官全面评核实施办法”第 3 条第 1 项第 2 款）；受评核者如为检察官，则以办案态度、书类制作质量、办案绩效等为主（“检察官全面评核实施办法”第 3 条第 1 项第 3 款）。

3. 实施评核者

除受评核者现任职检察署对应设置之法院、律师公会均可对于检察长、主任检察官、检察官实施全面评核外，其余则依据受评核对象，规定其有行政监督权责者，得对其实施评核（“检察官全面评核实施办法”第 4 条至第 6 条规定）。

实施评核之方式，则由受评人现办理检察事务所在之检察署，将全面评核意见调查表分送各实施评核机关人员填写，并汇整评核结果层报“法

---

① “法官法”第 89 条第 1 项准用第 74 条规定，检察官任职至年终满 1 年，经职务评定为良好，且无消极条件者，予以级及给予奖金。

务部”，作为检察官职务评定之参考。如有发现检察官有应付个案评鉴之事由者，则移送检察官评鉴委会参考。

由于“法官法”通过施行甫 1 年余，台湾“司法院”、“法务部”尚未对于法官、检察官为全面评鉴，其规范是否已可兼顾外界之期待及业务属性之特殊性要求，仍有待观察。

（六）现　况

检察官评鉴委员会自 2012 年 1 月 6 日成立迄今，共完成 2 件评鉴决议，对受评鉴检察官决议移送惩戒，并为免除检察官职务，转任检察官以外其他职务之建议。相关决议内容，请参考附件决议书内容。

三、检察官惩戒制度

本次“法官法”对于惩戒程序之设计，与旧有之公务员惩戒制度相较，主要有以下四项：（1）创设职务法庭，职司检察官、法官惩戒案件之审理；（2）除法制化检察官评鉴委员会外，并加强评鉴委员会议决之效力，增设由评鉴委员会决议，移由“法务部”送惩戒之管道；（3）明确规范惩戒事由，并赋予检察官伦理规范之法律定位；（4）增加淘汰检察官之惩戒种类。

（一）职务法庭

制度由来：

权力分立与制衡，为法治国之基础，其中，司法独立不受行政、立法或其他不当外力干涉，则为权力分立对于司法权之要求。因而“宪法”第 80 条规定“法官须超出党派以外，依据法律独立审判，不受任何干涉。”法官与政府之职务关系，因受宪法直接规范与特别保障，故与政务人员或一般公务人员与政府之职务关系不同。[①] 换言之，与一般公务员上命下从之性质不同，因而关于惩戒程序，自应有别于一般公务员。故而于本次“法官法”立法过程，参考德国、奥地利之立法例，建构职务法庭之组织，以处理有关法官惩戒、身份保障及职务监督之救济。[②]

唯由于检察官属性与法官并非全然相同，其有对外独立、对内一体之

① 参照台湾“司法院”大法官释字第 530 号、第 601 号解释。

② 参照“法官法”第 47 条立法理由。

特殊性,[①] 其惩戒程序是否比照法官,“司法院”、民间司法改革团、“法务部”、检察官团体之间,一直存有不同意见。[②] 然就检察官于刑事程序中之角色,职司开启刑事审判之钥,且检察权是否能够公正行使,关系人民与社会对正义的追求是否得以实现,检察官之身份与职务在与检察官性质不相抵触之前提下,应该受到相当之保障,以摒除外界对检察官客观公正行使职权的不当干涉。[③] 因而本次“法官法”之立法,参酌德国“法官法”第 122 条第 4 项规定,将检察官之惩戒,交由“司法院”职务法庭审理。

（二）德国职务法庭制度之简介

德国职务法庭（Dienstgericht),系专司法官审判独立事项作裁决而设立之特别法庭。针对联邦层级法院及邦层级法院之法官,而设于不同层级之法院内,审级亦有不同,唯程序法均系准用《行政法院法》。[④]

关于职务法庭之组成,不论联邦层级或邦层级,均系由 1 名审判长及数位常任陪席法官及非常任陪席法官组成。其中,常任法官由附设职务法庭之法院内法官中选任,非常任陪席法官则由受移送法官所属审判体系之法院法官中选任。[⑤]

职务法庭管辖法官之惩戒事件、调职事件、审查事件、上诉事件及其他由联邦职务法庭管辖事件如下:

1. 惩戒事件

德国法官之惩戒,系由归属行政权之职务长官（Dienstvorgesetzer）与职务法庭分享行使,职务长官可对法官为最轻微之申诫处分,其他较重之惩戒,包括罚锾、减俸、降级、撤职、剥夺退休金给予等,因事涉法官身份独立之保障,则须由职务法庭以诉讼审理结构及行政法院法之程序法审

---

① 依据“法院组织法”第 61 条规定,检察官对于法院,独立行使职权;同法第 63 条、第 64 条规定,“检察总长”、检察长对于检察官有指挥监督权,并有事务承继、移转权。

② “法官法”立法过程中,于 2007 年 4 月 2 日“司法院”、“行政院”、“考试院”会衔提出之“法官法”草案(院总第 445 号,政府提案第 10802 号关系文书)中,关于检察官准用法官之相关条文,“司法院”版本定有 2 年之落日条款,“行政院”版本更于立法理由中直指“司法院”违背三院协商之结论。

③ 参照“法官法”第 86 条立法理由。

④ 许金钗:《职务法庭与法官退场机制》。

⑤ 依据“法院组织法”第 61 条规定,检察官对于法院,独立行使职权;同法第 63 条、第 64 条规定,“检察总长”、检察长对于检察官有指挥监督权,并有事务承继、移转权。

理后，以判决形式给予惩戒。[①] 唯对于联邦宪法法院之法官，依据德国法官法及联邦宪法法院法之规定，则完全不适用职务法庭之惩戒程序。[②]

2. 为司法利益之调职事件

所谓为司法利益之调职，系指法官审判工作以外之行为事实严重危及整体司法利益，经由司法行政机关所为将其调至另一具有相同基本俸给之法官职位。[③]

3. 审查事件

所谓审查事件，是指由职务法庭基于审判独立维护之观点，所进行与法官身份保障、事务保障攸关事项之合法性审查而言。依据德国《法官法》第62条第1项第3款、第4款规定，区分为由最高职务机关声请之审查程序及由法官声请之审查程序：

由最高职务机关声请之审查程序者，包括任命无效事件、任命撤销事件、免职事件、因不能胜任职务强迫退休事件及因职务能力不足而限制任命事件。

由法官声请之审查程序，包括：因法院组织变更而调职或解职事件、法官借调事件、试用职或委任职法官免职、任命撤销、无效、命为退休等事件、派任兼职事件、职务监督妨碍审判独立事件、酌减职务事件等6项。

其中，建立有关职务监督妨碍审判独立事件之管辖，可认为是使职务法庭从传统职司法官惩戒之特别惩戒法庭，转变为权力制衡秩序下，平衡维护审判独立与因人民司法受益权保障衍生职务监督需求两者之法庭机制的主要动力。因此，职务法庭自1962年施行以来，受理事件作成裁决之最大宗者，为职务监督妨碍审判独立事件。[④]

4. 上诉事件

联邦职务法庭为邦职务法庭法律审上诉事件之管辖法院。

---

① 依据“法院组织法”第61条规定，检察官对于法院，独立行使职权；同法第63条、第64条规定，“检察总长”、检察长对于检察官有指挥监督权，并有事务承继、移转权。

② 依据“法院组织法”第61条规定，检察官对于法院，独立行使职权；同法第63条、第64条规定，“检察总长”、检察长对于检察官有指挥监督权，并有事务承继、移转权。

③ 德国《法官法》第31条之规定。类似于“司法人员人事条例”第35条第6款“有事实足认不适在原地区任职”之地区调动。

④ 依据“法院组织法”第61条规定，检察官对于法院，独立行使职权；同法第63条、第64条规定，“检察总长”、检察长对于检察官有指挥监督权，并有事务承继、移转权。

5. 其他由联邦职务法庭管辖事件[①]

依照德国《法官法》第 122 条第 4 项规定，对于检察官之法院惩戒程序，由法官职务法庭裁判之，非常任之陪席法官须为终身职之职业检察官。

依德国《联邦审计局法》第 18 条、第 13 条规定，联邦审计局官员之惩戒审查程序，亦由法官职务法庭裁判之。其中，非常任陪席法官由联邦审计局人员担任。

（三）“法官法”职务法庭审理之检察官惩戒事项

1. 法源依据

关于检察官之惩戒程序，是否适用与法官相同程序之议题，于“法官法”立法过程中，实为审、检、辩、学及民间组织多方角力与激战之议题，已如前述。基于检察官之身份与职务，在检察官性质不相抵触之前提下，应受到相当保障之立法目的，加以本次“法官法”有关法官惩戒制度之立法主要参采德国立法例，[②] 因而于“法官法”第 89 条第 8 项规定，检察官之惩戒，由“司法院”职务法庭审理之，其移送及审理程序准用法官之惩戒程序。

2. 职务法庭之组织

依据“法官法”之制度设计，职务法庭系设于“司法院”，以“公务员惩戒委员会”委员长为审判长，与 4 名陪席法官组成，以合议庭审理裁判。陪席法官须具备实任法官 10 年以上资历，由“司法院”法官遴选委员会遴定 12 人，每审级各 4 人，提请“司法院”院长任命，任期为 3 年，且至少 1 名与当事人为同一审级。

由于“司法院”法官遴选委员会，除“司法院”院长为当然委员并任主席外，由“考试院”代表 2 人，法官代表 6 人、检察官代表 1 人、律师代表 3 人、学者及社会公正人士 6 人组成；[③] 另外“司法院”于遴选委员会遴定职务法庭陪席法官前，亦得函请相关机关、团体推荐人选，[④] 虽然职务法庭均以职业法官组成，唯就其遴选过程以观，非官方或非法官团体之意见，仍可于职务法庭陪席法官之遴定过程中适时参与，以避免本位

---

① 依据“法院组织法”第 61 条规定，检察官对于法院，独立行使职权；同法第 63 条、第 64 条规定，“检察总长”、检察长对于检察官有指挥监督权，并有事务承继、移转权。

② 参照“法官法”第 47 条立法理由。

③ 参照“法官法”第 7 条第 3 项规定。

④ 参照“职务法庭法官遴选规则”第 5 条。

观点，或有所偏颇之误认。

3. 职务法庭审理有关检察官之事项

“法官法”第89条第8项规定，对检察官之惩戒，由“司法院”职务法庭审理之，其移送及审理程序准用法官之惩戒程序。因而“法官法”第七章所规定职务法庭审理之其他审理事项，例如检察官不服撤销任用资格、免职、停止职务、解职、转任检察官以外职务或调动之事项，或是其他行政监督事项，均非职务法庭审理之范围。换言之，检察官对于前开处分之不服，仍应依公务员保障法之规定救济之。[①]（“法官法施行细则”第39条第6项规定）

（四）检察官惩戒事由

“法官法”立法前，依据“公务员惩戒法”所规定之惩戒事由有：违法及废弛职务或其他失职行为，然其规范尚欠明确，且未能兼顾检察官职务之特殊性，执行上难以快速回应民意对于监督检察官之期待，另外对于检察官权益之保障亦有不足。

依据“法官法”之惩戒制度，检察官有应付个案评鉴之情事，而有惩戒之必要者，应受惩戒（“法官法”第89条第7项）。相较于“公务员惩戒法”之规范更形明确，且将评鉴事由与惩戒事由接轨，特别将“检察官伦理规范”之违反，明列为评鉴事由，违反情节重大，亦得成为惩戒之事由，赋予其明确之法律定位。

另外由于适用法律之见解，既不得据为评鉴之事由，因而亦明定适用法律之见解，不得据为检察官惩戒之事由。（“法官法”第89条第1项准用第49条第2项）

（五）检察官惩戒之审理程序

1. 移送机关

“法官法”立法前，关于检察官之惩戒，依“公务员惩戒法”之规定，经“监察院”弹劾移送“公务员惩戒委员会”审议，九职等以下之

① 检察官对内之“检察一体”原则，虽与法官审判独立原则有本质上之不同，惟其对外独立行使职权，且身份保障与一般公务员仍有本质上之差异。此可由“法官法”第89条第1项准用第44条至第46条有关转任、地区调动、审级调动之保障可证。依据“法官法”之规定，对于检察官关于转任、地区调动、审级调动之保障，已与法官相同，唯有惩戒移送及审理由职务法庭管辖，而关于撤销任用资格、免职、停止职务、解职、转任检察官以外职务或调动等之处分与其身份保障有重大关系之处分，仍以一般公务员之行政监督处分救济方式相同，是否妥适，实有待商榷。

检察官，得由“法务部”径行移送“公务员惩戒委员会”审理。为避免对于检察官惩戒程序之滥用，依据“法官法”第 89 条第 8 项准用第 51 条规定，检察官之惩戒应由“监察院”弹劾后移送职务法庭。“法务部”除依据评鉴委员会决议应送惩戒而移送“监察院”审查外，“法务部”亦得径行移送“监察院”调查，唯应于移送前，给予惩戒检察官陈述意见之机会，且应经检察官人事审议委员会决议。

依据“法官法”，检察官惩戒程序之发动系采双轨制，即由评鉴委员会之评鉴决议，送交“法务部”移送外，“法务部”亦得自行发动，经检察官人事审议委员会审议后移送惩戒。

2. 审理程序

（1）以不公开审理为原则

由于职务法庭之案件，涉及检察官之适任性、身份变动等，攸关人民对司法之信赖，依据“法官法”第 57 条规定，除职务法庭认为有公开之必要或经被移送之检察官请求公开之情形外的，均以不公开审理为原则。

（2）言词辩论

职务法庭审理，必须调查证据，认定事实，因而应由职务法庭法官直接审理，进行言词辩论，并给予被移送检察官正当法律程序之保障，例如选任辩护人及声请阅览卷证之权利（“法官法”第 58 条第 1 项、“职务法庭惩戒案件审理规则”第 13 条、第 18 条规定）。

（3）再审之救济

由于职务法庭之判决，影响当事人权益甚巨，且为求程序保障完备，“法官法”之规定不宜较“行政诉讼法”及“公务员惩戒法”不利，因而参考“刑事诉讼法”、“行政程序法”、“公务员惩戒法”等，于“法官法”中明定职务法庭所为判决，当事人提起再审之诉之事由、提起之期间（“法官法”第 61 条、第 63 条）。

（4）职务法庭审理检察官惩戒案件，认为有先行停止职务之必要者，得依声请或依职权裁定先行停止被付惩戒检察官之职务（“法官法”第 59 条）。

（六）检察官惩戒之种类

于“法官法”立法前，依据“公务员惩戒法”第 9 条规定，惩戒种类有撤职、休职、降级、减俸、记过、申诫 6 种，自 1955 年以来，经“公务员惩戒委员会”议决者，共有检察官 117 人次，议决应惩戒者，有 99 人次。自 2001 年以来，经“公务员惩戒委员会”议决之检察官 29 人次中，其中受撤职者，有 5 人次；休职者，有 4 人次；降级者，有 10 人次；

记过者，有6人次；申诫者，有2人次；不受惩戒或免议者，有2人次。[①]以前揭统计观之，受较重之惩戒（撤职、休职、降级）者，占65%以上。然始终为外界诟病者，除撤职之惩戒外，对于不适任之检察官，无论是休职或降级，均无法达到令其“退场”之目的。且撤职系最严重之惩戒种类，对于部分并非因为涉及刑事案件或严重操守问题，但可能有严重不适任之检察官，“公务员惩戒委员会”难以为“撤职”之惩戒，而令其退场。

依据“法官法”之规定，检察官之惩戒种类有：免除检察官职务，并丧失公务人员任用资格；撤职：除撤其现职外，并于一定期间停止任用，其期间为1年以上5年以下；免除检察官职务，转任检察官以外之其他职务；罚款：其数额为现职月俸给总额或任职时最后月俸给总额1个月以上1年以下；申诫。

“法官法”对于检察官之惩戒种类，着眼于“退场机制”。换言之，增加较撤职更为严厉之“免除检察官职务，并丧失公务人员任用资格”，另外对于以往“公务员惩戒法”对于违法失职情节较不严重之检察官，无法另其退场之情形，增加“免除检察官职务，转任检察官以外之其他职务”之惩戒种类。

四、结　论

依据“法官法”所建立之检察官监督淘汰机制，检察官如有执行职务重大过失、废弛职务、行为不检、违反政党中立性、违反侦查不公开及违反检察官伦理规范等之行为，情节重大者，即得由有权移送机关向检察官评鉴委员会声请个案评鉴，如经检察官评鉴委员决议结果认为有移送惩戒之必要时，“法务部”即应依决议送“监察院”弹劾后，交由“司法院”职务法庭审理。其中检察官、司法改革团体均高度重视的“检察官伦理规范”，在本次“法官法”中，更进一步对于违反该规范情节重大者，建立了连结评鉴、惩戒程序之法律效果。期待通过这样的制度设计，让检察官们清楚明白其职务行为准则、社交商业活动之份际，且提供外界检视检察官行为之标准，通过自律与他律的机制，达到各界对于“法官法”立法目的之要求。

---

① 依据“法院组织法”第61条规定，检察官对于法院，独立行使职权；同法第63条、第64条规定，“检察总长”、检察长对于检察官有指挥监督权，并有事务承继、移转权。

附　件①

2012 年度检评字第 001 号案件决议书（摘要）

请求评鉴机关	“法务部”
代表人	曾勇夫
受评鉴人	刘×× 女 台湾桃园地方法院检察署检察官

主文

受评鉴人刘××有惩戒之必要，报由“法务部”移送“监察院”审查，建议免除检察官职务，转任检察官以外之其他职务。

摘要事实

刘××前于台湾台东地方法院检察署（以下简称台东地检署）担任检察官，缘于 2012 年 3 月在台东地检署服务期间，怀疑其配属之书记官记录其行踪向上级报告，乃要求该书记官自行向上级请调配属其他检察官。刘××检察官于得知书记官之职务调整未有结果，而心生不满，于当日多次在侦查庭庭讯期间，辱骂张××书记官。经台东地检署检察长知悉后，为厘清事情经过，核准该署主任检察官调阅刘××检察官于当日开庭录像（音）光盘，发觉刘××检察官于当日开庭过程中，未能谨言慎行，不仅于开庭时，出言歧视台东住民；于案件庭讯前和当事人已入庭后，仍出言威吓张××书记官；或将调查证据责任归咎于他人，要求当事人与其所属主任检察官或张××书记官联系，而有使当事人对司法公正性为错误之认识；更于许××窃盗案行讯问程序中，在该案被告许××已坦承窃盗犯行之情形下，犹指导被告许××否认犯罪；另于被告罗××、蔡××妨害家庭案讯问被告蔡××时，指导被告蔡××否认犯行之不当言词，有损检察官职位尊严、违背法律之前人人平等之价值理念、漠视犯罪被害人权益等违失，严重影响检察官及机关形象情事，情节重大，有惩戒之必要，应受惩戒。

理由

按检察官有“法官法”第 89 条第 4 项第 4 款“违反‘法官法’第十

---

① 评鉴委员会决议书全文，参照台湾“法务部”全球信息网检察官评鉴专区。http：//www.moj. gov. tw/lp. asp？ctNode = 33539&CtUnit = 12783&BaseDSD = 7&mp = 001.

八条规定，情节重大”、第 7 款“违反检察官伦理规范，情节重大”等情事之一，有惩戒之必要者，应受惩戒。“法官法”第 89 条第 7 项定有明文。次按“法官不得为有损其职位尊严或职务信任之行为”，“法官法”第 18 条亦有明文；此条规定依同法第 89 条第 1 项并为检察官所准用。又“检察官为……之守护人及公益代表人，应恪遵宪法、依据法律，本于良知，公正、客观、超然、独立、勤慎执行职务”、“检察官应廉洁自持，谨言慎行，致力于维护其职位荣誉及尊严”、“检察官应本于法律之前人人平等之价值理念，不得因性别、种族、地域、宗教、国籍、年龄、性倾向、婚姻状态、社会经济地位、政治关系、文化背景、身心状况或其他事项，而有偏见、歧视或不当之差别待遇”、“检察官办理刑事案件时，应致力于真实发现，兼顾被告、被害人及其他诉讼关系人参与刑事诉讼之权益，并维护公共利益与个人权益之平衡，以实现正义”、“检察官执行职务，应本于合宜之专业态度。检察官行讯问时，应出于恳切之态度，不得用强暴、胁迫、利诱、诈欺、疲劳讯问或其他不正方法，亦不得有笑谑、怒骂或歧视之情形”，“检察官伦理规范”第 2 条、第 5 条、第 6 条第 2 项、第 8 条、第 13 条亦定有明文。受评鉴人于 2012 年 3 月 9 日开庭中所为上述如附表一所示之言论，显已违反上开规定，且其所为不当行止多达 13 件，情节自属重大，是本会认受评鉴人所为，业已违反上开规定，本件上开部分请求成立。核受评鉴人为司法官训练所第 38 期，自 1999 年 6 月间结业后，担任检察官职务已达 12 年余，有其人事资料附卷可参，受评鉴人对于检察官须谨慎行使职权应知之甚详，讵受评鉴人不仅于庭讯中为不当之歧视当事人言论，甚至指导被告违反本意否认犯罪，受评鉴人显与检察官维护法治、公平、正义之司法理念背道而驰，更与检察官依法追诉处罚犯罪、维持社会秩序之公益代表人形象扞格，严重违反“法官法”及“检察官伦理规范”，本会认受评鉴人有予以惩戒之必要，应报由“法务部”移送“监察院”审查。再本会考虑受评鉴人上开所为不当言行，不仅背离检察官职权行使之公正性，严重影响当事人诉讼基本权之保障，更难以符合社会大众对于检察官追诉犯罪、维护法秩序之期待，受评鉴人已不适任检察官职务。唯受评鉴人已坦承行为失当，信经此事件后，当知所分际、谨言慎行。是本会认免除受评鉴人之检察官职务，已足以对受评鉴人达儆惩惕励之效，而受评鉴人所具备之法律专业知识仍适于检察官以外之其他职务，爰建议依“法官法”第 89 条第 1 项准用第 50 条第 1 项第 3 款，予以免除检察官职务，转任检察官以外之其他职务之惩戒。

2012 年度检评字第 2、3 号、
2013 年度检评字第 1、2、3 号
检察官评鉴委员会评鉴决议书（摘要）

请求评鉴机关　财团法人民间司法改革基金会、台湾台北地方法院检察署

受 评 鉴 人　林××　男　台湾台北地方法院检察署检察官（留职停薪中）

主文

受评鉴人林××有惩戒之必要，报由“法务部”移送“监察院”审查，建议休职 2 年。

摘要事实

受评鉴人林××系台湾台北地方法院检察署检察官（民国 2012 年 7 月 2 日至 2013 年 7 月 1 日进修留职停薪），先后于 2010 年 12 月 28 日、2011 年 3 月 18 日、4 月 6 日、13 日及 10 月 20 日在侦办该署刑事侦查案件庭讯中，有恫吓、怒骂被告刘××，或问案态度盛气凌人，或出言怒吼、喝叱被告陈××，或无端笑谑告诉人蔡××，并要求勿与被告陈××和解，或恫吓、讥讽及歧视被告陈××，或以不当言词威逼、贬损、侮辱告诉人江××，致令撤回告诉，以及情绪失控，大声斥责误闯侦查庭民众等损及检察官形象、机关声誉、当事人权益等违反办案程序、职务规定及“检察官伦理规范”情事，情节重大。

理由

1. 本件受评鉴人林××上开之违失行为系发生于“法官法”第 89 条及同法第五章“法官评鉴”章规定于 2012 年 1 月 6 日生效施行之前，爰应依“法律不溯及既往”、“实体从旧从优、程序从新”之原则，由“法官法”所设置之检察官评鉴委员会适用“法官法”第 89 条及同法第五章“法官评鉴”章之程序规定，及依“法官法”施行前之公务员惩戒（“公务员惩戒法”）及行政惩处（“公务人员考绩法”）等实体法律效果之规定，进行本件评鉴之审查，合先叙明。

2. 次按检察官应坚持人权之保障及公平正义之实现；应依据法律，本

于良知，公正执行职务；办理案件应努力发现真实，对被害人及被告之法定权利均应注意维护；对被告有利、不利之证据均应详细调查，务求认事用法允妥，以昭折服；讯问应出于恳切之态度，予受讯问人充分陈述之机会；行使职权应依法定程序严谨审慎行之，不得逾越所欲达成目的之必要限度；并避免因不当行使职权损害机关声誉及检察官形象；言行举止应端庄谨慎，不得为有损其职位尊严或职务信任之行为，以维司法形象；2012年1月6日废止前之“检察官守则”第1条、第2条、第3条、第4条、第6条及第12条规定甚明。另“刑事诉讼法”第2条第1项及第98条亦分别规定，实施刑事诉讼程序之公务员，就该管案件，应于被告有利及不利之情形，一律注意；讯问被告，应出以恳切之态度，不得用强暴、胁迫、利诱、诈欺、疲劳讯问或其他不正之方法。又“检察机关办理刑事诉讼案件应行注意事项”第34点及第35点亦分别规定，讯问或询问被告时，应出于恳切和蔼之态度，不但不得用强暴、胁迫、利诱、诈欺、疲劳讯问、违法声请羁押及其他不正之方法，即笑谑及怒骂之情形，亦应摒除；讯问或询问被告，固重在辨别犯罪事实之有无，但与犯罪构成要件、量刑标准或加重、减免原因有关之事实，均应于讯问或询问时，深切注意，研讯明确，倘被告提出有利之事实，自应就其证明方法及调查途径，逐层追求，不可漠然视之。经查本件受评鉴人之言词，皆足以严重影响人民对司法公正执行职务之信赖等情事，确有违反检察官守则、办案程序及职务规定之情形。再受评鉴人职司侦查职务，言行举止理应端庄谨慎，避免不当或易被认为不当的行为，以维护个人及司法机关声誉与形象；唯受评鉴人庭讯时之失控轻蔑态度及不当言语举止，除有损司法人员及机关公正形象，更严重影响当事人之权益，背离社会对检察官追诉犯罪、维护法律秩序之期待甚巨。本会认受评鉴人有受惩戒之必要，应报由“法务部”移送“监察院”审查，并建议予以如主文之惩戒，以期有效惩儆并资改正。

附　录

附录一　台湾地区“检察官伦理规范”[1]

2010年1月4日“法务部”令订定发布全文30条；并自2012年1月6日施行。

第一章　通　则

第1条

本规范依法官法第八十九条第六项规定订定之。

第2条

检察官为法治国之守护人及公益代表人，应恪遵宪法、依据法律，本于良知，公正、客观、超然、独立、勤慎执行职务。

第3条

检察官应以保障人权、维护社会秩序、实现公平正义、增进公共利益、健全司法制度发展为使命。

第4条

检察总长、检察长应依法指挥监督所属检察官，共同维护检察职权之独立行使，不受政治力或其他不当外力之介入；检察官应于指挥监督长官之合法指挥监督下，妥速执行职务。

第5条

检察官应廉洁自持，谨言慎行，致力于维护其职位荣誉及尊严，不得利用其职务或名衔，为自己或第三人谋取不当财物、利益。

第6条

Ⅰ检察官执行职务时，应不受任何个人、团体、公众或媒体压力之影响。

Ⅱ检察官应本于法律之前人人平等之价值理念，不得因性别、种族、地域、宗教、国籍、年龄、性倾向、婚姻状态、社会经济地位、政治关

---

① 为保证台湾地区“检察官伦理规范”的完整性，编者未对内容做任何改动，包括引号的添加。——编者注

系、文化背景、身心状况或其他事项，而有偏见、歧视或不当之差别待遇。

第7条

检察官应精研法令，随时保持其专业知能，积极进修充实职务上所需知识技能，并体察社会、经济、文化发展与国际潮流，以充分发挥其职能。

第二章　执行职务行为之规范

第8条

检察官办理刑事案件时，应致力于真实发现，兼顾被告、被害人及其他诉讼关系人参与刑事诉讼之权益，并维护公共利益与个人权益之平衡，以实现正义。

第9条

检察官办理刑事案件，应严守罪刑法定及无罪推定原则，非以使被告定罪为唯一目的。对被告有利及不利之事证，均应详加搜集、调查及斟酌。

第10条

检察官行使职权应遵守法定程序及比例原则，妥适运用强制处分权。

第11条

检察官应不为亦不受任何可能损及其职务公正、超然、独立、廉洁之请托或关说。

第12条

Ⅰ检察官执行职务，除应依刑事诉讼法之规定回避外，并应注意避免执行职务之公正受怀疑。

Ⅱ检察官知有前项情形，应即陈报其所属指挥监督长官为妥适之处理。

第13条

Ⅰ检察官执行职务，应本于合宜之专业态度。

Ⅱ检察官行讯问时，应出以恳切之态度，不得用强暴、胁迫、利诱、诈欺、疲劳讯问或其他不正方法，亦不得有笑谑、怒骂或歧视之情形。

第14条

Ⅰ检察官对于承办案件之意见与指挥监督长官不一致时，应向指挥监督长官说明其对案件事实及法律之确信。

Ⅱ指挥监督长官应听取检察官所为前项说明，于完全掌握案件情况前，不宜贸然行使职务移转或职务承继权。

第 15 条

检察总长、检察长为确保受其行政监督之检察官妥速执行职务，得视人力资源及预算经费情况，采取合理之必要措施。

第 16 条

检察官侦办案件应本于团队精神，于检察总长、检察长之指挥监督下分工合作、协同办案。

第 17 条

检察官侦查犯罪应依法令规定，严守侦查不公开原则。但经机关首长授权而对侦查中案件为必要说明者，不在此限。

第 18 条

检察官不得泄漏或违法使用职务上所知悉之秘密。

第 19 条

检察官应督促受其指挥之检察事务官、司法警察（官）本于人权保障及正当法律程序之精神，公正、客观依法执行职务，以实现司法正义。

第 20 条

检察官为促其职务之有效执行，得与各政府机关及民间团体互相合作。但应注意不得违反法令规定。

第 21 条

检察官得进行国际交流与司法互助，以利犯罪之追诉及裁判之执行。但应注意不得违反法令规定。

第 22 条

检察官为维护公共利益及保障合法权益，得进行法令宣导、法治教育。

第 23 条

检察官执行职务时，应与法院及律师协同致力于人权保障及司法正义迅速实现。

第 24 条

检察官应审慎监督裁判之合法与妥当。经详阅卷证及裁判后，有相当理由认裁判有违法或不当者，应以书状详述不服之理由请求救济。

第三章　执行职务以外行为之规范

第 25 条

Ⅰ检察官应避免从事与检察公正、廉洁形象不兼容或足以影响司法尊严之社交活动。

Ⅱ检察官若怀疑其所受邀之应酬活动有影响其职务公正性或涉及利益输送等不当情形时，不得参与；如于活动中发现有前开情形者，应立即离去或采取必要之适当措施。

第 26 条

Ⅰ检察官于任职期间不得从事下列政治活动：

一　为政党、政治团体、组织、其内部候选人或公职候选人公开发言或发表演说。

二　公开支持、反对或评论任一政党、政治团体、组织、其内部候选人或公职候选人。

三　为政党、政治团体、组织、其内部候选人或公职候选人募款或利用行政资源为其他协助。

Ⅱ检察官不得发起、召集或加入歧视性别、种族、地域、宗教、国籍、年龄、性倾向、婚姻状态、社会经济地位、政治关系、文化背景及其他与检察公正、客观之形象不兼容之团体或组织。

第 27 条

Ⅰ检察官不得经营商业或其他营利事业。但法令另有规定者，不在此限。

Ⅱ检察官不得与执行职务所接触之律师、当事人或其他利害关系人有财务往来或商业交易。

第 28 条

Ⅰ检察官不得收受与其职务上有利害关系者之任何馈赠或其他利益。但正常公务礼仪不在此限。

Ⅱ检察官收受与其职务上无利害关系者合乎正常社交礼俗标准之馈赠或其他利益，不得有损检察公正、廉洁形象。

Ⅲ检察官应要求其家庭成员遵守前二项规定。

Ⅳ前项所称之家庭成员，指配偶、直系亲属或家长、家属。

第四章　附　则

第 29 条

法务部得设咨询委员会，负责本规范适用疑义之咨询及研议。

第 30 条

本规范自中华民国一百零一年一月六日施行。

附录二　台湾地区“法官法”检察官章条文①

2011年7月6日“总统令”制定公布全文103条

第十章　检察官

第86条

Ⅰ检察官代表国家依法追诉处罚犯罪，为维护社会秩序之公益代表人。检察官须超出党派以外，维护宪法及法律保护之公共利益，公正超然、勤慎执行检察职务。

Ⅱ本法所称检察官，指下列各款人员：

一　最高法院检察署检察总长、主任检察官、检察官。

二　高等法院以下各级法院及其分院检察署检察长、主任检察官、检察官。

Ⅲ前项第二款所称之检察官，除有特别规定外，包括试署检察官、候补检察官。

Ⅳ本法所称实任检察官，系指试署服务成绩审查及格，予以实授者。

第87条

Ⅰ地方法院或其分院检察署检察官，应就具有下列资格之一者任用之：

一　经法官、检察官考试及格。

二　曾任法官。

三　曾任检察官。

四　曾任公设辩护人六年以上。

五曾实际执行律师职务六年以上，成绩优良，具拟任职务任用资格。

六　公立或经立案之私立大学、独立学院法律学系或其研究所毕业，曾任教育部审定合格之大学或独立学院专任教授、副教授或助理教授合计

---

①　为保证台湾地方“法官法”检察官章条文的完整性，编者未对内容做任何改动，包括引号的添加。——编者注

六年以上，讲授主要法律科目二年以上，有法律专门著作，具拟任职务任用资格。

Ⅱ高等法院或其分院检察署检察官，应就具有下列资格之一者任用之：

一　曾任地方法院或其分院实任法官、地方法院或其分院检察署实任检察官二年以上，成绩优良。

二　曾实际执行律师职务十四年以上，成绩优良，具拟任职务任用资格。

Ⅲ最高法院检察署检察官，应就具有下列资格之一者任用之：

一　曾任高等法院或其分院实任法官、高等法院或其分院检察署实任检察官四年以上，成绩优良。

二　曾任高等法院或其分院实任法官、高等法院或其分院检察署实任检察官，并任地方法院或其分院兼任院长之法官、地方法院或其分院检察署检察长合计四年以上，成绩优良。

三　公立或经立案之私立大学、独立学院法律学系或其研究所毕业，曾任教育部审定合格之大学或独立学院专任教授，讲授主要法律科目，有法律专门著作，并曾任高等法院或其分院法官、高等法院或其分院检察署检察官。

Ⅳ第一项第六款、前项第三款所称主要法律科目，指宪法、民法、刑法、国际私法、商事法、行政法、民事诉讼法、刑事诉讼法、行政诉讼法、强制执行法、破产法及其他经考试院指定为主要法律科目者。

Ⅴ未具拟任职务任用资格之律师、教授、副教授及助理教授，其拟任职务任用资格取得之考试，得采笔试、口试及审查著作发明、审查知能有关学历、经历证明之考试方式行之，其考试办法由考试院定之。

Ⅵ经依前项通过拟任职务任用资格考试及格者，仅取得参加由考试院委托法务部依第八十八条办理之检察官遴选之资格。

Ⅶ法务部为办理前项检察官遴选，其遴选标准、遴选程序、被遴选人员年龄之限制及其他应遵行事项之办法，由行政院会同考试院定之。

第88条

Ⅰ依前条第一项第一款之规定，任用为检察官者，为候补检察官，候补期间五年，候补期满审查及格者，予以试署，试署期间一年。

Ⅱ具前条第一项第四款至第六款资格经遴选者，为试署检察官，试署期间二年。

Ⅲ具前条第二项第二款资格经遴选者，为试署检察官，试署期间一年。

Ⅳ曾任候补、试署、实任法官或检察官经遴选者，为候补、试署、实任检察官。

Ⅴ对于候补检察官、试署检察官，应考核其服务成绩；候补、试署期满时，应陈报法务部送请检察官人事审议委员会审查。审查及格者，予以试署、实授；不及格者，应于二年内再予考核，报请审查，仍不及格时，停止其候补、试署并予以解职。

Ⅵ前项服务成绩项目包括学识能力、敬业精神、办案质量、品德操守及身心健康情形。

Ⅶ检察官人事审议委员会为服务成绩之审查时，除法官、检察官考试及格任用者外，应征询检察官遴选委员会意见；为不及格之决定前，应通知受审查之候补、试署检察官陈述意见。

Ⅷ法务部设检察官遴选委员会，掌理检察官之遴选；已具拟任职务任用资格之检察官之遴选，其程序、检察官年龄限制等有关事项之办法，由法务部定之。

Ⅸ经遴选为检察官者，应经研习；其研习期间、期间缩短或免除、实施方式、津贴、费用、请假、考核、奖惩、研习资格之保留或废止等有关事项之办法，由法务部定之。

Ⅹ候补、试署检察官，于候补、试署期间办理之事务、服务成绩考核及再予考核等有关事项之办法，由法务部定之。

第 89 条

Ⅰ本法第一条第二项、第三项、第六条、第十二条、第十三条第二项、第十五条、第十六条第一款、第二款、第四款、第五款、第十七条、第十八条、第四十二条第一项、第二项、第四项、第四十三条第一项至第三项、第四十四条至第四十六条、第四十九条、第五十条、第七十一条、第七十三条至第七十五条、第七十六条第一项、第四项、第五项、第七十七条、第七十八条第一项至第三项、第七十九条、第八十条第一项、第五章、第九章有关法官之规定，于检察官准用之；其有关司法院、司法院司法人员研习所及审判机关之规定，于法务部、法务部司法官训练所及检察机关准用之。

Ⅱ高等法院以下各级法院及其分院检察署检察长、主任检察官之职期调任办法，由法务部定之。

Ⅲ检察官评鉴委员会由检察官三人、法官一人、律师三人、学者及社会公正人士四人组成。

Ⅳ检察官有下列各款情事之一者，应付个案评鉴：

一　裁判确定后或自第一审系属日起已逾六年未能裁判确定之案件、不起诉处分或缓起诉处分确定之案件，有事实足认因故意或重大过失，致有明显重大违误，而严重侵害人民权益者。

二　有第九十五条第二款情事，情节重大。

三　违反第十五条第二项、第三项规定。

四　违反第十五条第一项、第十六条或第十八条规定，情节重大。

五　严重违反侦查不公开等办案程序规定或职务规定，情节重大。

六　无正当理由迟延案件之进行，致影响当事人权益，情节重大。

七　违反检察官伦理规范，情节重大。

Ⅴ适用法律之见解，不得据为检察官个案评鉴之事由。

Ⅵ第四项第七款检察官伦理规范，由法务部定之。

Ⅶ检察官有第四项各款所列情事之一，有惩戒之必要者，应受惩戒。

Ⅷ检察官之惩戒，由司法院职务法庭审理之。其移送及审理程序准用法官之惩戒程序。

Ⅸ前项职务法庭之陪席法官，至少一人应与当事人检察官为同一审级。

Ⅹ法务部部长由法官、检察官转任者及最高法院检察署检察总长，其俸给准用第七十二条第一项第三款及第二项标准支给。法务部政务次长由法官、检察官转任者，其俸给准用政务人员次长级标准支给，并给予第七十一条第一项规定之专业加给。

XI 法务部部长、政务次长由法官、检察官转任者退职时，准用第七十八条第四项规定办理。最高法院检察署检察总长退职时，亦同。

XII 最高法院检察署检察总长在职死亡之抚恤，准用第八十条第二项之规定。

第 90 条

Ⅰ法务部设检察官人事审议委员会，审议高等法院以下各级法院及其分院检察署主任检察官、检察官之任免，转任、停止职务、解职、陛迁、考核及奖惩事项。

Ⅱ前项审议之决议，应报请法务部部长核定后公告之。

Ⅲ第一项委员会之设置及审议规则，由法务部定之。

Ⅳ法务部部长遴任检察长前，检察官人事审议委员会应提出职缺二倍人选，由法务部部长圈选之。检察长之迁调应送检察官人事审议委员会征询意见。

Ⅴ检察官人事审议委员会置委员十七人，由法务部部长指派代表四人、检察总长及其指派之代表三人与全体检察官所选出之代表九人组成之，由法务部部长指派具法官、检察官身分之次长为主任委员。

Ⅵ前项选任委员之任期，均为一年，连选得连任一次。

Ⅶ全体检察官代表，以全国为单一选区，以秘密、无记名及单记直接选举产生，每一检察署以一名代表为限。

Ⅷ检察官人事审议委员会之组成方式、审议对象、程序、决议方式及相关事项之审议规则，由法务部征询检察官人事审议委员会后定之。但审议规则涉及检察官任免、考绩、级俸、陞迁及褒奖之事项者，由行政院会同考试院定之。

第 91 条

Ⅰ各级法院及其分院检察署设检察官会议，由该署全体实际办案之检察官组成。

Ⅱ检察官会议之职权如下：

一　年度检察事务分配、代理顺序及分案办法之建议事项。

二　检察官考核、监督之建议事项。

三　第九十五条所定对检察官为监督处分之建议事项。

四　统一法令适用及起诉标准之建议事项。

五　其他与检察事务有关之事项之建议事项。

Ⅲ检察总长、检察长对于检察官会议之决议有意见时，得交检察官会议复议或以书面载明理由附于检察官会议纪录后，变更之。

Ⅳ检察官会议实施办法，由法务部定之。

第 92 条

Ⅰ检察官对法院组织法第六十三条第一项、第二项指挥监督长官之命令，除有违法之情事外，应服从之。

Ⅱ前项指挥监督命令涉及强制处分权之行使、犯罪事实之认定或法律之适用者，其命令应以书面附理由为之。检察官不同意该书面命令时，得以书面叙明理由，请求检察总长或检察长行使法院组织法第六十四条之权限，检察总长或检察长如未变更原命令者，应即依第九十三条规定处理。

第93条

Ⅰ检察总长、检察长于有下列各款情形之一者，得依法院组织法第六十四条亲自处理其所指挥监督之检察官之事务，并得将该事务移转于其所指挥监督之其他检察官处理：

一　为求法律适用之妥适或统一追诉标准，认为有必要时。

二　有事实足认检察官执行职务违背法令、显有不当或有偏颇之虞时。

三　检察官不同意前条第二项之书面命令，经以书面陈述意见后，指挥监督长官维持原命令，其仍不遵从。

四　特殊复杂或专业之案件，原检察官无法胜任，认有移转予其他检察官处理之必要时。

Ⅱ前项情形，检察总长、检察长之命令应以书面附理由为之。

Ⅲ前二项指挥监督长官之命令，检察官应服从之，但得以书面陈述不同意见。

第94条

Ⅰ各级法院及其分院检察署行政之监督，依下列规定：

一　法务部部长监督各级法院及分院检察署。

二　最高法院检察署检察总长监督该检察署。

三　高等法院检察署检察长监督该检察署及其分院检察署与所属地法院及其分院检察署。

四　高等法院检察署智慧财产分署检察长监督该分署。

五　高等法院分院检察署检察长监督该检察署与辖区内地方法院及其分院检察署。

六　地方法院检察署检察长监督该检察署及其分院检察署。

七　地方法院分院检察署检察长监督该检察署。

Ⅱ前项行政监督权人为行使监督权，得就一般检察行政事务颁布行政规则，督促全体检察官注意办理。但法务部部长不得就个别检察案件对检察总长、检察长、主任检察官、检察官为具体之指挥、命令。

第95条

前条所定监督权人，对于被监督之检察官得为下列处分：

一　关于职务上之事项，得发命令促其注意。

二　有废弛职务、侵越权限或行为不检者，加以警告。

第 96 条

Ⅰ被监督之检察官有前条第二款之情事，情节重大者，第九十四条所定监督权人得以所属机关名义，请求检察官评鉴委员会评鉴，或移由法务部准用第五十一条第二项、第三项规定办理。

Ⅱ被监督之检察官有前条第二款之情事，经警告后一年内再犯，或经警告累计达三次者，视同情节重大。